国家社科基金
后期资助项目
GUOJIA SHEKE JIJIN HOUQI ZIZHU XIANGMU

现代农业保险实践模式
与体制机制创新研究

Research on the Practice Model and Institutional Mechanism Innovation of Modern Agricultural Insurance

林乐芬 查斌仪 华 山 著

ZHEJIANG UNIVERSITY PRESS
浙江大学出版社
·杭州·

图书在版编目（CIP）数据

现代农业保险实践模式与体制机制创新研究 / 林乐
芬，查斌仪，华山著. —杭州：浙江大学出版社，
2022.11
　ISBN 978-7-308-23259-3

　Ⅰ.①现… Ⅱ.①林…②查…③华… Ⅲ.①农业保
险－研究－中国 Ⅳ.①F842.66

　中国版本图书馆 CIP 数据核字（2022）第 213638 号

现代农业保险实践模式与体制机制创新研究

林乐芬　查斌仪　华　山　著

策　　划	吴伟伟	
责任编辑	陈思佳(chensijia_ruc@163.com)	
责任校对	郝　娇	
封面设计	周　灵	
出版发行	浙江大学出版社	
	（杭州市天目山路 148 号　邮政编码 310007）	
	（网址：http://www.zjupress.com）	
排　　版	浙江时代出版服务有限公司	
印　　刷	杭州钱江彩色印务有限公司	
开　　本	710mm×1000mm　1/16	
印　　张	16.25	
字　　数	300 千	
版 印 次	2022 年 11 月第 1 版　2022 年 11 月第 1 次印刷	
书　　号	ISBN 978-7-308-23259-3	
定　　价	78.00 元	

国家社科基金后期资助项目
出版说明

  后期资助项目是国家社科基金设立的一类重要项目,旨在鼓励广大社科研究者潜心治学,支持基础研究多出优秀成果。它是经过严格评审,从接近完成的科研成果中遴选立项的。为扩大后期资助项目的影响,更好地推动学术发展,促进成果转化,全国哲学社会科学工作办公室按照"统一设计、统一标识、统一版式、形成系列"的总体要求,组织出版国家社科基金后期资助项目成果。

全国哲学社会科学工作办公室

序　言

　　林乐芬教授等人的新著《现代农业保险实践模式与体制机制创新研究》将要出版，我有幸提前拜读，非常荣幸，也受益匪浅。

　　这部专著是林乐芬教授带领的团队多年对农业保险实践进行跟踪研究的成果。在省政府有关主管部门和中国人民财产保险股份有限公司江苏省分公司的支持下，研究团队对江苏13个市开展了广泛的问卷、座谈调查，获得了大量的第一手数据资料，为研究成果的真实性和政策建议的可行性奠定了基础。专著是在一系列阶段性的研究成果基础上完成的，着重研究了江苏省"联办共保"模式下政策性农业保险的运行效果和农业保险经营模式转型下农业保险的体制机制创新。

　　专门对省级农业保险经营模式及其创新进行如此深入和细致的分析研究，这是我见到的第一部著作。

（一）

　　我国的农业保险，按照2013年开始实施的《农业保险条例》的制度设计，实行的是中央与地方双层决策的体制和机制。中央设计制度，颁布法律、政策，制定整体规划，省级政府决定本地经营模式、实施具体内容和范围及其相关政策。[①] 江苏省在2019年之前，一直实施的是政府与保险公司"联办共保"的模式。2019年，这种模式完成了其历史使命，转换为政府指导下的保险机构自主经营模式，也就是全国大多数省份所采用的市场化模式。

　　本书以江苏省实施了10多年的"联办共保"模式为主要研究对象，从制度供给，异质性农户需求响应，进一步发展问题、原因与外部环境，体制机制创新4个维度进行了理论分析和实证研究，较好解释了江苏省农业保险制度和机制产生、发展与创新的内在原因及依据。我很同意作者所做出的恰如其分的概括，即本书"从农业保险运行效果评价的视角出发，分别从政策性农业保险、政策性农业保险产品创新和商业性农业保险产品创新3个方

---

① 　庹国柱：《论地方政府在农业保险中的职责和权力》，《农村金融研究》2021年第3期。

面,着重分析需求方对政策性农业保险的运行绩效评价以及对政策性农业保险产品创新和商业性农业保险产品创新的决策响应意愿,对政府与保险公司'联办共保'模式下的经营困境进行分析,并在此基础上提出促进政策性农业保险体制机制创新的优化设计与政策建议,具有很强的前沿性"。本书对于深入研究我国政策性农业保险的经营模式及其改革具有重要启迪。

(二)

2007 年以来,我国各省份的政策性农业保险选择了不同的经营模式,虽然大多数省份采用了"竞争性市场化经营"模式,但是也有采用"政府经营商业性保险公司代办"、"多家保险公司联合共保"、"独家商业性保险公司经营"和江苏省这种"政府与商业性保险公司联办共保"的模式。截至目前,这些模式中,除了少数省份继续坚持"商业性保险公司联合共保"模式之外,都转变成一统"竞争性市场化经营"模式。这种变化有其市场实践的原因,也有政策的原因。

江苏省"联办共保"模式的产生有其历史和实践背景,在 2006—2018 年这 10 多年的实践中,其的确调动了政府、公司和农户发展农业保险的积极性,充分发挥了农业保险保障农业安全、稳定和增加农户收入的重要作用。但也正如本书作者所概括的,这种模式在实践中逐步显现出不少弊病,集中表现为政企不分:政府既是经营者,又是管理者和监督者。由于政府和企业在市场中具有不同身份、不同利益,政企不分容易造成农险市场的扭曲。市场的公平性可能在某些情况下得不到维护,投保人和被保险人的利益也难以得到充分保护。本书通过大量调研,对这些存在的问题进行了分析,提供了充分的依据。因此,江苏省政府"联办共保"模式的改革和转型,将政企分开,让企业做市场的事,让政府做管理和监督的事,这是有道理的也是正确的。我想,有的地方曾经实行"政府经营,商业保险公司代办"的经营模式,也是源于政企不分的原因,进而进行了改革,这都是符合《关于加快农业保险高质量发展的指导意见》中关于"地方各级政府不参与农业保险的具体经营"的规定和要求的。

(三)

其实,政策性农业保险让政府来办,并不是不可以,但是政府来办,不能亲自进场,而是应让政府出资注册的专业性农险公司来经营。其他农业保险相对发达的国家也有政府举办农业保险的先例。例如 20 世纪 90 年代之前的美国和1959年至今的加拿大,都是政府主办农业保险。但是,它们不是政府亲自进入市场,而是政府出资组建一个国有独资的农业保险公司,作为一个企业法人,按照企业的逻辑和法律确认的专门规则来经营农业保险,政府严格按照法律规则对其实行管理和监督。这样的市场模式也可以是有效率的。2017年,我们曾经访问过加拿大几个省的农业保险公司,它们虽然都是国有独资的公司,对本省农业保险实行的是垄断性经营,但是也很有效率,几十年来一直受到农户的欢迎和支持,参保率保持在90%以上。

我国现在大多数省份已经实现了农业保险的竞争性市场化经营,这符合让市场发挥资源配置的决定性作用的理论和要求。不过,政策性农业保险是不是采取这种竞争性市场化经营模式就一定有效率,也不一定。要真正发挥这种经营模式的作用和效率,还要解决不少问题,特别是要划清政府与市场的边界。这个问题已经不是新问题了,但"地方各级政府不参与农业保险的具体经营"的规定在一些地方并没有贯彻到位。地方政府虽然不像江苏省2019年之前那样,直接参与经营农业保险,但是却用行政权力,不适当地改变经营规则,包括无充分理由地改变保险条款和费率,不适当地干预承保和理赔,哪怕是应经营企业之请求。有的地方政府甚至截留挪用各级政府补贴给农户的保险费,在很大程度上扭曲了这个本来很美好的农业保险制度和经营模式。这就需要从制度政策、认识、舆论等方面加以综合治理,让政策性农业保险完全回归这个制度建立的初心。如何完善农业保险的竞争性市场化经营,建设最优经营模式,尚需像本书著者们这样,继续进行深入的多视角、多层面的研究和探讨。

最后,我还想在这里说的是,这个很有价值的作品是林乐芬教授的研究团队与政府主管部门和保险经营机构长期合作研究的成果。我很认同这种研究合作。农业保险的实践性、政策性很强,只有加强这种政、产、学、研的密切合作,才可能产出比较高质量的对农业保险制度与经营改进和优化有价值的成果。

这是一本值得一读的农业保险新著。值此新书出版之际,向作者表达衷心的祝贺,也期待作者们有更多新作品问世。

首都经贸大学教授 庹国柱

2022年4月6日

前　言

中国是一个农业大国,农业关系国计民生。频繁的自然灾害常会给人民的生命财产带来严重损失,给农户正常生产和生活带来巨大风险。由于农业的基础性地位,其不景气最终会影响其他产业发展。因此,为了稳定农业生产、保障农民收入水平、满足农户风险管理的需求,建立合适的农业保险制度成为焦点。

2004年,江苏省淮安市率先探索出了"政策性保险、商业化运作、政府和保险公司联办共保"的农业保险运行模式,在全国率先开启了财政补贴型的政策性农业保险试点。3年后的2007年,江苏省被选为全国6个农业保险试点省份之一,并在全省逐步建立起了由政府与保险公司合作的"政策性农业保险、商业化运作"的"联办共保"模式,这种经营模式在特定的历史阶段发挥了积极作用,产生了积极成效,并得到《农业保险条例》的认可:"省、自治区、直辖市人民政府可以确定适合本地区实际的农业保险经营模式。"但随着全面建设小康社会的推进,农业农村的发展将向集约化、适度规模化的高质量发展的现代农业和乡村振兴转变,农业生产经营主体和农业生产经营方式都已发生转变,因此试行已久的"联办共保"政策性农业保险已经出现边际收益递减,越来越难以适应高质量发展的现代农业保险的需要,农业保险的市场化改革和财政资金使用效率的提高迫在眉睫。

2017年中央一号文件提出"完善财政与金融支农协作模式","加快农村金融创新,强化激励约束机制",要求农村金融市场处理好财政与金融支农的关系,提高财政资金利用率。2019年中央一号文件提出"调整改进'黄箱'政策,扩大'绿箱'政策使用范围","按照更好发挥市场机制作用取向",对农村地区市场化改革的要求愈加迫切。在国家层面政策出台的同时,江苏省政府也对省内农业保险市场的改革进行了规划。2018年11月,江苏省办公厅下发《关于进一步完善农业保险经营模式的通知》(苏政办发〔2018〕92号),要求从2019年1月1日起,江苏省农业保险经营模式由政府和保险公司"联办共保"转变为政府指导下的保险机构承保,自主经营。在新模式下,政府不再承担赔付责任,也将不再分享保费收入。农户或者农业生产经营组织投保的农业保险标的依旧属于财政补贴范围,江苏省财政局将按照相关政策规定给予保费补贴。到 2020 年,建立健全全省范围内的保障水平高、覆盖范围广、服务精准和可持续性高的多层次农业保险体系,实现经营模式由"联办共保"向保险机构自主经营转变,进一步优化市场资源配置、保险服务能力和质量,完善农业保险风险保障机制,以提高农户对于农业保险的满意度。

在此背景下,本书着重研究"联办共保"模式下政策性农业保险的运行效果和农业保险经营模式转型下农业保险的体制机制创新。本书具体的分析框架从制度供给、异质性农户需求响应,进一步发展问题、原因与外部环境、体制机制创新四个维度展开研究。首先,本书从制度供给的视角介绍我国农业保险制度变迁以及江苏"联办共保"模式下政策性传统农业保险、新型农业保险和商业性农业保险的实际运行机制,并对需求、供给以及机制设计主体之间的利益行为进行重点分析,探索不同现代农业保险产品的驱动机理;其次,本书从农户微观视角出发,重点分析异质性农户对政策性农业保险的满意度、对新型农业保险和商业性农业保险的决策响应意愿,并深入探究影响农户对政策性农业保险满意度和新型以及商业性农业保险决策响应意愿的因素,得出现代农业保险进一步改革和发展必须具备的条件;最后,在对国内外农业保险实际运行机制比较分析的基础上,试图对江苏省农业保险在市场化机制改革后的体制和机制创新提出建议,并出于优化所需要的制度环境和市场环境的考虑,提出具有一般意义和更大指导作用的现代农业保险经营机制的政策建议。

第一部分是导论和研究的理论基础。此部分对应本书第一章(导论)、第二章(研究的主要理论基础)。第一章介绍了现代农业保险实践模式与体制机制创新的研究背景和研究意义,研究目标和研究内容,主要观点、研究方法和技术路线,以及理论创新和学术价值。第二章介绍了相关概念界定、理论基础、国内外研究综述和理论分析框架。

第二部分是我国农业保险制度变迁和江苏省"联办共保"模式下政策性农业保险制度供给。此部分对应本书的第三章(我国农业保险制度变迁)和第四章(江苏省政策性农业保险"联办共保"经营模式的制度供给)。第三章介绍了新中国成立后特别是改革开放后农业保险制度变迁、农业保险业务发展现状、农业保险财政补贴现状以及农业保险机构主要经营模式。第四章介绍了江苏省农业发展与灾害特征、江苏省农业保险发展的阶段性特征、江苏省政策性农业保险"联办共保"模式的确立和政策性农业保险"联办共保"的运行机制。

　　第三部分是基于异质性农户视角研究"联办共保"模式下政策性农业保险的需求响应。此部分对应本书的第五章（政策性农业保险运行绩效评价）、第六章（农户和新型农业经营主体对政策性农业保险产品创新需求响应分析）、第七章（农户和新型农业经营主体对商业性农业保险产品创新需求响应分析）。在政策性农业保险运行效果方面得出以下结论：①受灾次数是影响农户对农业保险绩效评价的重要因素；②生产经营风险大的小农户对农业保险的评价较好；③保险知识宣传可以提高农户对农业保险的评价；④银保合作可以提高农户对农业保险的绩效评价；⑤政府补贴可以提高农户对农业保险的满意度；⑥不同地域的农户对于农业保险的评价差异较大。在政策性农业保险产品创新需求方面得出以下结论：①农户的生产经营风险对农户的需求意愿有正向影响；②保险知识和农业知识培训有利于增强农户的投保意愿；③新型农业经营主体的生产方式使得其更倾向于投保创新型农业保险；④农户对于创新型保险的需求具有地区差异性。在商业性农业保险产品创新需求方面得出以下结论：①大灾补偿程度对农户的产品需求有正向影响；②防灾知识的宣传有利于提高商业性农业保险的参保率；③银保联合程度越高，越能刺激农户投保商业性农业保险；④互联网对于商业保险参保率的提高具有促进作用。

　　第四部分是"联办共保"政策性农业保险进一步发展中遇到的问题，以及国内外实践经验与高质量发展阶段农业保险的外部环境变化和内部机制的构建。此部分对应的是本书第八章（江苏省"联办共保"政策性农业保险进一步发展中遇到的新问题与原因分析）、第九章（国内外实践经验与外部环境的客观需求）。在"联办共保"经营模式下，分别从政策性农业保险体制、政策性农业保险运行机制、农户参与政策性农业保险三方面揭示了发展中遇到的新问题，并根据以上问题分别就国内外经验借鉴、外部环境完善和内部机制构建进行了研究。

　　第五部分是"联办共保"经营模式的退出与农业保险市场化经营体制机制的创新。此部分对应的是本书第十章（"联办共保"经营模式退出与农业保险市场化经营体制创新）、第十一章（"联办共保"经营模式退出与农业保险市场化经营机制创新）。在体制创新方面，分别研究了农业保险市场化经营中政府与市场的合理边界、我国农业保险市场化经营进程中的体制创新和江苏省"联办共保"经营模式转型升级。在机制创新方面，分别从符合WTO（世界贸易组织）"绿箱"政策、农业现代化发展、保险公司业务的技术经验、保险产品的创新、政府支持等方面对农业保险市场化经营机制的创新进行了可行性分析,并从政策机制、市场机制、产品机制三方面对"联办共保"经营模式退出后农业保险市场化经营机制进行了优化设计。

本书的现实意义与学术价值体现在:第一,本书通过评价政策性农业保险的运行效果,结合需求方对政策性农业保险的运行绩效评价以及对创新型农业保险和商业性农业保险的决策响应意愿,了解需求主体与供给主体在农业保险运行机制中各自利益诉求,促进市场化背景下政策性农业保险机制的创新发展,从而加强农业生产经营风险管理,达到农户保产增收的目标,最终实现乡村振兴。第二,本书通过不同类型农户对政策性农业保险的绩效评价及其影响因素分析,得出江苏省农业保险在"联办共保"模式下的实践经验和出现的问题。通过对创新型农业保险和商业性农业保险的研究,分析不同类型农户的响应条件,在运作中探索政策性农业保险体制机制创新的新路径。第三,本书的成果将有利于填补我国区域性农业保险创新中的缺失,丰富和完善我国农业保险相关理论。本书以保障农户利益、稳定农产品供应为目标,探索了区域性农业保险经营模式创新的途径,提出了农业保险市场机制改革背景下区域性政策性农业保险的体制机制创新,以促进农业健康良性发展,培育和壮大新型农业经营主体,从而逐步解决"三农"问题,实现农业农村现代化。江苏省的农业农村现代化一直走在全国的前列,该省也是全国最早的 6 个政策性农业保险的试点省份之一,对其 10 多年的试点运行进行绩效的实证研究,不仅对江苏省下一步农业保险体制机制的创新具有较强的针对性并能提供借鉴,而且也有助于丰富和完善我国政策性农业保险的体制机制理论,因此具有重要的理论价值、学术价值和实践价值。

目　录

第一章 导 论

第一节 研究背景与研究意义

一、研究背景

我国是一个农业大国,幅员辽阔,各地的自然条件迥异,自然灾害时常发生。相对于其他产业,"靠天吃饭"的农业面临着较大的风险,这种风险不仅表现在风险数量和种类上,也表现在风险的管理和规避难度上。可以说,农业是典型的高风险行业,极易遭受由风险引起的生产损失。在市场经济的条件下,农业不只面临着自然风险,还面临着市场风险、政治风险、技术风险等,这些风险都阻碍了农业的发展和进步。农业是一国经济的基础,在国民经济中处于极为重要的战略性地位,是维护粮食安全的重要产业。因此,对于任何一个国家而言,农业不仅是一个经济问题,还是一个政治问题。我国政府十分重视农业问题,在农业扶持方面投入了大量的资金和技术,例如临储政策、最低收购价等政策,但这些手段却远远不能保障农业安全,反而造成了价格倒挂、财政资金使用效率低等问题。因此,还是需要依靠市场化的手段,利用市场化的风险管理工具来防范农业风险,保障农民收入和粮食稳定供应。

随着我国市场经济的不断完善和"三农"政策的深入展开,农业保险作为一种市场化的农业风险保障手段被提上了支农政策的重要议程。农业保险是一种以农业风险作为标的的保险产品,从风险类型上分类,可以分为以自然风险为标的的农业保险和以价格风险为标的的农业保险。其承保对象主要是种植业和养殖业的小农户与新型农业经营主体。农户通过向保险公司支付保费,从而获得自然风险或价格风险的保障。当风险发生时,保险公司将按照合同要求,对参保农户进行赔偿,农业风险通过保险的形式进行规避和分摊。

我国的农业保险起步较晚,发展过程也较为曲折。2004年中央一号文件提出:"快速建立政策性农业保险制度,选择部分产品和部分地区率先试点,有条件的地方可以对参加种养业保险的农户给予一定的保费补贴。"[①]
之后16年的中央一号文件都对农业保险的发展做出了明确指示。2007
年,中央政府决定在江苏、吉林、湖南、内蒙古、新疆、四川6个省份开展政策
性农业保险的试点工作,我国农业保险进入了快速发展阶段,已经跃居世界
第二大农业保险市场。自2007年至2019年的12年间,我国的保费收入从
53.33亿元增长到672.48亿元,保险赔款从29.75亿元增长到527.87亿
元,提供的风险保障从1720.22亿元增长到3.81万亿元。农业保险在我国
已经实现全覆盖,玉米、水稻、小麦这三大口粮的农业保险的覆盖率已经超
过了70%。在这一轮农业保险的实践探索中,农业保险有了极大的进步,
财政支持力度加大。在试点的6个省份中,中央政府、地方政府都给予了保
险经营者和农户较大的资金支持;产生了多个农业保险经营模式,试点省份
依照本地区的经济和农业条件建立了适合本地区的农业保险经营制度;出
现了许多专业性保险公司和商业性保险公司;风险分担机制在不断完善,原
有的风险管理制度得到了优化。

江苏省作为首批政策性农业保险的试点省份,早在2004年中央《关于
促进农民增加收入若干政策的意见》发布后,就在部分地区开展了政策性农
业保险试点工作。随着试点工作的不断开展,江苏省出现了以淮安市为代
表的"联办共保"模式、以苏州市为代表的"委托代办"模式和以无锡市为代
表的"商业共保体"模式。2006年,国务院、国家发改委、财政部、保监会及
江苏省政府专门赴淮安市对试点工作进行现场调研,对"联办共保"模式给
予了肯定。2008年,江苏省政府办公厅下发《关于做好2008年农业保险试
点工作的通知》(苏政办发〔2008〕38号),要求全省农业保险试点工作统一
实行"联办共保"经营模式,并实行"三个基本统一":"统一规范全省保险条
款和基准费率;统一规范全省农业保险资金管理方式;统一规范全省农业保
险理赔标准"。"委托代办"模式、"商业共保体"模式被"联办共保"模式取
代,全省均按照"联办共保"模式经办保险业务。至此,江苏省在全省范围内
确定了"联办共保"的政策性农业保险制度,之后10年,江苏农业保险快速
发展,开发了200多个农业保险产品,全面覆盖全省农林牧渔等主要产业。

江苏省创设的"联办共保"模式为国家全面建立政策性农业保险制度发
挥了开篇破题、摸索探索、试水排雷的作用。江苏省"联办共保"模式在政策
性农业保险发展期间(2008—2018年),很好地调动了保险公司、政府和农

---

① 《关于促进农民增加收入若干政策的意见》(中发〔2004〕1号)。

户的积极性,有效推动了江苏省农业保险健康发展。10 年内,农业保险包含了江苏省内种养殖业的大部分品种,保险责任对于江苏省发生较为频繁和易造成较大损失的灾害风险基本实施全覆盖,参保对象包含了小农户和新型农业经营主体,农业保险服务网络也覆盖了所有乡镇。

2019 年是对江苏省农业保险转型升级具有重要意义的一年,江苏省政府下发的《关于进一步完善农业保险经营模式的通知》要求:"从 2019 年 1 月 1 日起,江苏省农业保险经营模式由政府与保险机构'联办共保'转为政府指导下的保险机构承保,地方政府不再分担保费收入和赔付责任。"①在新模式下,政府不再承担赔付责任,也将不再分享保费收入。对于农户或者农业生产经营组织投保的农业保险标的,江苏省财政将按照相关政策规定给予保费补贴。

二、研究意义

政策性农业保险的开展,有利于促进农业资源的有效配置,刺激农业生产方面的投资,减少农业风险,从而促进农业的专业化和规模化发展,实现农业现代化;政策性农业保险的开展,有利于农民增收、维护国家粮食安全、保持社会和谐稳定。江苏省实行了 10 多年的政策性农业保险在全面小康的攻坚阶段已经能够起到最基本的风险保障作用,但是未来在乡村振兴、农业农村现代化和共同富裕的新时代征途中,政策性农业保险的核心问题是经营体制机制要创新,要建立起明晰政府与市场的边界、实现"政府引导,市场运作"的农业保险市场化经营模式。因此,研究政策性农业保险的实施效果具有现实意义,有利于政策性农业保险在市场化改革背景下进一步创新发展。本书重点结合江苏省政策性农业保险的实践模式,通过深入调研江苏省的小农户与新型农业经营主体,基于农户视角研究不同类型农户对政策性农业保险的满意度评价,确定江苏省的政策性农业保险的运行成效;同时,发现江苏省政策性农业保险在实施过程中存在的问题,结合农业保险市场化经营的改革背景,围绕江苏省政策性农业保险的高质量发展进行体制机制创新的研究,其研究成果不仅对江苏而且对全国其他省份也有一定的借鉴意义。

---

① 《关于进一步完善农业保险经营模式的通知》(苏政发〔2018〕92 号)。

第二节　研究目标与研究内容

一、研究目标

随着农村土地流转、农业现代化的加快推进,已有的农业保险机制逐渐难以适应现阶段从事适度规模经营的以家庭农场为代表的新型农业经营主体的需要,农业保险经营制度也面临着改革。加快总结经验、发现问题,及时提出可持续的优化政策性农业保险机制创新,具有现实的紧迫性。

第一,分别揭示政策性农业保险、创新型农业保险和商业性农业保险的实际运行机制,并对需求、供给以及机制设计主体之间的利益行为进行重点分析,探索不同现代农业保险产品的驱动机理。

第二,从农户微观视角出发,重点分析异质性农户对政策性农业保险的满意度及其对创新型农业保险和商业性农业保险的决策响应意愿,并深入探究影响农户对政策性农业保险满意度和新型商业性农业保险决策响应意愿的因素,得出现代农业保险进一步改革和发展必须具备的条件。

第三,在对国内外农业保险实际运行机制进行比较分析的基础上,对江苏省农业保险在"联办共保"模式退出后如何开展体制和机制创新以适应市场化改革进行研究,以期为江苏省及全国农业保险高质量发展提供积极的借鉴。

二、研究内容

本书共有 11 章,具体内容如下。

第一章是导论。这是全书的开始,主要包括 4 个部分:研究背景与研究意义,研究目标与研究内容,主要观点、研究方法与技术路线,理论创新与学术价值。

第二章是研究的主要理论基础,主要包括相关概念界定、理论基础、国内外研究综述以及理论分析框架。

第三章是我国农业保险制度变迁,主要分为 5 个部分,分别是:新中国成立后农业保险制度变迁、改革开放后农业保险制度改革情况、我国农业保险业务发展情况、我国农业保险财政补贴现状和我国农业保险机构主要经营模式。

第四章是江苏省政策性农业保险"联办共保"经营模式的供给制度,主要分为4个部分:江苏省农业发展与灾害特征、江苏省农业保险发展的阶段性特征、江苏省政策性农业保险"联办共保"模式的确立以及政策性农业保险"联办共保"模式的运行机制。

第五章是政策性农业保险运行绩效评价,主要包括理论分析、政策性农业保险运行效果评价指标体系的构建与分析、政策性农业保险运行绩效的影响因素研究和本章小结。

第六章是农户和新型农业经营主体对政策性农业保险产品创新需求响应分析,主要分为5个部分:理论分析、模型构建与变量设定、描述性统计分析、实证结果与分析、本章小结。

第七章是农户和新型农业经营主体对商业性农业保险产品创新需求响应分析,主要分为5个部分:理论分析、模型构建与变量设定、描述性统计分析、实证结果与分析、本章小结。

第八章是江苏省"联办共保"政策性农业保险进一步发展中遇到的新问题与原因分析,主要围绕政策性农业保险体制、运行机制和农户参与政策性农业保险3个方面的问题展开分析。

第九章是国内外实践经验与外部环境的客观需求。本章介绍了国内外农业保险经营模式的实践经验和教训,并从国外农业保险实践经验、国内农业保险实践模式、外部环境的客观需求、内部机制的构建等方面提出建议。

第十章是"联办共保"经营模式退出与农业保险市场化经营体制创新。本章在理论分析农业保险市场化经营中政府与市场合理边界的基础上,分别研究了我国农业保险市场化经营进程中的体制创新和江苏省"联办共保"经营模式的转型升级。

第十一章是"联办共保"经营模式退出与农业保险市场化经营机制创新,在对农业保险市场化经营机制创新的可行性分析基础上,重点对"联办共保"经营模式退出与农业保险经营模式市场化机制创新进行了研究,包括政策机制、市场机制和产品机制3个方面的创新。

此外,结语说明了本书以江苏省农业保险实践模式为研究对象的缘由,并认为正如当年江苏省政策性农业保险开篇破题地为全国建立政策性农业保险制度做出贡献,今天对江苏省农业保险实践模式运行及其转型进行研究,也将为全国农业保险高质量发展提供积极的借鉴作用。

第三节　主要观点、研究方法与技术路线

一、主要观点

第一,政策性农业保险经营模式因时因地而异。《农业保险条例》第三条规定:"国家支持发展多种形式的农业保险,健全政策性农业保险制度。农业保险实行政府引导、市场运作、自主自愿和协同推进的原则。省、自治区、直辖市人民政府可以确定适合本地区实际的农业保险经营模式。"①江苏省"联办共保"模式作为全国政策性农业保险最早的实践模式,为江苏省农业发展保驾护航,为江苏省农业保险市场健康发展做出了贡献。但是江苏省农业发展已经进入了乡村振兴农业现代化的高质量发展阶段,对原有模式的运行效果、存在的问题进行调研分析就显得非常重要,不仅有助于省政府相关决策部门在新的发展阶段进行体制机制创新,而且能够丰富和完善我国政策性农业保险制度理论。

第二,政策性农业保险实践模式运行效果评价主要依赖于农业保险服务的主体的满意度和需求响应程度。针对《关于加快农业保险高质量发展的指导意见》提出的"按照党中央、国务院决策部署,紧紧围绕实施乡村振兴战略和打赢脱贫攻坚战,立足深化农业供给侧结构性改革,按照适应世贸组织规则、保护农民利益、支持农业发展和'扩面、增品、提标'的要求,进一步完善农业保险政策,提高农业保险服务能力,优化农业保险运行机制,推动农业保险高质量发展,更好地满足'三农'领域日益增长的风险保障需求"②总要求,农业保险产品和服务的需求者——小农户、新型农业经营主体的满意度和需求响应程度可以在一定程度上反映运行的效果。

第三,政策性农业保险实际运行中最大的难题就是政府与市场边界不清晰,这也是江苏省"联办共保"模式中普遍存在的问题。《关于加快农业保险高质量发展的指导意见》明确要求"明晰政府与市场边界。地方各级政府不参与农业保险的具体经营"③。因此,江苏省政策性农业保险转型升级的重要内容就是政府退出"联办共保"经营模式,主要职能转换,不再直接参与农业保险的具体经营,农业保险由保险公司自主经营。如何进行政府的职

---

① 《农业保险条例》(2016年2月6日修正版)国务院令第666号。
② 《关于加快农业保险高质量发展的指导意见》(财金〔2019〕102号)。
③ 《关于加快农业保险高质量发展的指导意见》(财金〔2019〕102号)。

能转换,需要在遵循农业保险实行"政府引导、市场运作、自主自愿和协同推进"的4项原则基础上探索体制机制的创新,这是需要研究的新课题。

二、研究方法

(一)文献研究法

本书全面梳理国内外研究成果,以获得理论依据和方法借鉴。首先基于制度变迁与创新理论、农业风险理论、利益相关者理论、福利经济学理论以及农业保护理论等,联系江苏省新型农业经营主体发展的实际,形成政策性农业保险的理论依据,以获得理论基础;然后从现代农业保险运行效果的理论和实践2个层面,通过对国内外相关文献和试点省份地方政策法规进行梳理分析,为研究问题的提炼、研究方法的借鉴和研究理论的深化奠定基础。

(二)定性分析方法

定性分析方法主要运用归纳与演绎法、比较分析法、案例分析法和公共政策分析方法。其中:归纳与演绎法、案例分析法主要用于总结现代农业保险产品的运行特征、形成背景以及运行模式;比较分析法则用于分析不同农户的农业保险运行效果评价,以及创新型农业保险和商业性农业保险的响应意愿及其驱动机理;公共政策分析方法主要用于分析优化运行机制设计、促进新的农业保险经营模式下的机制创新。

(三)统计分析方法

本书运用统计分析方法,通过问卷调查获取参与现代农业保险的不同类型农户的个体特征、经营特征、产品认知特征、风险认知与管理、农业保险运行等数据,基于现代农业保险产品的需求方及供给方的视角介绍农业保险产品发展概况,初步判断不同类型农户对政策性农业保险试点效果的评价以及对创新型农业保险和商业性农业保险的响应意愿。

(四)定量分析方法

定量分析主要指科学研究中的实证分析,试图通过数据模型揭示研究对象的内在规律。本书一是通过构建评价指标体系,运用层次分析方法对现代农业保险产品的试点效果进行评价,并选取影响试点效果的因素,运用Ologit模型得出阻碍现代农业保险产品发展的因素;二是通过构建不同类型农户对现代农业保险产品响应意愿的Biprobit模型,探究不同类型农户的个体特征、经营特征和认知情况与响应意愿之间的关系,以及影响不同类型农户对现代农业保险产品响应意愿的因素。

三、技术路线

本书技术路线如图 1-所示。

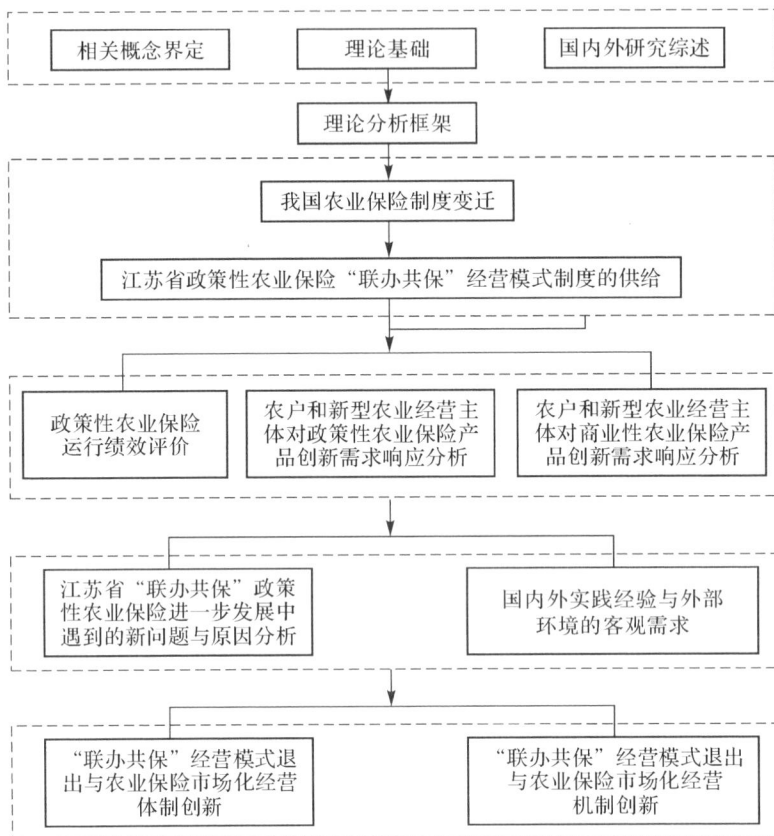

图 1-1　技术路线

第四节　理论创新与学术价值

一、理论创新

"实施乡村振兴战略""实现农业农村现代化"是党的十九大以来的重要部署,需要多方面、多层次的共同努力。推进现代农业保险市场机制改革,优化农业保险创新产品供给,形成多层次农业保险体系是其重要一环。为此,如何在政策性农业保险市场机制改革的背景下,提高农业保险高风险保障水平,加强农户自然风险和市场风险管理,促进新型农业经营主体体系培育和发展,成为目前亟待解决的问题,也是学术界研究的热点。本书从农业保险运行效果评价的视角出发,分别从政策性农业保险、政策性农业保险产品创新和商业性农业保险产品创新 3 个方面,着重分析需求方对政策性农业保险的运行绩效评价,以及对政策性农业保险产品创新和商业性农业保险产品创新的决策响应意愿,从而对政府与保险公司"联办共保"模式下的经营困境进行分析,并在此基础上提出促进政策性农业保险体制机制创新的优化设计与政策建议,具有很强的前沿性。

二、学术价值

本书通过对政策性农业保险的运行效果进行评价,结合需求方对政策性农业保险运行效果的评价以及对政策性农业保险产品创新和商业性农业保险产品创新的决策响应意愿,开展实证研究,了解需求主体与供给主体在农业保险运行机制中各自的利益诉求,提出促进市场化改革背景下政策性农业保险体制机制创新发展的路径选择,以期加强农业生产经营风险管理,达到农户保产增收的目标,最终实现乡村振兴。

本书通过不同类型农户对政策性农业保险的绩效评价及其影响因素分析,得出江苏省农业保险在"联办共保"模式下的实践经验和出现的问题。本书通过对政策性农业保险产品创新和商业性农业保险产品创新的研究,分析不同类型农户的决策响应条件,在运作中探索政策性农业保险体制机制创新的新路径。

本书的研究成果将有助于丰富和完善我国农业保险创新理论,丰富和完善我国农业保险相关理论。本书以保障农户利益、稳定农产品供应为目标,探索了农业保险经营模式创新的途径,提出了农业保险市场机制改革背景下政策性农业保险的体制机制创新,以促进农业健康良性发展,培育和壮大新型农业经营主体,从而逐步解决"三农"问题,实现农业农村现代化。本书的研究成果丰富和完善了政策性农业保险的体制机制优化设计,提出的政策建议有较强的针对性,能够切实解决现实问题,因此具有重要的理论价值和学术价值。

第二章 研究的主要理论基础

第一节 相关概念界定

一、农业保险

根据《农业保险条例》第二条给出的定义,农业保险是指保险机构根据农业保险合同,对被保险人在农林牧渔业生产中因保险标的遭受约定的自然灾害、意外事故、疫病、疾病等保险事故所造成的财产损失,承担赔偿保险金责任的保险活动。

广义的农业保险还包括与农业生产有关的保险,如生产材料、机械和设备、储存和运输、农业信贷和农产品销售活动等涉农农业保险。本章的主要内容涉及广义的农业保险。

二、政策性农业保险与商业性农业保险

政策性农业保险与商业性农业保险同属于农业保险范畴。政策性农业保险的最大特点就是对在农林牧渔业中关系国计民生的重要产品给予政策支持和保费的财政补贴,另外的一些农业保险则是以商业性农业保险或农业互助保险的方式运行。

1. 政策性农业保险与商业性农业保险的差异

政策性农业保险和商业性农业保险最大的不同就是实施机制不同,一个是在政府的扶持下实施,另一个则完全依靠保险公司自己运行,由商业性保险公司自负盈亏。政策性农业保险和商业性农业保险可以相互转化:部分政策性农业保险如满足商业性保险的要求,则可以变为商业性农业保险;商业性农业保险若具有准公共物品属性,运行成本大,则可以转变为政策性农业保险。政策性农业保险和商业性农业保险在业务目标、发展动力、营利能力、外部性和强制程度等方面存在很大差异(申杰、张娴竹,2008),具体见表2-1。

表 2-1 政策性农业保险和商业性农业保险比较

政策性农业保险	商业性农业保险
政府推动＋保险机构经营	完全由商业保险公司自主运营
不以营利为目的,社会效益优先	企业经营行为,公司效益为先
政府对参与农户进行保费补贴并提供其他一些优惠政策	投保农户自缴保费,保险公司承担完全赔偿责任
保费低,保险责任范围大	保费高,保险责任范围小
保险品种多	保险品种少
既可采取强制性形式,也可采用自愿参保的方式	自愿和非强制性参保

(1)保险制度的建立目标不同

政策性农业保险是根据国家的政策目标或计划而设计的,此类保险通常不以营利为目的。而商业性农业保险通常以营利为目的,依据保险公司的商业目标而设计。

(2)执行机构不同

政策性农业保险的执行机构一般为政府或者由政府和保险公司的共同组织,基于政策的农业保险通常包括只能通过政府行为协调的工作,例如政策性农业保险与农产品出口、农业救灾和农业生产调整等农业发展措施密切相关。而商业性保险则完全由保险公司来经营,经营方式也是依靠市场化运作。

(3)保障水平不同

政策性农业保险的保障范围较大,保障金额较低,很多仅能补偿农户的物化成本,体现了"广覆盖、低保障"的原则。而商业性农业保险公司的保障范围较小,但是保障金额一般较高。

(4)参保方式不同

政策性农业保险通常采用强制性投保或者自愿性投保的方式。很多国家都会采用强制或者半强制的方式,规定如果符合投保条件的农户不按照规定投保,则不能够享受相应的支农惠农政策,使得农户不得不投保。强制性投保主要用于对国计民生有重要影响的保险险种。商业性农业保险则采用自愿性投保,通常由商业保险公司主导,完全以市场为导向进行运营,其业务目标以利润为核心。

2.政策性农业保险与商业性农业保险的关系

(1)政策性农业保险为商业性农业保险奠定了制度环境基础

《农业保险条例》为我国农业保险发展提供了法律依据,政策性农业保险和商业性农业保险因此有法可依。自2004年以来,每年的中央一号文件都会对农业保险发展提出要求。银保监会也在不断完善农业保险相关的承保和理赔规范,农业保险的法律环境和制度体系不断优化。这样的市场和政策环境更加有利于商业性农业保险的良性发展。从2007年开始,在政策性农业保险的带动下,我国农业保险的市场规模在迅速壮大,提供的风险保障从2007年的1126.0亿元增加到2019年的3.6万亿元,业务规模稳居亚洲第一、世界第二。在各种农业生产的灾害和损失中,农业保险在受灾地区恢复、重建以及维护和保障人民利益方面发挥了重要作用。农业保险已覆盖所有省份,有了政策性农业保险的前期工作,商业性农业保险将在费率厘定、保障范围、区域差异、产品创新等环节得到大量的数据支持。

(2)商业性农业保险为政策性农业保险发展拾遗补缺

我国农业保险虽然在政府的支持和引导下有了快速的发展,但仍然存在着一些问题亟待解决。在农业保险保障水平方面,与发达国家相比,我国的农业保险的密度和深度仍然较低,2015年,我国农业保险深度是13.73%,美国、加拿大、日本2013年的该指标数据为58.12%、38.59%和40.74%。因此,我国迫切需要商业性农业保险拾遗补缺。此外,农业保险在运行过程中存在着巨大的市场风险,这部分风险难以得到分散,因此要借用市场化运作的手段,加强再保险或者风险对冲手段。麦肯锡2018年的《中国农村保险业白皮书》表明,农业保险在服务"三农"上还有很大的发展空间。以河南省为例,河南省小麦的种植面积占全国小麦种植总面积的22%,但农业保险的参保率却只占50%,这意味着农业保险还有很大的承保空间。此外,政策性农业保险的保险金额设置为物化成本,远远不能满足农户特别是新型农业经营主体的需求,因此政策性农业保险不能覆盖的部分可以用商业性农业保险补充。

三、农业保险体制创新

根据《辞海》的解释,"体制"是国家机关、企事业单位在机构设置、领导隶属关系和管理权限划分等方面的体系、制度、方法、形式等的总称。经济制度是经济体制的基础,决定经济体制的根本性质和主要特点,规定着它的变化方向,无论选择何种经济体制,都不能背离经济制度的基本要求。体制作为制度的表现形式,其形成和发展受制度的规定和制约,并服从和服务于制度。但是体制一旦建立起来,又对制度的实施和完善起重要作用。这种作用主要表现在 2 个方面:一是将制度的原则规定具体化,使之更符合实际和更易于实施;二是促进制度的巩固、发展和完善。当制度的作用不能得到应有的发挥时,就说明体制有缺陷或不符合实际情况,就需要抛弃或改革旧体制,建立适应经济社会发展的新体制,促进制度的巩固、发展和完善,这便是体制创新的过程。

根据国务院颁布的《农业保险条例》总则第三条:"国家支持发展多种形式的农业保险,健全政策性农业保险制度",我国实行的农业保险制度是政策性农业保险,按照"政府引导、市场运作、自主自愿、协同推进"的原则进行。农业保险体制则是根据政策性农业保险制度建立而成,农业保险的体制体现出了政策性的特点。《农业保险条例》总则第四条规定了我国农业保险的体制,即"由国务院保险监督管理机构对农业保险业务实施监督管理,国务院财政、农业、林业、发展改革、税务、民政等有关部门按照各自的职责,负责农业保险推进、管理的相关工作,财政、保险监督管理、国土资源、农业、林业、气象等有关部门、机构应当建立农业保险相关信息的共享机制"①。农业保险的体制服从和服务于政策性农业保险制度,对政策性农业保险的实施和完善起着重要作用。一方面,农业保险的体制将政策性农业保险制度的原则和目标进行了具体化与细化,并制定了一些具体的规定、规范和准则,有利于政策性农业保险制度的实行。另一方面,农业保险体制也在不断地变化,以更好地服务于政策性农业保险制度。2019 年财政部等四部门最新发布的《关于加快农业保险高质量发展的指导意见》便对农业保险体制进行了进一步规划:"财政部会同中央农办、农业农村部、银保监会、国家林草局等部门成立农业保险工作小组,统筹规划、协同推进农业保险工作。有关部门要抓紧制定相关配套措施,确保各项政策落实到位。"②最新的规划在政府责任、政府与市场边界、规范农业保险市场等方面做出了新的具体要求,这是我国农业保险体制创新的体现。

四、农业保险机制创新

机制隶属于制度和体制,它与制度和体制结合在一起,受体制和制度的制约与影响。不同的制度、体制有着不同的运行机制。在同样的制度和体

---

① 《农业保险条例》(2016 年 2 月 6 日修订版)国务院令第 666 号。
② 《关于加快农业保险高质量发展的指导意见》(财金〔2019〕102 号)。

制下,可以有着不同的运行机制;相同的运行机制在不同的制度和体制下,也可能存在着不同的外在表现形式。无论是制度还是体制,都必须通过一定的机制才能够更好地运行并发挥应有的作用。任何的制度和体制都是由不同的要素组成的,这些要素只有以一定的方式联系起来并相互作用,才能够促进该制度或体制的发展。机制受制度和体制的影响,也影响着制度和体制。机制是各组成部分和环节的相互联系、相互制约、相互促进、相互作用,任何一个因素和环节的变化,都会引起或受制于其他因素和环境的变化,同理,其他因素和环境的变化也会影响或受制于这个因素和环境的变化,从而对系统的整体性产生影响。因此,机制的设计十分重要,需要考虑各个因素和环节之间的联系与影响,协调各个因素和环节的变化,从而保证系统的总体稳定性,保障机制稳定、高效运行。优秀的制度和体制需要靠有效的机制去落实,有时候甚至关系到事业的成败。好的机制也需要不断地创新,机制的创新动力主要有 2 个方面:一是自上而下的创新,制度和体制的创新带动了机制的创新,机制需要通过改变来适应新的制度和体制;二是自下而上的创新,当原有的机制不再适应于整个制度和体制的发展时,就要对机制进行创新,机制的创新可能还会带动制度和机制的创新。

农业保险运行机制服务于政策性农业保险制度,是农业保险体制的具体细化。《农业保险条例》并未对农业保险运行机制做出具体规划,鼓励各地区采用适合本地区的经营机制,支持农业保险的实践模式创新。因此,在统一的政策性农业保险制度和体制下,农业保险机制的外在表现形式各不相同,有"联办共保"模式、"共保体"模式、专业农业保险公司经营模式、互助保险模式等。现阶段农业保险运行机制的创新主要分为 2 个部分:一是根据《关于加快农业保险高质量发展的指导意见》中体制的变化,做出适应新体制的机制变化,例如江苏省取消了原先的"联办共保"模式,而转变为政府指导下的保险机构独立承保模式,不再分享农业保险保费、承担赔偿责任,而是把业务的主动权交给保险公司,不参加农业保险的具体经营。二是根据运行现状进行创新,在基层运行的过程中会出现许多问题,农业保险机制需要根据这些问题进行创新,以提高农业保险运行机制的效率。

第二节 理论基础

一、农业保险的福利经济学理论

(一)外部性理论

外部性与公共物品理论都是福利经济学中的重要内容,福利经济学是一门用以判断"在某一种经济状况下的社会福利比另一种状态下要高或低"(黄有光,1992)的学科。在完全竞争市场条件下,社会福利可以用效用或偏好来度量,无论初始资源如何配置,分散化的竞争市场可以通过个人自利的交易行为达到瓦尔拉斯均衡从而达到帕累托最优效应。但在现实生活中,会出现个人的非理性或出于对他人福利的考虑而进行的决策,抑或商品本身存在外部效应,此时福利会偏离原本的效用或偏好,这是福利经济学所要研究的重点内容。

外部性亦称为外部效应(externality),目前经济学家对于外部性概念的定义主要分为两类:一类是从外部性的产生主体角度来定义,例如萨缪尔森和诺德豪斯(1999)从产生主体角度对外部性进行定义;另一类是从外部性的接受主体来定义,兰德尔定义外部性为"外部性是用来表示当一个行动的某些效益或成本不在决策者的考虑范围内的时候所产生的一种低效率现象,也就是某些效应被给予或某些成本被强加给没有参加这一决策的人"(厉以宁等,1984)。用数学语言来表示,所谓外部效应就是某经济主体的福利函数的自变量中包含了他人的行为,而该经济主体又没有向他人提供报酬或索取补偿,即 $F_i = F_j(X_{1j}, X_{2j}, \cdots, X_{nj}, X_{mk})$,$j \neq k$。此处 j 和 k 是指不同的个人(或厂商),F_j 表示 j 的福利函数,$X_i(i = 1, 2, \cdots, n, m)$ 是指经济活动。函数是指只要某个经济主体 j 的福利受到它自己所控制的经济活动 X_i 的影响外,同时也受到另一个人 k 所控制的某一经济活动 X_m 的影响,就存在外部效应。按照外部性的性质可以将其分为七大类,分别是外部性的影响效果、生产领域、产生的时空、产生的前提条件、外部性稳定性、外部性方向性和外部性的根源(格拉夫和夏炎德,1966)。外部性的存在使原本仅需市场自身调节就可以实现资源的帕累托最优配置不再有效,需要法律法规、政府部门或社会机构的干预,才能接近帕累托资源配置的效率,这是具有外部性的商品或行为需要干预的理论基础。外部性的分类很多,通常的两类分类方式是按照外部性的影响效果和外部性的生产领域进行分类。按照外部性的影响效果可以将外部性分为外部经济和外部不经济。例如大学校园为周围的居民提供了优美的环境和健身设施,但附近居民并不需要交费,因此对附近居民来说大学校园给他们带来了外部经济,而附近居民的到来增加了大学校园的管理成本,这给大学带来了外部不经济。本书中,农户购买农业保险在分散农业风险的同时也对农产品市场起到了稳定的作用,利于其他居民进行农产品消费,但这些居民并不需要支付农业保险的费用,却享受了稳定的农产品供应和合适的农产品价格,这就是农业保险带来的外部性。按照生产领域来划分,外部性分为生产活动带来的外部性和消费活动带来的外部性。以农业保险为例,农户在购买农业保险的时候,产生了消费的外部性,使得私人边际收益小于社会边际收益,边际私人成本大于边际社会成本。这种现象导致了农业保险外部性。农业保险减少了农户的经营风险,使相对较多的资源留在农业上,维护了农产品的稳定供应,民众可以以比较稳定的价格购买农产品,而不需要支付费用,这就是农业保险的消费带来的外部性。农业保险的生产也带来了外部性,由于农业风险的特殊性,保险公司在经营农业保险时除了要承担系统性风险外,还需要承担信息不对称带来的道德风险,给农业保险的经营带来较高的成本,保险公司的私人边际收益非常低。但对于政府来说,政府仅需要用很少的代价就能获得稳定农产品市场的好处,边际社会收益远远大于私人边际收益。因此,农业保险在生产和消费方面的外部性就决定了农业保险的经营需要政府的扶持。

(二)准公共物品理论

准公共物品是指兼具部分公共物品和部分私人物品性质的某类物品,它是处于公共物品和私人物品之间、属于中间形态的准公共物品:较之公共物品,它具有部分的排他性和竞争性;较之私人物品,它具有部分的非排他性和非竞争性。准公共物品由公共物品的概念发展而来,根据萨缪尔森对公共物品的定义:任何人消费这种物品,都不会导致其他人对该物品消费的减少,且无论个人是否愿意购买,都能使整个社会中的每一个成员获利(Buchanan,1965)。用数学语言表达为:

$$X_j = X_j^i (i=1,2,\cdots,N)。$$

其中,X_j 表示对第 j 件物品的消费量,i 代表消费者的序号,X_j^i 表示消费者 i 对第 j 件物品的消费量。因此,上式表达的含义为任意一个消费者对物品 j 的消费量都是相等的且等于全体消费者的消费量。这与私人物品的概念正好相反,私人物品是指那些可以分割、可供不同人消费,且对他人没有外部收益或成本的物品。但在对现实生活中的物品划分时,由于物品的效用往往不止一种,很难严格判定出公共物品和私人物品。萨缪尔森提出的公共物品和私人物品是纯公共物品和纯私人物品,如图 2-1 中 A、B 两点所表示的。图 2-1 的横轴和纵轴分别表示排他性与竞争性,原点处表示既不存在竞争性也不存在排他性,即纯公共物品,"1"处表示完全竞争性或排他性。

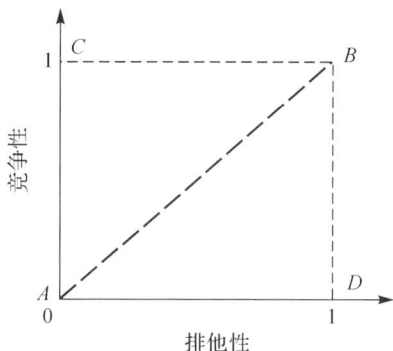

图 2-1　物品分类(公共物品、私人物品和准公共物品)

目前学者对于准公共物品有着不同的定义,布隆代尔引入了拥挤系数 $\theta \in [0,1]$ (Blundell,1998),根据其定义:

$$X_j^i = \frac{X_j}{N^\theta} \qquad (i=1,2,\cdots,N)。$$

其中,X_j^i 表示消费者 i 对第 j 件物品的消费量,如果 $\theta=0$,则 $X_j^i=X_j$,即是萨缪尔森定义中严格的公共物品;若 $\theta=1$,则每个消费者对物品 j 消费量的总和等于物品 j 的总和,此时物品的消费和收益是可分割的,符合私人物品的条件;$\theta \in [0,1]$ 时,则是准公共物品。

日本经济学家植草益(1992)根据竞争性和排他性这 2 个性质有、无的组合,将物品进行了分类:第一类是纯公共物品,同时具有消费的非竞争性和收益的非排他性;第二类既不具备消费的非竞争性也不具备收益的非排他性,即最常见的私人物品;第三类准公共物品则具有消费的非竞争性但不具备收益的非排他性(自然垄断),或具有收益的非排他性,但不具备消费的非竞争性(共有资源)。根据该观点,图 2-1 中处于 AC、AD 两条线上的物品才属于准公共物品,对于四边形 ABCD 内部物品的性质未做出定义。布坎南提出了俱乐部经济理论,将处于公共物品和私人物品之间的物品视为俱乐部物品,该类物品的特征是有限的非竞争性和不完全的排他性,在图 2-1 中处于四边形 ACBD 范围内的区域(Buchanan,1965)。

综合上述学者的研究理论,本书根据萨缪尔森的理论,将公共物品和私人物品定义为纯公共物品和纯私人物品,将介于两者之间的定义为准公共物品。

(三)农业保险的外部性和准公共物品属性

根据以上理论分析,本部分将会从外部性和准公共物品理论出发,探究农业保险的外部性和准公共物品属性,从理论方面对农业保险的属性进行深层次研究。

农业保险在生产和消费环节均会产生外部性。尽管保险产品具有特殊性,并不是一件实体产品,没有具体的实物产出,仅仅是一个合约条款。农业保险的生产可以看作保险公司筹备农业保险开始,保险公司在出售农业保险前,就已经在保险的查勘、赔偿、风险管理等方面付出了成本。保险公司在筹备农业保险中就体现了外部性,因为发生农业风险时,保险公司的事前准备对灾后的补偿起到了很大的作用,有利于农业市场的稳定和农业再生产。政府和居民在未向保险公司支付保费的情况下就获得了稳定的粮食供应。农业保险的保费同样具有外部性,可以将农业保险的保费定义为保费支付。这会产生两类受益对象:一类依旧是政府和民众,他们在没有支付保费的情况下能获得稳定充足的粮食供应;另一类是未购买农业保险的农户,他们在购买保险的农户周围,享受了保险提供的防灾减灾服务(如天气预警、技术培训等)。因此农业保险的外部性表现在生产和销售 2 个部分,为其他利益主体产生了正外部性。

农业保险具有准公共物品的属性。第一,农业保险具有非竞争性。农业保险按照大数法则运行,理论上来讲,投保的农户越多对于保险公司来讲越有利,因为数量较大的农户参保分散了农业保险的风险。可以看出,农业保险在购买时具有非竞争性,符合条件缴纳保费的农户均可以参加农业保险。第二,农业保险具有排他性。农业保险的排他性体现在农业保险的服务只针对购买保险的农户,未购买农业保险的农户在灾难、灾害发生时并不能够得到保险公司的赔偿。但由于一些未购买农业保险的农户可以享受部分服务(如灾害预警、技术培训等),因此存在一定的"搭便车"的现象,农业保险的排他性属性并不完全。非竞争性和有限的排他性说明了农业保险符合准公共物品的基本属性。

综上所述,农业保险是生产环境和销售环境都存在外部经济效益的准公共物品,这样的属性也决定了农业保险必须得到政府的支持才能有良好的发展。

二、农业保险行为主体的经济学分析

(一)政府行为

由农业保险的外部性和准公共物品属性可知,政府在农业保险制度的建立和发展方面起着至关重要的作用,这种作用尤其体现在 2004 年后的政策性农业保险阶段。20 世纪 90 年代,由于市场机制和监管的不完善,我国的农业保险市场面临着"供需双冷"的情况,在此阶段我国的农业保险业务萎缩严重。得益于 2004 年后的农业保险制度改革,政府对市场失灵现象有着有效的调控和把握,此后我国的农业保险有着迅速的发展,到 2013 年我国农业保险保费收入规模已达到世界第二。政府在农业保险上起着举足轻重的作用,从其所扮演的角色来看,政府在农业保险领域主要起到规则制定者、监管者、引导者的作用。

1.农业保险的规则制定者

政府作为农业保险的规则制定者所起的作用主要体现在法律法规制定、体制机制设计等方面。农业保险的规范运行需要政府提供完善的法律保障,这是世界各国通行的做法,例如美国的《联邦农作物保险法》、法国的《农业保险法》和日本的《农业灾害补偿法》等。这些法律使农业保险向规范化的方向发展,在农业保险的发展过程中起到了保障和促进的作用。在 2013 年《农业保险条例》实施之前,我国农业保险的相关法律长期以来都处于缺失状态。这就导致政府对于农业保险的监管出现真空,很多违法违规问题得不到良好的解决,出现了"劣币驱逐良币"的现象,最终使得农业保险发展缓慢。自从《农业保险条例》颁布后,政府在农业保险中的引导地位明确,很多农业保险开始有法可依,大大减少了违法违规、粗放经营等现象。而体制机制方面的设计使得农业保险的运行机理更加顺畅,运行效率显著提高。以美国为例,美国在农业部内设立了联邦农作物保险公司(FCIC),FCIC 可以承保在美国生产的任何农产品商品。而私营的农业保险公司一般可独立承保农作物雹灾、农产建筑、农机设备等财产保险,但是私营保险公司在 FCIC 的框架下可以参与经营农作物保险计划,承保或代理 FCIC 的农作物一切险和再保险业务。联邦政府对 FCIC 进行保费补贴、业务费用补贴并提供再保险、税收减免等扶持政策,认捐 FCIC 的部分股本。对于私营保险公司承担的 FCIC 的这部分业务,联邦政府同样给予保费补贴、经营管理费补贴等方面的政策优惠。在我国,农业保险在同一顶层框架下运行。

《关于加快农业保险高质量发展的指导意见》已经明确,目前政策性农业保险的工作"由财政部会同中央农办、农业农村部、银保监会、国家林草局等部门成立农业保险工作小组,统筹规划、协同推进农业保险工作……各省级党委和政府要组织制定工作方案,成立由财政部门牵头,农业农村、保险监管和林业草原等部门参与的农业保险工作小组,确定本地区农业保险财政支持政策和重点,统筹推进农业保险工作"①。由于各省份省情不同,尚未有全国性的农业保险运行模式,各地区采用不同的运行模式,例如江苏省采用的"联办共保"模式、浙江省采取的"共保体"模式、上海市采取的政府支持与市场化发展相结合模式等。综上,可以看出政府通过规则制定、体制机制设计等行动引导着农业保险向规范化、高效化的方向发展,给农业保险的发展打下良好的法律基础和执行框架。

2.农业保险的监管者

根据经济学原理,在一个竞争市场中,只有在以下 3 种情况下,政府才可以对市场进行干预或监管:一是出现或可能出现市场失灵现象;二是市场失灵已经或可能引起明显的效率低下或不公平现象;三是政府监管行为能够解决效率低下或不公平问题。在农业保险实践初期,农业保险市场失灵的现象尤为明显,究其原因,主要是农业保险的正外部性。

农业保险的正外部性主要表现在生产和消费 2 个方面。从农业保险的生产来看,农业保险的正外部性体现在农业保险机构提供农业保险的私人边际收益小于社会边际收益。对于农业保险机构而言,农业保险在展业、承保、查勘定损、理赔等方面付出大量的经营成本,且农业保险存在着较高的道德风险和逆向选择可能,使农业保险机构在承担高经营成本的同时还要承受高赔付率风险,这样就使得农业保险机构的私人边际收益非常小。而对政府而言,农业保险具有较高的社会收益,政府并不需要付出太多的代价就能够获得农业保险带来的好处,例如稳定农户收入、维持粮食供应、稳定社会秩序等,因此农业保险的边际社会收益较大。由此可以看出,农业保险机构在提供农业保险时承担了本应由政府承担的成本,私人边际收益小于社会边际收益,正外部性也由此产生,这是农业保险市场失灵的一部分原因。从农业保险的消费来看,农业保险的正外部性体现在农民购买农业保险的边际私人收益小于社会收益。农业保险机构经营农业保险的成本较高,农业保险的价格也相应较高,这就使得农户通过保险手段分散风险的成

---

① 《关于加快农业保险高质量发展的指导意见》(财金〔2019〕102 号)。

本较高,这就使得农户购买农业保险的私人边际收益较低。而农业保险具有分散农业风险、稳定农业生产的作用,可以为社会提供稳定、合理的农产品来源,因此农业保险的社会收益较高,社会边际收益高于私人边际收益。

由上述分析可看出,农业保险生产和消费的正外部性使得农业保险的市场机制失灵,出现了供给和需求均不足的现象。一方面,由于保险机构承担较大的成本,农业保险产品的供给量小于社会应有的供给量,进而出现有效供给不足的现象;另一方面,农户也负担着较高的保险费用,农业保险的需求量也小于社会应有需求量,进而出现有效需求不足的现象。供给和消费的"双不足"的现象导致农业保险市场开始萎缩,产生市场失灵的现象。根据上述的经济学原理,就需要政府对农业保险进行有效监管,来改变市场失灵的情况。主要的做法有:第一,对信息不对称造成的风险进行监管,减少农业保险机构的经营风险;第二,对农业保险的经营进行补贴,包括保险经营费用补贴、保险费率补贴、再保险补贴等;第三,制定法律法规,对保险机构的经营活动进行监管,减少违规、违法经营的现象,保障市场公平。

3. 农业保险的引导者

按照《农业保险条例》要求,我国农业保险采取的是"政府引导、商业化运作"的运作模式,农业保险应该按照保险市场化规律运作,政府在农业保险的运营过程中的直接干预行为较少,更多的是给予政策、法律、制度等方面的支持。在我国,政府对农业保险的引导作用主要体现在 2 个方面。

(1)推动作用

第一,提供财政补贴政策。从上文对农业保险市场的经济学分析可以看出,农业保险面临着需求和供给"双不足"的现象。从需求方来看,农业保险在理论上是农户分散风险可采取的一种经济有效的方法,农户天然具有对农业保险的需求,但出于农业保险费率高、农户的支付能力有限、农业预期保险赔付率低等原因,农户对农业保险的有效需求较少。因此,需要政府以提供保费补贴等方式来增加对农业保险的有效需求。从供给方面来看,由于农业风险的特殊性,商业保险公司经营农业保险十分困难,有时候一个大的灾害就能让之前好不容易积累起来的保险基金消耗殆尽,因此商业保险公司运营农业保险的风险非常大。除此之外,农业保险的展业、投保、查勘定损、理赔等方面所需要的人力、物力、财力均较多,具有较高的经营成本。高风险和高成本也使得农业保险的保费居高不下,即便如此也甚少有保险公司愿意在没有政府支持的情况下提供农业保险。因此,针对这些问题,政府可以通过补贴经营管理费用、提供再保险补贴等方式来增加农业保险的有效供给。

第二,给予农业保险经营者税收优惠。农业保险具有正外部性,起到了稳定农业生产、促进农业转型升级、保障国家粮食安全和稳定农民收入等作用,也是我国一项重要的支农政策,因此国家从税收政策等方面给予了农业保险很多优惠和支持。税优政策降低了保险机构成本,也就相应地增强了其偿付能力,一旦出现自然灾害、农产品市场波动等,保险机构就能更有实力应对。目前我国农业保险的税收优惠主要有两项:一是对保险公司为种植业、养殖业提供保险业务取得的保费收入,在计算应纳税所得额时,按90%计入收入总额[①];二是县域农村金融机构保险业收入减按3%的税率征收营业税[②]。

第三,完善农业保险风险分散制度。关于农业风险管理机制,世界上普遍的做法是以农业保险为主、以灾害救济为辅。这是因为农业保险可以使财政投入较少资金,调动比自身多数倍的资金,实现农业灾害管理的"乘数效应"。因此,政府可以通过提供完善的农业保险分散制度来推动农业保险的发展。目前政府对于完善农业保险风险分散制度的做法主要体现在建立农业巨灾风险专项基金和完善农业保险再保险制度2个方面。

(2)协调作用

第一,农业保险顶层设计——部门间的协调。在我国政策性农业保险的试点阶段,尚未出现一个国家级牵头部门,从国家发布的农业保险相关文件来看,主要负责部门有当时的财政部、农业部和保监会等,这些部门构成了早期农业保险的顶层设计。直到2019年的《关于加快农业保险高质量发展的指导意见》,我国农业保险的顶层设计才有了比较明确的规划。该《指导意见》相当于农业保险发展的"施工图",明确地规定了不同部门的职责范围和部门间的协作,强调了各部门间的配合。该《指导意见》要求财政部会同中央农办、农业农村部、银保监会、国家林草局等部门成立农业保险工作小组,统筹规划、协同推进农业保险工作,有关部门要抓紧制定相关配套措施,确保各项政策落实到位。

第二,农业保险机制设计——地方部门间的协调。地方政府部门间的协调不仅在职能部门之间,还在与农业保险有关的专业部门之间。在职能部门间的协调主要是指各省份政府要组织制定工作方案,成立由财政部门牵头,农业农村、银保监会和林业草原等部门参与的农业保险工作小组,确

---

① 《关于延续支持农村金融发展有关税收政策的通知》财税〔2017〕44号。
② 《关于农村金融有关税收政策的通知》财税〔2010〕4号。

定本地区农业保险财政支持政策和重点,统筹推进农业保险工作。而在与专业部门之间的协调主要是加强农业保险与气象局、物价局、科研机构等部门间的合作,以共同协作促进农业保险的发展。例如气象局可以为投保农户提供天气预报,为保险公司提供历年的气象情况以更好地进行保险精算,还可以提供专业、客观的气象情况作为赔付依据。

第三,农业保险基层运行设计——政府与农业保险参与者间的协调。基层的运行情况是农业保险能否高效、顺畅运行的关键因素之一,在农业保险的运行过程中,离不开乡村基层工作者的努力。在我国,大多数乡镇都有协保员来协助保险公司完成农业保险的各项事务,这些协保员一般由村会计担任。他们的职责包括:协助保险机构进行农业保险的宣传工作;协助保险机构做好农业保险的投保和保费收缴工作;接受村民报案,保护第一现场,并协助理赔人员进行现场查勘;帮助落实本乡镇防灾减灾工作;统计并公示本地区承保和理赔情况,统计上报防灾减灾治理情况等。一方面,基层政府在协助保险公司的同时也可以监督保险机构,使得农业保险更加公正、透明;另一方面,基层政府的工作也极大地发挥了政府部门的组织能力,使农户更加配合保险公司的工作,以提高农业保险的效率。

(二)保险公司行为

保险公司是农业保险市场的供给者,也是政府政策法规的直接实施者,在农业保险市场中扮演保险人的行为。保险公司是农业保险的提供者,其经济行为对农业保险产品的种类、规模、数量等起着决定性作用。

保险公司作为营利性的商业经营主体,在设计保险前会充分考虑该商品的风险、成本和收益之间的关系,在成本最小化的基础上实现保险公司的利润最大化。通常保险公司的产品费率主要是通过"大数法则"制定,通过大量的数据调查和统计算出风险概率损失,风险概率损失越大,保险费率越高,反之风险概率损失越小,保险费率则越低亦然,这样的产品算法普遍存在于车险、寿险、意外险等多个险种。因此,由于农业灾难、灾害具有发生频繁、种类多、范围广、程度深等特点,这也就使得农业的风险概率损失较高,相应地,农业保险的价格也较高(费率一般为2%～15%),是普通财产保险的50～150倍(庹国柱,2011)。除此之外,农业保险的经营成本也非常高,以水稻种植保险为例,保险公司需要在经营过程中耗费大量的人力物力,尤其是在查勘定损阶段。尽管现阶段有无人机测产、卫星地图等高科技的帮助,可以得到清晰的图像和精确的面积,但具体的灾害损失并不能直接通过图片来确定,还需要实地测产、考察水稻的饱和度。较高的风险概率损失和经营成本决定了农业保险高昂的保费,使农业保险成了普通农户的"奢侈品",降低了农户的投保积极性。在无政府补贴的情况下,农业保险的投保率非常低。然而,保险公司并不能通过降低价格的方式来吸引更多的农户,因为降低费率会使保险公司面临亏损,从而缩小甚至关闭农业保险业务。从上述对保险公司的行为分析可以看出,正常市场交易中,农业保险的供给曲线较低且无法与需求曲线相交,在无政府补贴的情况下,农业保险市场会进一步萎缩甚至消失。

从以上分析可以看出,保险公司的行为受农业保险成本和政府行为的影响,在赢利的条件下,农业保险市场对保险公司具有一定的吸引力。若要促进农业保险的供给,需要政府加大保费补贴、保险公司经营补贴力度,完善风险分散机制,制定相关法律法规等。

(三)农业生产经营者行为

保险公司和农户是农业保险市场中的重要行为主体,构成了农业保险市场的供需双方。农户是农业保险的购买者,也是农业保险活动中的被保险人。农户是农业风险的承担者,也是农业风险管理的主体,根据自身利益最大化的原则选择风险管理手段。

在我国,农户的风险管理方式受传统观念和管理手段的性价比影响,大部分农户都有"靠天吃饭"的观念,他们选择依靠自己或亲朋好友的帮助来承担农业风险,当发生巨灾风险时则更多地依靠政府救济。在选择风险管理方式时,更多的是根据自然环境的变化采取防灾设施建设、灾后补救等一些技术手段,而不是主动规避风险,因此缺乏主动的风险管理意识。在缺乏引导的情况下,农户自愿购买农业保险的积极性较低。从理性人的视角看,农户是否投保的衡量标准是保险价格与投保收益的收益大小。按照原本的市场供需曲线,农业保险的价格较高且覆盖范围有限,出于性价比的考虑,农户一般不愿意购买农业保险。换句话说,在无政府补贴的情况下,农业保险并不是农户可选择的最佳风险管理手段。

综上,影响农户参与农业保险的因素主要有以下几个方面:政府在经济、法律和行政上的支持力度,如保费补贴、法律法规、宣传推广等;农户的经营特征,如收入水平、农业收入比重、经营面积、农业生产的规模化程度等;农户的个人特征,如年龄、学历、经营年限、受教育水平、农业保险了解程度、个人风险偏好等;经营风险,如受自然灾害影响大小、灾害发生频率等。

三、农业保险中政府与市场的关系

自古典经济学以来,对资源分配方式形成了两种不同的看法。一种观点源自亚当·斯密以"看不见的手"为中心的经济思想,认为直接的政府干预既有害又可能失败,市场机制可以在一定的社会资源条件下合理有效地分配资源,有效的制度安排源于市场本身各种因素的相互作用,政府应该减少市场干预。另一种观点认为市场机制存在局限性,可能导致资源错配,或者无法在充分利用资源和实现财富增长的同时兼顾社会公平。因此,政府作为"看得见的手"应该主动干预市场活动,以实现资源的有效配置。

随着经济学的发展和人类社会的进步,经济学家们更多地认为市场配置和计划配置是资源分配的基本方式,两者之间存在着趋同和互补,不仅在资源分配成本方面存在差异,而且市场和政府作为资源配置的主体存在失败的可能性,政府可能无法要求市场调整,市场也可能不需要政府干预。

从保险的视角来看,保险资源可以在健全的保险市场条件下实现最优配置。也就是说,保险供给者、保险需求者和保险中介,甚至整个社会都可以实现效用最大化,获得极大的满足感。但是,由于市场因素的不完全性和市场本身存在局限,保险资源的分配无法通过单一的市场机制完成。因此,在保险市场中,要实现保险资源的有效分配和全面流动,必须建立健全市场体系。由于市场因素的不完全性,仅通过市场机制很难实现保险资源的最优配置。这迫使政府放弃自由放任政策,采取各种措施提高保险资源配置效率,从而保障社会的稳定性(孙蓉,2008)。

我国的保险市场还不完善,主要表现在以下 3 个方面:一是保险市场体系不完善。在市场经济中保险经济的运行需要发达的市场体系辅以完善的保险商品市场以及比较完善的劳动力市场、技术市场、信息市场、金融市场和其他与保险发展相关的市场。二是保险市场发育不充分。我国的保险市场发展水平普遍较低。主要表现为市场规模、地区和人口覆盖范围较小,市场规则不健全,信息不充分,易引发道德风险和逆向选择问题。各种非经济因素的干扰也相对较大。三是市场机制的作用有限。即便是发达国家的保险市场,信息不对称问题也是无法避免的。相比发达国家,我国市场机制在保险资源分配中的作用有限。总之,我国的保险供给存在部分结构性失衡问题,表现为产品、市场和区域 3 个方面结构的不平衡,造成资源配置效率的低下和保险资源的浪费。因此,政府在保险资源配置市场失灵现象中的纠正作用极为关键。

我国各省份在农业保险的实际运行中形成的主要经营模式,主要有:①政府主办和政府经营的模式。这种模式属于政策性农业保险的经营模式,以政府组建的保险公司为主,农业保险机构与政府管理机构密切结合的同时,由中央实行再保险。②农业保险合作经营模式。这一政策性农业保险模式以农业保险相互合作社为主。③相互保险公司模式。这一模式的特征可以概括为:一是政府、农民、保险公司多主体共同参与经营。在相互保险公司,农民具有双重身份,既是保险人(相互保险公司的股东)又是被保险人,公司经营好坏与农民的切身利益有直接关系。根据农业保险建立分保机制和中央、地方政府分别负担相互保险公司经营农业保险亏损的原则,针对农业保险赔款地方政府不会施加太大压力。被保险人在交纳保险金后,自动成为相互保险公司中的成员,社员关系和保险关系同时生成。二是非营利性的法人组织,仅成员内部开展相互保险,并在公司成员间分配盈余。三是无资本金要求。④农业保险股份有限公司模式。经营模式借鉴公司制企业的做法,经营权和所有权相分离,保险关系由合同确定,产权关系明确,以营利为最终目的,需要政府的参与。股份制农业保险公司按照自主经营、自我发展、自负盈亏的原则进行独立经营,经营业绩的好坏完全由其在市场竞争中的情况决定,需要政府进行宏观调控,政府在其中仅仅扮演宏观管理的角色,只要公司是在《公司法》规定的范围内运作便可。

四、农业保险的制度经济学理论

(一)制度变迁理论

制度变迁理论可分为两种,一种是诱致性制度变迁理论,另一种是强制性制度变迁理论(林毅夫,1994)。诱致性的制度变迁具有边际革命和增量调整性质,这种改革主体来自基层,程序为自下而上;强制性的制度变迁是自上而下的激进性质的存量革命,通常是由国家通过强力性管理机器和政策法规来实施的。这两种理论都有各自的优缺点。在农业保险制度的发展历程中既有诱导性变迁的因素也有强制性变迁的因素,农户对于农业风险规避的需要催生了农业保险制度,由于农业保险的外部性和准公共物品属性,农业保险发展缓慢,这时候政府通过立法等强制措施推动农业保险制度的发展,这又属于强制性变迁的范畴。

概括而言,当社会上出现一种总收益更高的制度对前一种制度的部分或者完全转换的变化即为发生了制度变迁。具体而言,当原有制度无法满足需求或者被发现较大的缺陷的时候,理性经济人就会持续提出对新制度的种种需求,从而促使制度的变迁。我国农业保险制度建立过程是一种程序上自上而下的供给型制度变迁,具体而言,"双向压力"驱动使其确立:政府需要一种较好的途径来避免农户因灾破产返贫现象,履行社会责任,保证宏观经济稳中提升,彰显执政能力;保险公司须树立良好社会形象,在城市人身、财产保险市场竞争激烈、营利空间被大幅压缩后寻求新的营利空间。政府需要保险公司的业务专业能力,而保险公司仅依靠自己无法单独供给,必须获得政府的强大政策或财政支持,双向压力相互作用,农业保险制度达到稳定状态。同时,农户群整体依据自身禀赋对处于该稳定状态的农业保险制度做出响应:若做出的是积极响应,则处于该稳定状态的农业保险制度为均衡状态;若做出的是消极响应,则短暂的稳定状态瓦解,双向压力作用范式再不断调整,直至达到新的制度均衡。

随着政治体制、社会习惯、经济形势的变化,技术创新和农业风险分化,双向压力的关系会不断发生变化,农户群的响应也会发生改变,原有的制度均衡状态被打破,直到达到新的均衡状态为止。纵向上,农业保险制度也沿着"制度均衡—制度非均衡—制度均衡……"这一路径变迁。自 20 世纪 50年代至今,我国农业保险运行状态共经历了 3 个重要阶段:第一阶段可概括为完全由行政推动的农业保险状态,第二阶段为商业性农业保险阶段,第三阶段为政策性农业保险阶段。第一阶段由于体制的约束,第二阶段由于商业保险公司自身供给能力的局限与管理的失调,均未形成有效的农业保险制度均衡,陷入了制度失效的锁定状态,农户最终也做出了消极的响应,所以这两种状态并未延续较长的时间。而第三阶段的政策性农业保险状态在政府与保险公司博弈之间找出了均衡解,达到了制度均衡。

(二)机制设计理论

在设计农业保险发展机制时,应明确把握经济机制设计理论的原则。有学者研究认为,机制是系统中各种元素的相互作用。经济机制通常是指社会经济过程中经济结构中相互影响、相互联系的组成部分,包括调整机制和维护机制。美国经济学家首先提出了经济机制设计理论。该理论认为,经济机制要解决的问题是,在既定的准备目标下,参与者处于自由选择和自由交换的条件下,建立一种可能的经济机制,使参与的个人利益和规则设计者的利益目标相一致(赫维茨和瑞特,2014)。

机制设计理论的 2 个研究重点分别是激励问题和信息问题。激励问题的核心就是激励相容性,实质是指如何建立机制,确保每个参与者积极追求自己的目标,实现设计者设计的所有目标。激励机制设计包括委托代理、契约理论、规制、公共财政理论、最优税制设计等多个方面(何自力,2007)。信息问题则是研究在信息较少的情况下,如何保证特定机制的有效运行,即最低的运行成本。在农业保险的机制设定中,需要考虑和协调政府、保险公司和农民各自的利益。在追求社会利益的过程中追求自身利益,促进农业保险的可持续发展,实现农业生产稳定,维护粮食安全,提高农民收入和福利水平,促进农村经济健康发展。同时,还必须考虑机制设计的成本、财政资金的规模,通过不断地完善农业保险机制来提高农业保险的运行效率。

(三)制度创新理论

在制度创新方面,新制度经济学家有很多争论,主要来自以下几个方面:制度创新一般是指制度主体通过建立新的制度以获得追加利润的活动。按照制度创新的动因来分,制度创新可以分为诱致性制度变迁和强制性制度变迁。

诱致性制度变迁可以利用市场的作用,诱发人们去追求经济利益,从而使其行为发生;强制性制度变迁是国家通过法律制度强制人们的行为发生改变。农业保险在产品创新的过程中应以诱致性变迁为主,以强制性变迁为辅。农业保险创新产品实施推广过程中应以诱致性变迁主导,让传统农户和新型农业经营主体看到新型农业保险的保障作用。而强制性以变迁为辅,为诱致性变迁奠定基础,即制定相关政策法规和支持措施,通过国家的政策引导来引入农业保险创新制度。

在农业保险创新过程中,要尽量减少"搭便车"现象的诱致性变迁和"寻租"行为的强制性变迁所造成的负面影响。强制性变迁与诱致性变迁存在相互补充的关系。在农业保险创新实施推广过程中需要合理地采用这两种制度变迁,在农业保险制度创新中既要有诱致性变迁,又要有强制性变迁。政府和市场的作用都是有边界的,政府与市场需要适当分工,政府的角色应当是制定政策、健全制度、加强监管、合理引导,培育和健全市场机制,在政策的合理引导、有效约束下,充分发挥市场在农业保险资源配置中的基础作用,市场机制得到健全和发展,才能通过市场价格机制、竞争机制的作用,调动市场微观主体——保险公司、农民——的积极性,推动农业保险制度创新,推动农业保险交易关系的拓展和农业保险经营规模不断扩大,以创新、分工、合作推动农业保险制度的变迁和演化。

在保险业的发展进程中,创新始终是保险发展的主要源泉。没有创新,保险业就不会有升级和发展。一些学者认为,保险作为一种经济补偿制度,本身就是经济制度的重大创新。随着经济的发展,保险的创新发展不是一个线性直线运动,而是一个由低到高的峰型轨迹。在不同的历史阶段,保险业的发展水平和差异都比较明显。然而,创新的思想却始终贯穿保险发展的历史。历史回顾表明,保险发展过程中的每一个高潮都是由创新触发的。由于旧保险制度不能适应社会发展的新要求,新的矛盾和冲突会出现,从而阻碍或制约经济发展,当原有数量的扩大不能解决发展中的矛盾时,只能通过保险的创新方法来解决。保险业只有突破制约,适应经济社会发展的新要求,才能获得巨大的发展机遇和发展空间。

第三节 国内外研究综述

一、国外理论研究现状

1. 农业保险运营模式的研究

发达国家与发展中国家由于各自国情差异较大,所遵循的农业保险宗旨与选择路径也大相径庭。由于农民长期收入水平较低,准确的历史数据缺失严重,土地非私有化,金融资源以及相关的专业人才缺乏,再加上专业保险企业的再保险支持不到位等,农业保险在发展中国家往往举步维艰(Sinha S,2004)。有学者认为发展中国家政府更应该对农业保险进行补贴,他们从理论上指出由于农业风险的系统性、保险市场上信息的不对称性、基础制度的落后、受灾地区援助项目的难以替代性、发展中国家农户风险意识以及整体的保险文化缺失等问题持续存在,农业保险需要政府的财政支持(Mahul & Stutley,2010)。作为发展中国家的典型代表,印度的全国性农业保险属于政策性农业保险的一种衍生形式。在印度的大部分邦,中央政府或各邦政府成立补贴型的保险公司进行农业保险的供给,中央政府和邦政府按比例承担补贴和风险。此外,中央政府和邦政府也允许实力雄厚、没有政府补贴的保险公司参加该地区的农作物保险计划(Clarke,2012)。另有学者对美国农业保险史进行了梳理,作为政策性保险的最早起源国之一,美国的农业保险经历了一共经历了 4 个典型阶段,分别是试办阶段、加速发展阶段、政府与私营企业混营阶段、政府扶持私营企业经营和代理阶段(Glauber & Collins,2002)。巴罗从政府补贴对家庭农场主作物种植面积影响的角度探讨了美国 20 世纪 90 年代农业保险的补贴效率,得出了政府对农业保险补贴或多或少会影响农户的种植行为,使其扩大某一种或几种农作物种植面积的结论(Barro,1991)。欧美学者对农业保险补贴基本达成了共识,持肯定的态度:政府如果对农业保险进行补贴,无论是农业部门还是非农业部门都能从中获得正效用,所以政府应当为农业保险提供补贴(Mishra,1996)。另有研究对比了欧美农业保险发展历程,阐述了美国农业保险补贴的必要性,同时也强力反对美国国内减小农业保险补贴力度(Smith & Glauber,2012)。美国农业保险模式无法让发展中国家深入学习的最重要原因是财政成本过高,而且对正常的市场机制进行了扭曲,发展中国家政府应该重点提供巨灾援助,同时建立专项基金以应对农业系统性风险,而商业性保险公司则只需要负责重点经营单一责任保险,这种模式的优点是将政府与市场衔接起来(Skees,2008)。

2. 农业保险需求及影响因素研究

金德等对伊利诺伊州 42 个县的农民采用了邮寄调查法,发现在完全市场化的条件下,影响家庭农场收入保险投保意愿的主要因素包括预期种植收入、收入保险保费、种植面积以及对灾害损失的投机心理,其中,保费对作物保险购买决策的影响最大(Ginder et al.,2009)。当若干地区市场具有明显差别且在风险一定的时候,不同的市场环境下农业保险给农户的效用也会大大不同,因此会对农户是否持续参保的决策产生最终影响。这一区域分化效应奠定了收入保险区域差异化的基础(Lefebvre et al.,2014)。农业保险的期望收益、平均利润及其方差变化和财富水平是影响需求的决定因素(Serra,2003),愈高保障水平的收入保险愈受到规模较大的农户青睐(Sherrick et al.,2004)。此外,另有研究表明,愈处于富裕阶层且拥有愈高学历的农户对农业保险的需求也愈高(Hill et al.,2011)。

3. 农业保险供给评价研究

印度学者认为印度农业保险的覆盖面有待扩大,政府应设计有效率的农业保险机制和为农业保险提供金融支持(Raju & Chand,2008)。对西班牙 4 万多户农民连续 12 年的跟踪研究发现,逆向选择既不是农业保险效率低下的主要原因,也不是农民购买农业保险的主要动力,较高的保费补贴比例会增强农民对农业保险的购买意愿(Garrido,Zilberman,2008)。尼曼在研究贫穷家庭的保险需求时得出:保险对贫穷家庭收入边际效用更大,因此在购买保险的人群中,贫穷家庭购买保险后的效用增加相对较快。卡特认为:如果农户低估保险合同价值,将会扼杀需求;如果高估,但由于基差风险,并未得到满意的赔偿,将会削弱购买意愿,影响农户对农业保险的评价。

4. 农业保险巨灾风险的研究

国外学者对巨灾风险定义和识别、农业保险巨灾风险管理需求以及巨灾风险管理中市场与政府作用进行了详细的研究。有学者根据产生的后果定义巨灾,他们认为巨灾是对区域造成巨大损失的一种不确定性事件(Ermoliev & Ermolieva,2000)。奥古尔佐夫等从主客观两方面识别巨灾风险,由于在测度方法上,客观的概率无法获得,采用问卷形式又容易由于选取的对象对小概率不敏感而失效,因此巨灾风险的识别存在很大的困难(Ogurtsov et al.,2008)。齐切尔尼斯基否定了在不确定性条件下使用冯·诺依曼-摩根斯坦效用函数分析的巨灾风险(Chichilnisky,2000)。卡内曼和特沃斯基分析了巨灾风险,并提出了前景理论(Kahneman & Tversky,1979)。诺分斯齐和卡内曼利用两组对比试验说明人对于巨灾风险不敏感,提供相应信息将有助于增强人们的风险规避意识(Novemsky & Kahneman,2001)。还有学者利用模型反映巨灾保险市场的供给和需求,并借助该模型讨论了影响巨灾保险需求的因素。尼古拉斯·查特拉因认为,发展中国家为了支持农业发展,维护社会、经济稳定,对农业保险的需求更强。另有一些学者的研究表明,保险是分散巨灾风险最适合也是最有效的风险管理工具。昆雷泽和诺分斯齐利用对比实验说明,人们缺乏对巨灾的了解将导致其对巨灾保险认识程度下降(Kunreuther & Novemsky,2001)。米兰达和格劳伯认为,商业性保险公司不愿意提供农业巨灾保险的原因是风险的系统性特点会影响到保险公司的稳定性。格蕾斯和克莱因的研究表明,政府对保险市场施加的政策会影响保险市场均衡,政府应该做适当的调控但不能过分干预(Grace & Klein,2009)。在现实中,政策性农业保险经常会出现道德风险等问题,因此转移巨灾风险,不论是只依赖保险公司还是只依赖政府都不可行(Linnerooth-Bayer et al.,2000)。昆雷泽也持有相似观点,即政府与市场缺一不可,两者的结合才是最优机制。

二、国内理论研究现状

1. 对农业保险的发展模式的研究

自1934年以来,我国农业保险的试行已有数十年之久,但却较少形成有效的农业保险经营模式。农业保险经营模式的设计和选择是早期学者的研究重点。庹国柱和李军(2004)根据我国实际情况提出,鉴于我国的农业生产十分分散且经营主体基本为小农户的背景,农业保险应采用政府主导下政策性农业保险的制度模式。周桦(2008)提出,在我国通过自上而下的制度变迁建立再保险制度可以有效消除农业保险风险分散、政府补贴和农业保险发展区域差异化等多方面存在的困境与矛盾。庹国柱(2011)指出,长期以来农业保险财政补贴的实质、意义及其规范缺乏深入的研究,在面向农户时也未讲解到位,应该重视对农业保险规律性的认识,致力于制度建设的深化和完善。肖卫东等(2013)认为我国大体上建立了中央财政与地方财政联动补贴的机制,公共财政补贴农业保险保费的力度日趋加大。郑军等(2014)基于经济和社会构建的农业保险财政补贴效率指标计算了农业保险财政补贴的产出弹性,结果表明农作物的种植面积及小农户和规模农户的保费支出对农业保险的产出弹性没有显著影响,然而财政补贴额度是补贴效率产出弹性的最显著影响变量。农业风险的特殊属性和农业保险的双重外部经济特征是财政补贴的真正动因(刘从敏等,2016)。齐浩天等(2017)通过结合对 WTO(世界贸易组织)农业规则的详细解读和对美国历年来的 WTO 相关数据分析了美国利用农业保险补贴规避 WTO 规则约束的方法,认为美国按照"绿箱"或是"非特定产品支持"进行通报的农业产品的补贴本质上是按照与特定产品挂钩的"黄箱"进行补贴,所以我国可以借鉴美国的做法,最大限度使用 WTO 允许的"非特定产品支持"空间。丁学东(2005)在我国政策性农业保险开展之初就基于西班牙政府对于农业保险的多套互成体系的政策,分析介绍了西班牙农业保险的组织架构、保险产品和相应监管体系,以此为依据提出了我国开展政策性农业保险的启示和设想。谢凤杰等(2016)对美国新农业法案中农业保险政策改革的背景和改革动向及主要特征进行了仔细的梳理与介绍,并结合我国农业保险的实践经验,提出我国农业保险应逐步增加保险品种,设置更高的保险金额,宏观上扩大农业保险覆盖面等。赵长保(2014)对中美两国农业的历史基础、经营主体、产业所处周期、农业保险管理体制与长效机制以及农业保险的品种更新程度和风险保障水平进行了多维度的比较,最终得出了我国应保持政策性农业保险的基本制度属性的结论,建议针对逐渐新兴的规模农户的差异化需求设计全方位、多层次的产品。

自 2003 年政策性农业保险实施以来,全国各地已出现上海"安信"、吉林"安华"、黑龙江"互助制"、江苏"联办共保"、浙江"共保体"、四川"安盟"这6种适应当地农业特色的试点模式,对于这几种模式的分析和比较成为学术界的热点。上海市的运作模式与其他几个模式都不相同,上海市的农业保险运作模式为纯商业化的运作模式,政府为农户提供保费的同时对农业保险公司进行经营补贴;浙江省的模式是"共保体",由 10 家农业保险企业合作组成(张跃华等,2007),共保体主要负责农业保险的日常经营活动,而政府在补贴的基础上承担超赔责任;江苏省的"联办共保"模式则是政府在具有资质的保险公司中选取 1～2 家进行农业保险经营,政府和保险公司按比例共同承担责任,但由于财政积累有限,实际承保中不得不采取"保成本"的方法(高子清等,2016)。因地制宜地选择农业保险的经营方式有利于促进农业保险的发展,根据各省份农业生产区域性特点对于不同作物品种以及不同养殖品种,可以实施不同支持力度的农业保险政策,对于经济发展水平不同地区的保险公司需要进行差异化补贴(张伟等,2013)。除此之外,农业保险的发展还应该着眼于保险产品的创新(吕开宇等,2016),发展价格保险、收入保险等产品。同时不少学者借鉴农业保险发展较成熟国家的成功经验,提出开展双向财政补贴机制(张跃华等,2016)、差异化补贴政策(罗向明等,2016),设计多层次的匹配需求的保险产品(袁祥州等,2016)等建议。

2.农业保险需求及影响因素研究

国内有许多学者对农业保险需求做了深入的研究。庹国柱和丁少群(1994)认为,保险险种不符合农户需求;李军(1996)研究发现,保险费超出农户的经济承受能力;刘京生(2000)研究发现,农户的风险和保险意识差;庹国柱和王国军(2002)认为,部分地区农户的非农收入占比高,对农业收入不重视,并且农户可以通过其他渠道分散风险;李汉文、王征(2005)认为农业保险作为一种准公共物品,与其他同种准公共物品具有一样的属性。农业保险具有很强的外部性,必须需要政府的参与。如果政府不参与其中则会产生"供需双冷"的现象,导致农业保险无法继续运行下去。

许多学者对于农户的需求情况以及影响需求的因素进行了分析。惠莉等(2008)运用江苏省农户的抽样调查数据进行实证研究,发现农业保险需求与保费补贴、家庭农业劳动人口数、风险损失程度、农民受教育程度、保险金额等都有关。方伶俐等(2008)对农户的参保意愿进行了实证分析,研究结果显示农户家庭总收入、农业收入占总收入比重、耕地面积及受访者的风险认知程度对其农业保险购买决策有显著影响。施红(2008)则是选取经济条件较好省份的农户进行研究,发现财政补贴有利于增强农户对于政策性农业保险的参保意愿。侯玲玲等(2010)通过对背景地区农业保险经营现状的分析发现,北京地区的农业保险在运行过程中存在着补贴方式、补贴品种等方面的许多问题。王洪波(2016)对不同规模农户的保险需求进行了对比分析,发现随着集约化和规模化经营的逐步推进,以家庭农场和合作社为代表的新型经营主体对农业保险的需求更为强烈。王秀芬(2013)通过对吉林省的调研,发现家庭纯收入水平在一定程度上显著影响纯农户对农业保险的需求,而对于非纯农户,家庭纯收入水平不再具有这种显著性,保险公司及政府的农业保险服务的影响更为显著。

3.农业保险供给评价研究

国内许多学者对农业保险的供给情况进行了评价。刘璐等(2016)根据政府支农政策性质属性的不同,将支农政策划分为预防性财政支农政策和补偿性财政支农政策,并从这 2 个方面综合得出了预防性财政支农政策对农业保险需求存在挤入效应,补偿性财政支农政策在实施政策性农业保险制度的 2007 年以前对农业保险需求存在挤出效应,在 2007 年以后不存在明显挤出效应的结论。李鸿敏(2014)对农业保险供给进行了深度研究,发现地方政府愈重视,补贴程度愈大,巨灾风险分散机制建立愈完善,农业保险覆盖率提高的速度就越快。王步天等(2016)对江苏省政策性稻麦保险进行了考察,认为当前政策性农业保险可以基本满足小农户和规模农户的需要。仝爱华(2017)认为,充分发挥财政资金的保障作用是农业供给侧结构性改革的背景下财政金融在支农领域应该发展的方向和着力点。苗洁(2016)提出应该进一步调优现阶段农业保险标的品种结构,同时配套创新金融保险服务,推进低碳循环发展和加快产业融合互动也是政策性农业保险的使命。谭偲风(2017)对省际农业保险面板数据进行实证分析后发现,我国农业保险发展水平与供给侧结构变动之间的互动呈现出非线性特征的双重门限效应。

根据 WTO 对我国农业补贴的限制,现阶段我国对特定农产品的"黄箱"支持水平虽然尚未突破微量允许的上限,但此上限已经开始对我国农产品价格支持政策构成实质性约束(朱满德和程国强,2015)。为了解决当前我国农产品市场的成本"地板"以及补贴"黄箱"问题,我国农业政策的调整应当趋向于以强化国内政策为主,即把农业国内支持,尤其是"绿箱"支持作为我国农业政策调整的关键(程国强,2000)。庹国柱和李军(2005)将 WTO 框架下农业保险补贴的规则归为"绿箱"国内支持,并据此认为农业保险补贴不需要承担《农业协定》下的削减承诺及其他的 WTO 义务。发达国家的经验显示,农业保险也已成为 WTO 框架下世界农业政策的重要走向(李淑湘,2002)。因此,在 WTO 框架下把农业保险制度建设列入政府农业宏观政策的议事日程,建立符合我国实际的农业保险制度,在促进我国农业发展方面具有重要作用(陈波和吴天忠,2008)。从长期看,政府还应积极探索保障农民收入与农产品市场价格形成机制的政策(吕建兴和曾寅初,2015)。在国内农作物市场风险分散措施方面,仅覆盖价格风险的农作物目标价格保险属于 WTO 规则下"黄箱"政策的范畴,而不挂钩的收入支持、政府参与的收入保险和收入安全网计划则属于 WTO 规则所允许的 12 种"绿箱"支持措施(朱晶等,2020)。其中,收入保险政策作为"绿箱"政策,可以在突破目标价格支持政策困境的同时,减轻 WTO"黄箱"政策支持总量上限压力(谢凤杰等,2017)。因此,运用收入保险制度分散我国农业经营主体的收入风险,更符合 WTO 框架的规定。

4.农业保险巨灾风险的研究

关于巨灾保险的研究,国内还处于起步阶段,学者的研究目前集中在农业保险风险分散现状、巨灾保险政策以及农业保险巨灾理赔方面。综合来看,目前的政策性农业保险具有稳定农户收入、增强农户抵御风险能力、平滑消费、满足农户需求的福利效应(李婷等,2011;孟德峰等,2011;聂荣等,2013)。但出于种种原因,目前我国农业保险供给的质量和效率都不高,尤其是巨灾因素对农业保险效率影响巨大(卜振兴,2014;许梦博等,2016;邱波等,2016)。不同地区、不同收入水平、不同规模的农户,对保险赔款作用的评价具有明显的差异。"低保额"难以满足规模化农户生产的需要,农业保险理赔仍存在较大的优化空间。对于巨灾保险政策问题的研究,多数学者主要是通过论证强调建立健全巨灾保险的重要性,同时提出与我国国情相适应的巨灾保险建议。其中,林光彬(2010)从多个方面提出建议,主要包括法律与制度、事前防范和事后分散以及如何有效推进巨灾保险等。庹国柱(2010)、高海霞等(2011)则主张结合政府、市场两方面的力量,利用财政救济和保险补偿的方式,建立多层次、多主体的巨灾风险分散机制。谭中明和冯学峰(2011)、白玉培(2016)主张建立以再保险为基础的巨灾风险分散机制。诸宁(2015)主张将再保险与巨灾风险证券化相结合。李林等(2017)、张长利(2013)主张建立农业巨灾基金制度。农业的田间作业导致其面临更严重的气象灾害风险,而灾害的空间集聚性易导致政策性农业保险面临较大的赔付风险(叶明华,2016)。同时,由于信息不对称,保险市场上存在着道德风险和逆向选择,进而会引起市场价格扭曲、供给需求缩减和效率缺失(李强珍等,2010;丁少群等,2012;王国军等,2017)。为了应对理赔中的各种问题,牛浩等(2015)、马改艳等(2015)、黄正军(2016)等主张发展区域产量保险、天气指数保险和价格指数保险等多种创新型农业保险产品。

5.关于农业保险创新的研究

学术界对农业保险创新模式的研究,主要分为三类:一是农业保险经营总结方面。吴东立和谢凤杰（2018）梳理了农业保险制度演进历程，从农业保险产品、经营主体、政府补贴、大灾风险分散等方面解释了农业保险制度的演进逻辑，发现政府引导及面向农户需求是我国农业保险成功的关键。徐婷婷、荣幸（2018）以制度经济学理论为基础，结合福利经济学理论，回顾40年来我国农业保险制度发展的历史进程，分析改革开放以来中国农业保险制度变迁的演进特征和演进逻辑，并对新时代、新背景下农业保险制度的发展目标进行总结。我国农业保险在这40年间经历了从无到有的变化，从商业保险规则发展成为专门的农业保险制度，农业保险的保障领域也在不断扩大并得到了社会各界的广泛认可（庹国柱，2018）。二是农业保险经营模式和创新方面。朱俊生（2017）通过对河南省农户的调研，提出要通过建立普惠性农业保险体系，以指数保险取代传统的农业保险产品，实现农业保险经营模式创新。黄正军（2016）结合农业保险产品创新的政策属性的需求，提出要加强试点和风险区划等工作。在农业保险创新方面，农业保险企业应通过产品和技术创新来有效解决农业保险的供给侧问题，这也为农业保险业健康发展提供了新的思路（许梦博和李新光，2016）。三是农业保险制度设计方面。庹国柱（2017）对农业保险市场的竞争机制进行了研究，认为我国农业保险市场是一个不完全市场，只能进行有限竞争，否则会出现恶性竞争，损害国家和农户的利益。叶朝晖（2018）、邱波和朱一鸿（2019）对澳大利亚农业保险制度的市场边界和政府干预措施进行了分析，为我国农业保险市场化提供了经验借鉴。

三、对已有理论研究的评述

综上所述，无论国外还是国内，农业保险理论研究成果丰硕。国外将农业保险纳入农业风险管理框架，关于农业保险的理论研究多从微观层面入手，具体到农场、农户或某一种农作物，同时为农场以及国家宏观层面制定政策服务，数据充足，研究方法多采用定量分析、概率论和数理统计、计量经济模型和博弈论实证研究的方法。国内关于农业保险实践模式的研究目前大多处于定性分析阶段，对农业巨灾风险、农业保险发展模式承受风险较少使用模型计量，研究偏向理论及宏观，缺少足够的实证支撑。大多数是针对全国性农业保险发展的整体框架性搭建，缺少结合某一省份具有代表性的农业保险实践模式进行深入研究，并在此基础上进行体制机制的创新研究。我国地域广阔，各个省份自身经济发展水平、自然禀赋、农业特征差异都很大，农业保险实践中形成的经营模式有其各自特点，有必要对省域层次的农业保险实践模式进行深入分析,不仅有助于该省份农业保险健康发展,对其他省份的农业保险发展也会有一定的借鉴作用。

第四节　理论分析框架

根据以上理论与学者们的相关文献研究可以看出,农业关系国计民生,农业生产过程面临巨大的风险,因此很多国家都非常重视农业保险。我国的农业保险发展自 1949 年 10 月 20 日,新中国刚成立,中国人民保险公司就在北京成立并立即着手发展农业保险,结合当时我国农业生产的实际,在一些地区开展了牲畜保险和棉花保险,停办,开办,再停办,起起伏伏,经历了许多困难、波折,直到 2007 年,我国政策性农业保险经过反复论证,全面启动。中央财政安排了 10 亿元农业保险的专项保费补贴资金,同时,要求地方财政进行相应的配套,对江苏等 6 个省份五大类粮食作物予以保费补贴。财政保费补贴政策从根本上解决了农业保险的"付费能力"问题,调动了农民投保的积极性,推动了农业保险走上了发展的"快车道",当年农业保险的保费收入就突破了 50 亿元。2013 年,《农业保险条例》正式实施;2017年中共十九大召开,明确提出"乡村振兴""农业农村现代化";2019 年,《关于加快农业保险高质量发展的指导意见》印发;2020 年,农业再保险公司成立,标志着我国农业保险的发展将进入一个新的发展时期。农业保险面临着如何更好地服务和助力农业农村现代化的课题。从总体框架看,未来的农业保险必将从"小农业保险"向"大农业保险"过渡,即在传统农业保险的基础上,发展面向农业、农民和农村的"大农业保险"。

与全国农业保险发展一样,江苏省农业保险发展也经历了一个"从无到有,从有到无,再从无到有"的坎坷历程。2004 年,江苏省淮安市、苏州市率先开展了政府与保险公司"联办共保"和"委托代办"经营模式。2006 年,国务院、国家发改委、财政部、保监会及江苏省政府专门赴淮安市对试点工作进行现场调研,对"联办共保"模式给予认可。2007 年,江苏省被财政部、保监会确定为首批全省开展农业保险试点的 6 个省份之一;2008 年,江苏省政府办公厅《关于做好 2008 年农业保险试点工作的通知》(苏政办发〔2008〕38 号)、《江苏省农业保险试点政府巨灾风险准备金管理办法(试行)》(苏财外金〔2008〕49 号)确定了江苏省政策性农业保险的特色是政府与保险公司"联办共保"的经营模式。直到 2018 年,江苏省政府办公厅《关于进一步完善农业保险经营模式的通知》(苏政办发〔2018〕92 号)明确江苏省政策性农业保险"联办共保"模式于 2019 年 1 月 1 日正式退出。可见,江苏省政策性农业保险一直走在全国前面,本书正是基于这个缘由,以江苏省的模式作为主要研究对象和研究重点,从制度供给,异质性农户需求响应,进一步发展的问题、原因与外部环境,体制机制创新 4 个维度展开研究(见图 2-2)。

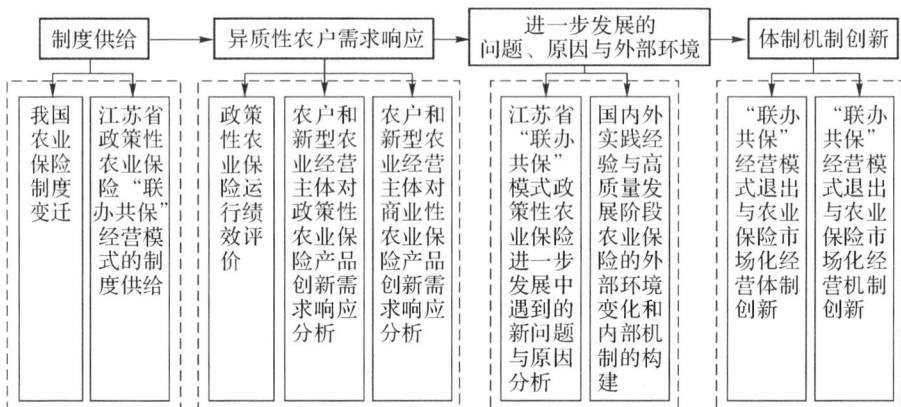

图 2-2　本书的分析框架

第三章　我国农业保险制度变迁

第一节　新中国成立后农业保险制度变迁

我国的农业保险组织在 20 世纪三四十年代首次出现。在新中国成立初期,1949 年 10 月中国人民保险公司的成立,意味着新中国农业保险管理组织的成立。但此后我国农业保险的发展历经挫折,曾在 1958 年面临停办。直至 1982 年,农业保险试验才得以重新展开。但由于缺乏制度安排和法律支持,农业保险的规模不但没有扩大,反而缩小了。为摆脱这一困境,中央政府于 2002 年提出建立和完善政策性农业保险的目标并将其写入法律,这一做法为此后农业保险的发展打下了坚实的基础。在此后的十几年内,我国的农业保险得到了突飞猛进的发展。2007 年,财政部根据中央政策对农业保险实施补贴,政策性农业保险诞生。2012 年,我国第一部《农业保险条例》颁布,我国政策性农业保险开始有法可依,农业保险的发展规模也急剧扩大。近 10 年来,我国农业保险取得了举世瞩目的成就,截至 2018 年末,我国农业保险保费收入为 572.65 亿元,为 1.95 亿户次农户提供 3.46 万亿元风险保障。根据农业保险经营主体与政府的关系不同,我国农业保险制度可分为以下几个发展阶段。

一、政府直接经营农业保险阶段

政府直接经营农业保险是指由政府设立属于政府的农业保险经营机构。20 世纪 50 年代,我国农业保险起步,国家采用政府直接供给模式,借鉴苏联经验,成立中国人民保险公司,在全国范围内试点农业保险。当时,中国人民保险公司不仅是一家传统的保险公司,而且也是全国保险业的主要监管机构。

1950 年,中国人民保险公司在全国重点省份开展牲畜保险业务试点。仅用了 2 年时间,全国的牲畜投保量就达到了 1400 万头。同时,随着国家经济作物的发展,中国人民保险公司在多个地区试点了农作物保险,在全国重点产棉地区试点了棉花保险。1953 年,中国人民保险公司承包整顿农业保险业务,缩小农业保险的范围并减少其种类,暂停农作物保险。为了满足社会对牲畜保险的需求,中国人民保险公司于1954年继续探索牲畜保险。但在后来受到"左"趋势的干扰,人们认为农业保险已经没有了存在的必要,相信国家财政实力雄厚,农业保险的各项职能完全可以用人民公社代替。因此,农村保险不适应发展形势,不需要继续发展。1958年后,我国农业保险业务关闭,有20多年没有农业保险业务。

二、政府直接经营和多种经营主体并存阶段

自改革开放到20世纪90年代初期,从国家的角度来看,中国人民保险公司仍然专门经营农业保险业务。政府为了体现对我国农业发展的支持,对中国人民保险公司的保险业务免征营业税。在这一税收优惠政策的鼓励下,中国人民保险公司开设了5项16个种类的种植业保险,主要包括稻谷、小麦、玉米等粮食作物,棉花、油料、烟叶、糖类、水果等经济作物以及蔬菜、饲料、塑料大棚等,以及5项12个种类的养殖保险,主要包括耕牛、奶牛等大牲畜,猪、羊等小牲畜,鸡、鸭、鹅等家畜,虾类、鱼类等水产养殖以及兔、貂等。中国人民保险公司总计开办了100多个险种,其保费收入、赔款支出和赔付率见表3-1。

表3-1　中国人民保险公司农业保险业务盈亏情况(1982—2001年)

年份	保费收入/万元	赔款支出/万元	赔付率/%
1982	23	22	95.7
1983	173	233	134.7
1984	1007	725	72.0
1985	4331	5266	121.6
1986	7804	10637	136.3
1987	10027	12604	125.7
1988	11529	9546	82.8
1989	12932	10721	82.9
1990	19244	16723	86.9
1991	45503	54194	119.1
1992	81707	81462	99.7
1993	56107	64691	115.3

续表

年份	保费收入/万元	赔款支出/万元	赔付率/%
1994	27272	36572	134.1
1995	49592	36450	73.5
1996	57469	39481	68.7
1997	71253	48167	67.6
1998	61683	47681	77.3
1999	50840	35232	69.3
2000	45214	30700	67.9
2001	39804	28500	71.6

资料来源：根据《中国保险史》《中国人民保险公司业务统计资料汇编》整理得到。

在区域范围内,还逐渐出现了其他形式的农业保险组织,如1986年新疆生产建设兵团成立的具有区域农业保险公司特征的新疆生产建设兵团农牧业保险公司、1987年山西省太原市北郊成立的农村互助性质的集体经济组织——农业保险合作社、1990年河南省新郑县成立的农民互助保险性质的农村协调保险协会以及民政部大范围试点的救灾合作保险组织。

新疆生产建设兵团农牧业保险公司是继中国人民保险公司之后我国第二家具有独立法人资格的国有保险公司,专门经营新疆生产建设兵团范围内的农牧业保险。1989年之后,该保险公司的业务扩展到一般财产保险和人身保险,但仍以农牧业保险作为保险公司的主要业务,为新疆生产建设兵团的农牧业生产提供了强有力的保障。

山西省太原市北郊试点的我国第一家农村互助性质的集体经济组织——农业保险合作社,属于金融体系、独立核算、自筹资金、合作使用的地方合作经济实体,采取"农民股,政府支持,保险公司支持"的方针。住户范围内的家庭每户贡献5元,共收取20万元,地方财政支持20万元。然后从乡镇企业和农民资金中收取25万元建立农业保险合作社。合作社由一家保险公司提供支持,其保险业务由中国人民财产保险股份有限公司和农业保险合作社按3∶7进行业务分担。农业保险合作社紧密联系政府,农民和保险公司分享利益并分担风险。

1990年,河南省新郑县成立了农村协调保险协会。保险组织属于农民互助,这种形式的农业保险组织很快扩展到了河南全省。与农业保险合作社不同,农村协调保险协会由农民自己组织,共同出资互保。农村协调互助协会并不以营利为目的,所有筹集的资金都用作会员的风险准备金。中国人民保险公司与农村协调保险协会的关系主要是组织和代理、业务指导和技术管理之间的关系,同时承担了 30% 的再保险。

总的来说,20 世纪 80 年代,我国农业保险获得了较快的发展,全国 29 个省份的众多农村乡镇试办了农业保险,并取得了较好的社会效益。

三、政府较少干预下商业保险公司经营阶段

1994 年以后,中国人民保险公司面临着向商业保险公司全面过渡的要求,与此同时,中央政府实施了新的财务会计制度,将利得税作为中国人民保险公司的主要目标。至此,中国人民保险公司的所有业务都与经济利益挂钩,开始了商业化改革:由于农业保险的高赔付率,中国人民保险公司取消了大多数省级分支机构的农业保险经营机构,精简了农业保险从业人员,并对一些风险大且亏损多的业务进行了收缩。与此同时,其他区域性农业保险经营组织也陷入了生存困境,农业保险和保费收入规模逐步减小。最后,只有中国人民保险公司和新疆生产建设兵团保险公司还在经营农业保险。

四、政府主导作用下商业保险公司经营阶段

2004 年以后,我国的农业保险迎来了新的发展阶段,农业保险的组织形式逐步多元化。股份制保险公司不仅从原国有独资公司转型,继续经营农业保险业务,还成立了专业的农业保险公司。还有农业保险组织的形式,如共同农业保险公司、商业保险公司"共同保险机构",以及地方政府和商业保险公司。

上海安信农业保险股份有限公司、吉林安华农业保险股份有限公司、黑龙江阳光农业相互保险公司、安徽国元农业保险股份有限公司四家专业的农业保险股份有限公司在"大农业保险"的业务经营中,不仅经营农业保险,还经营涉农保险,"以险养险",即利用涉农业保险的利润补偿农业保险的无利润。同时,4 家农业保险公司都面临着农业保险缺乏法律保障、明显缺乏财政补贴和税收优惠不足的问题。

2004 年,经国务院、中国保监会批准,黑龙江阳光农业互助保险公司在黑龙江垦区农业风险互助的基础上成立,是国家工商行政管理局注册的第一家互助农业保险公司。公司在成立之初,把服务"三农"作为公司发展的基本定位,作为一切工作的出发点和落脚点,并按照中国保监会的规定,秉持"先农业保险、后商险,先局部、后放大"的原则,积极开展农业保险业务。

　　2004 年 11 月,中华联合财产保险公司与淮安市政府开始了"联办共保"的农业保险试办模式,采取"低保额、适度保障"的原则,创新设计了"政策性保险、商业化运作、政府和保险公司联办共保"的模式,在全国率先开启了财政补贴的政策性农业保险试点。试办农业保险期间,由市、县(区)财政对农民投保的水稻、小麦、养鱼实行保费补贴,其中市补贴 30%,县(区)补贴 20%,以减轻农户的保费负担,在大灾之年,政府提供 70%的超赔责任。所谓商业化运作,是指由中华联合财产保险公司淮安中心支公司具体负责农业保险方案的操作运行,具体组织实施业务、理赔、财务、基金等事项。保费收入由政府按照农户和政府 1:1 的比例统收,并从当年实收的保费收入中提取 15%的管理费作为保险公司的经费,剩余部分由政府和保险公司按照 7:3 的比例分摊,用以建立保险基金,如果当年发生了理赔责任,县(区)保险基金出现收不抵支的情况,那么政府与保险公司按照 7:3 的比例分摊赔偿保险责任(这一比例后来调整为 5:5)。在这一农业保险组织形式中,政府承担了较大的责任。

　　我国商业保险公司"共保体"的农业保险组织形式主要存在于浙江省,浙江省尚未建立专门的农业保险公司。中国人民保险股份有限公司浙江分公司是浙江地区主要的保险公司,中国联合财产保险公司等 9 家商业保险公司分支机构参与联合保险,共同组建"浙江省政策性农业保险共保体"。2015 年,"共保体"由中国人民财产保险股份有限公司、中国太平洋财产保险股份有限公司、太平洋安信农业保险股份有限公司、中国大地财产保险股份有限公司、永安财产保险股份有限公司、中华联合财产保险股份有限公司、浙商财产保险股份有限公司 7 家商业保险公司组成,其主要特点是"市场运作,政府兜底"。在风险管理中,"共保体"承担 5 倍以内的保险赔偿责任,政府为"共保体"在保费(农业保险保费财政补贴)、税收(试点阶段,农业保险免缴营业税)和赔付责任方面提供政策支持。

第二节　改革开放后农业保险制度改革情况

一、改革开放伊始至 1992 年

　　从 1958 年农业保险暂停开始,我国的农业保险经历了一个 24 年的空窗期。十一届三中全会以后,我国开始建立和普遍实施农业家庭联产承包责任制,最终废除人民公社制度,逐步完善农业和农村经济体制。之后,

国务院做出了发展农业保险的一系列重大决定。1982 年 2 月国务院批准的《关于国内保险业务恢复情况和今后发展意见的报告》指出,为了适应农村经济发展的新形势,如何为 8 亿农民提供保险服务是一个值得关注的问题。在调查研究的基础上,根据实施农村经济政策的需要,各地应从实际出发,积极创造条件,做好逐步开展农村财产保险、畜牧保险等服务的准备工作。

针对当时农民对饲养牲畜(奶牛、耕牛、生猪等)和畜禽的高涨热情,1982 年,中国人民保险公司首先试点畜禽保险。1982 年至 1983 年 11 月,25 个省份先后设立试点站或试点县、试点区。农业保险种类继续增加,服务范围不断扩大。牛、马、猪、家禽、鱼和虾的保险,粮食、棉花、石油、蔬菜和烟草等许多农作物的保险都得到了快速发展。农业保险的保费收入也得到了快速的增长。1986 年,农业保险试点县达 102 个,试点县建立了救灾保险互助机制,促进了农业保险事业的发展,发挥了积极有效的作用,积累了一些有益的经验。从 1982 年至 1992 年,我国农业保险的保费收入从初期的 23 万元发展到了 8.62 亿元。

二、市场经济体制确立时期农业保险制度的探索与困扰:1993—2003 年

1992 年中国共产党第十四次全国代表大会召开,社会主义市场经济体制目标确立后,农业和农村经济体制方向的变化进入快速成长阶段。然而,人们期待的农业保险高速发展的局面并未出现。尽管到 1992 年,中国人民保险公司在 29 个省份基本建立了农业保险机构,设立了 15 个市级分支机构,在农村乡镇形成了 2 万多名专职和兼职干部、代理人的农村保险制度。但是 1993 年以后,农业保险发展则陷入了困境。1992 年底,全国农业保费收入 8.71 亿元,占全年财产保险费收入的 2.57%。但到 1997 年底,农业保费收入仅占财产保险费收入的 1.18%。1998 年,后农业保险滑坡更加严重。2000 年,农业保费收入仅占财产保险收入的 0.66%。2003 年,该数据进一步下跌至 0.51%。农业保险收入在财产保险收入中的比重总体上呈显著下降趋势,与整个保险业的快速发展显得格格不入。农业不同于其他产业的一个最鲜明的特点便是农业受到自然风险和市场风险的双重威胁,农业保险是保障农村经济稳定发展的必要条件,农业保险若得不到很好的发展,必将严重制约农业的可持续发展,进而影响整个国民经济的健康运行。

三、政策性农业保险试点全方位推进:2004—2018 年

2004 年,中央一号文件首次提出"加快建立政策性农业保险制度,选择部分产品和部分地区率先试点,有条件的地方可对参加种养业保险的农户给予一定的保费补贴"[①]。2004 年,中国保险监督管理委员会开始在全国推广农业保险试点项目,按照"统筹规划、阶段部署、抓好试点、逐步推进"的工作计划,批准安信、安华、阳光、国元四家专业农业保险公司。2007 年确定江苏等 6 个省份开展了多种形式的农业保险试点工作。2012 年,国务院发布了《农业保险条例》,对农业保险制度规定进行了初步设计,全国各省份根据《农业保险条例》确立的"农业保险实行政府引导、市场运作、自主自愿和协同推进"四项基本规则加快推进了农业保险工作。2013 年 3 月 1 日《农业保险条例》的实施,标志着我国政策性农业保险进入了有法可依的新时期,农业保险的发展规模也因此获得了较快的扩大。

国家对农业保险产品的创新问题也提出一系列的要求,2014 年中央一号文件第一次明确提出了"探索粮食、生猪等农产品目标价格保险试点""规范农业保险大灾风险准备金管理,加快建立财政支持的农业保险大灾风险分散机制,探索开办涉农金融领域的贷款保证保险和信用保险等业务"[②]等要求。2015 年中央一号文件提出:"积极开展农产品价格保险试点……将主要粮食作物制种保险纳入中央财政保费补贴目录……加快研究出台对地方特色优势农产品保险的中央财政以奖代补政策。"[③]2016 年中央一号文件进一步地强调了农业保险的创新要求,提出"积极开发适应新型农业经营主体需求的保险品种。探索开展重要农产品目标价格保险,以及收入保险,天气指数保险试点。支持地方发展特色优势农产品保险、渔业保险、设施农业保险。完善森林保险制度。探索建立农业补贴、涉农信贷、农产品期货和农业保险联动机制。积极探索农业保险保单质押贷款和农户信用保证保险。稳步扩大'保险+期货'试点。鼓励和支持保险资金开展支农融资业务创新试点。进一步完善农业保险大灾风险分散机制"[④]。同年,在国家发布的

[①] 2004 年中央一号文件,即《中共中央国务院关于促进农民增加收入若干政策的意见》。

[②] 2014 年中央一号文件,即《中共中央国务院关于全面深化农村改革加快推进农业现代化的若干意见》。

[③] 2015 年中央一号文件,即《中共中央国务院关于加大改革创新力度加快农业现代化建设的若干意见》。

[④] 2016 年中央一号文件,即《中共中央国务院关于落实发展新理念加快农业现代化 实现全面小康目标的若干意见》。

《中华人民共和国国民经济和社会发展第十三个五年规划纲要》中,更是提出"完善农业保险大灾风险分散机制"。2017 年中央一号文件从多个方面详细地提出了对农业保险创新的要求,如"持续推进农业保险扩面、增品、提标,开发满足新型农业经营主体需求的保险产品,采取以奖代补方式支持地方开展特色农产品保险。鼓励地方多渠道筹集资金,支持扩大农产品价格指数保险试点。探索建立农产品收入保险制度"①等。十九大报告中"乡村振兴"战略的提出,使得对农业保险创新的要求更为迫切。2018 年中央一号文件明确提出:"探索开展稻谷、小麦、玉米三大粮食作物完全成本保险和收入保险试点,加快建立多层次农业保险体系。"②

具体实践方面,在中央政策文件的推动下,政策性农业保险得到了发展:经营机构快速增长,从最初的 6 家专业农业保险公司和综合性财产保险公司发展到已超过 30 家保险公司进入农业保险领域。农业保险产品丰富多样:获得财政支持的农业保险产品也从 2007 年的水稻、小麦、玉米、棉花和大豆 5 种,发展到 2018 年包括粮、棉、油料、糖料作物、森林、猪、奶牛等 16种。还有各省份试点的天气指数保险产品、价格指数保险产品、收入保险产品、"保险＋期货"产品、"保险＋期货＋订单农业"产品、贷款保证保险产品、土地流转履约保证保险产品以及地方特色农业保险产品等。农业保险的经营制度也呈现多种实践模式,如江苏省政府与中国人民保险江苏省分公司合作的"联办共保"模式。浙江省采取的商业保险公司"共保体"的农业保险组织形式,即由中国人民保险股份有限公司浙江分公司作为主要保险公司,中华联合财产保险公司等 9 家商业保险公司分支机构参与联合保险,共同组建"浙江省政策性农业保险共保体",其主要特点是"市场运作,政府兜底"。在风险管理中,"共保体"承担 5 倍以内的保险赔偿责任,政府为"共保体"在保费(农业保险保费财政补贴)、税收(试点阶段,农业保险免缴营业税)和赔付责任方面提供政策支持。

四、农业保险制度转型升级阶段(2019 年以后)

2019 年中央一号文件再次提出"调整改进'黄箱'政策,扩大'绿箱'政策使用范围。……按照扩面增品提标的要求,完善农业保险政策。推进稻谷、小麦、玉米完全成本保险和收入保险试点。扩大农业大灾保险试点和

---

① 2017 年中央一号文件,即《中共中央国务院关于深入推进农业供给侧结构性改革 加快培育农业农村发展新动能的若干意见》。
② 2018 年中央一号文件,即《中共中央国务院关于实施乡村振兴战略的意见》。

'保险＋期货'试点。探索对地方优势特色农产品保险实施以奖代补试点"[①]。2020年中央一号文件进一步强调"推进稻谷、小麦、玉米完全成本保险和收入保险试点"[②]。收入保险可以同时对冲产量风险和价格风险,弥补价格保险和传统产量保险的不足,发展农作物收入保险制度有望成为建立我国多层次农业保险体系潜在趋势。

《关于加快农业保险高质量发展的指导意见》中,更是明确了2022年和2030年主要目标:"到2022年,基本建成功能完善、运行规范、基础完备,与农业农村现代化发展阶段相适应、与农户风险保障需求相契合、中央与地方分工负责的多层次农业保险体系。稻谷、小麦、玉米3大主粮作物农业保险覆盖率达到70％以上,收入保险成为我国农业保险的重要险种,农业保险深度(保费/第一产业增加值)达到1％,农业保险密度(保费/农业从业人口)达到500元/人。到2030年,农业保险持续提质增效、转型升级,总体发展基本达到国际先进水平,实现补贴有效率、产业有保障、农民得实惠、机构可持续的多赢格局。"[③]伴随着全面小康任务完成,进入乡村振兴新时代,我国的农业保险发展与时俱进,也将进入新时代高质量的发展转型阶段。

第三节 我国农业保险业务发展现状

1994年到2006年的10多年里,我国农业保险的保费收入增长不到3亿元,增长率不到60％,而同期我国财产保险的保费收入增长近1346亿元,增长率接近578％。2007年,我国各级财政开始为农业保险业务提供补贴。由于政府农业保险补贴政策的落实,农户承担的保费支出降低,农业保险的参保率大幅提升,因此,2007年无论是财产保险的保费收入还是农业保险的保费收入都得到了很大幅度的增长。财产保险的保费收入在2006年到2009年增长了近1300亿元,农业保险的保费收入则从2006年的8亿元大幅提升至2009年的133亿元。

从2007年开始,在政策性农业保险的带动下,我国农业保险的市场规

2019年中央一号文件,即《中共中央国务院关于坚持农业农村优先发展做好"三农"工作的若干意见》。

② 2020年中央一号文件,即《中共中央国务院关于抓好"三农"领域重点工作 确保如期实现全面小康的意见》。

③ 《关于加快农业保险高质量发展的指导意见》。

模在迅速壮大,提供的风险保障从 2007 年的 1126.0 亿元增加到 2019 年的 3.6 万亿元,业务规模稳居亚洲第一、世界第二。农业保险的保费收入也从 2007 年的 51.8 亿元发展到 2019 年的 680.0 亿元,农业保险服务的农户数则从 2007 年的 4981.0 万户次增长到 2019 年的 1.8 亿户次。农业保险承保的农作物品种为 270 余种,基本覆盖了各个领域,玉米、水稻、小麦三大口粮作物承保覆盖率超过 70%。2008 年以来,农业保险累计向 3.6 亿户次支付保险赔款 2400 多亿元。在各种农业生产的灾害和损失中,农业保险在受灾地区恢复、重建以及维护和保障人民利益方面发挥了重要作用。

第四节　我国农业保险财政补贴现状

自 2007 年起,政府财政开始对种植业保险进行补贴,截止到 2013 年,补贴险种就已基本包含大宗种植产品,补贴比例至少达到 60%,补贴区域已扩展到全国,如表 3-2 所示。

表 3-2　中央财政种植业保险补贴情况(2007—2013 年)

年份	补贴险种	补贴比例	补贴区域
2007	玉米、水稻、小麦、大豆、棉花	在试点省份省级财政部门承担 25% 的保费后,财政部再承担 25% 的保费,其余部分由农户承担,或者由农户与龙头企业,省、市、县级财政部门共同承担,具体比例由试点省份自主确定	内蒙古、吉林、江苏、湖南、新疆和四川 6 个省份
2008	新增花生、油菜等油料作物	对于补贴险种,在补贴地区省级财政部门补贴 25% 的保费后,财政部再补贴 35% 的保费	新增山东等 10 个省份和新疆生产建设兵团
2009	同 2008 年	试点省份省级财政部门承担保费责任不低于 25%;中央财政保费补贴比例为:东部 35%,中西部 40%,新疆生产建设兵团、黑龙江农垦总局为 65%	河北、辽宁、吉林、黑龙江、江苏、浙江、安徽、福建、江西、山东、河南、湖北、湖南、海南、四川、内蒙古、新疆等 17 省份,新疆生产建设兵团和黑龙江农垦总局

续表

年份	补贴险种	补贴比例	补贴区域
2010	新增马铃薯（补贴地区为四川和内蒙古）；青稞（补贴地区为四川、青海、云南、甘肃和西藏）	试点省份省级财政部门承担保费责任不低于25％。中央财政保费补贴比例为：河北、吉林、黑龙江、安徽、江西、河南、湖北、湖南、海南、四川、云南、山西、甘肃、青海、内蒙古、新疆、宁夏为40％；辽宁、江苏、浙江、福建、山东、广东为35％；新疆生产建设兵团、黑龙江农垦总局、中国储备粮管理总公司北方公司为65％	在2009年17省份的基础上，增加云南、山西、甘肃、广东、青海、宁夏和中国储备粮管理总公司北方公司
2011	新增马铃薯补贴地区河北、陕西、宁夏	同2010年	在2010年度23个省份基础上增加陕西、广西和中国农业发展集团总公司
2012	新增糖料作物	同2011年	补贴区域扩大至全国
2013	同2012年	在省级财政至少补贴25％的基础上，中央财政对东部地区补贴35％、对中西部地区补贴40％；中央财政对新疆生产建设兵团、中央直属垦区等补贴比例为65％	在全国实施种植保险保费补贴

自2007年实施政策性农业保险以后，中央、各省份及以下地方财政对农业保险的财政支持持续增长，2007年到2018年，中央财政和地方财政总共给农业保险提供的补贴达2259.9亿元，年平均增长27.0％，这也是我国农业保险取得巨大进步的最重要的动力源泉。

第五节　我国农业保险机构主要经营模式

一、综合性农业保险公司

在我国，农业保险业务经营状况较好的保险公司主要有两家，分别是中国人民财产保险股份有限公司和中华联合财产保险公司。由于这些保险公司主营业务多元化，网点覆盖广，它们的抗风险能力更强，同时具备以更少的经营成本拓展业务的能力。

1. 中国人民财产保险股份有限公司经营模式

中国人民财产保险股份有限公司(简称中国人保)是我国首家保险公司,也是最早从事农业保险业务的保险公司。近年来,中国人保拓宽发展思路,深入业务拓展地,积极探索分支机构与当地业务合作的可行性,为我国农业保险的实践经营提供了更广泛的实践经验。在农业保险分业经营上,中国人保立足全国,将种植业、养殖业两业保险统一核算,内部险种可调整盈亏,险种单一核算落实到各省级公司。自 2008 年始,中国人保开始试点政策性农业保险,在种植业、养殖业等领域进行了如农作物大灾保险、完全成本保险和收入保险、地方优势特色产品保险、生猪保险等现代农业保险的创新实践,与此同时,在涉农财产保险、农业意外健康保险等领域也进行了积极探索,极大提高了中国人保在农村地区的品牌价值。

2. 中华联合财产保险公司经营模式

中华联合财产保险公司是中华联合保险控股股份有限公司于 2006 年发起设立的全国性财产保险公司。其前身是 1986 年由财政部、农业部专项拨款,新疆生产建设兵团组建成立的新疆兵团保险公司。2002 年,公司更名为中华联合财产保险公司。2004 年,公司实行"一改三"的整体改制,成立控股股份公司,实行财产保险股份有限公司和人寿保险股份有限公司分业经营,将总部从乌鲁木齐迁至北京。迁移总部之前,中华联合财产保险公司有经营农业保险业务的传统,涉及了主要农作物和养殖畜种。公司经过改制,实现了跨越式的发展。

二、专业性农业保险公司

在 2004 年至 2008 年连续的 5 个中央一号文件的倡导下,专业性公司如雨后春笋般建立起来,主要有上海安信农业保险股份有限公司、吉林安华农业保险股份有限公司、黑龙江阳光农业相互保险有限公司、安徽国元农业保险股份有限公司等。这些专业性公司对国家农业保险的经营主体作了极大补充,使得农业市场的发展更为多元。但是,基于发展时间、资金池体量等先天劣势,专业性公司均呈现区域性发展的特点,抗风险能力较弱。

1. 上海安信经营模式

上海安信农业保险股份有限公司(现更名为太平洋安信农业保险股份有限公司)是 2004 年成立于上海市的区域性专业性公司,采用"政府支持与市场化发展相结合"的运作方针。除种植业、养殖业等领域的政策性保险外,也经营农村建房、涉农财产等方面的商业性保险,但种养两业政策性保险保费收入比例要达到全部保费收入的 60％ 以上,如遇特大风险,公司可运用再保险渠道对风险进行分散,如果仍有困难,可通过政府的特殊救灾政策获得支持。上海安信通过商业性保险对政策性保险的盈亏进行调节,实现"以险养险"的经营策略。

2. 吉林安华经营模式

吉林安华农业保险股份有限公司是 2004 年成立于东北地区的首家农业保险公司,由吉林粮食集团等 7 家企业发起。吉林安华的运营模式主要有两种,一是"保险公司＋农业产业化龙头企业(或农民专业合作经济组织)＋农户"的模式,二是"以险养险"的模式。农业保险在长期实践中存在"三低"问题,即农户参保的组织化程度低,农民投保能力低,农业保险服务水平低。吉林安华在实际运营中,通过联合农业产业化龙头和农村合作组织、地方财政和农业龙头企业给予补贴、强化服务理念等方式部分解决了以上问题,但在实际经营中,仍然存在农户的投保能力偏弱的现实问题,这种模式对政府补贴的依赖性很强。

3. 黑龙江阳光经营模式

黑龙江阳光农业相互保险股份有限公司是成立于 2005 年的黑龙江垦区一家相互保险公司,具备 10 多年的农业风险互助经验。参与种养两业保险的农户通过与公司签订合同的方式,成为会员,会员农户承担 2/3 左右的保费,其余 1/3 的保费由政府补贴,政府补贴划分为国家财政补贴和地方财政补贴两块,其中,国家财政补贴所占份额超过 1/2。

4. 安徽国元经营模式

安徽国元农业股份有限公司是成立于 2008 年的全国第四家专业农业保险公司,由安徽国元控股(集团)有限公司联合安徽省 23 家国有企业共同设立。公司主要依赖银行代销农业保险产品,在风险监测方面,积极协调气象部门,共享风险信息。公司经营的种植业、养殖业、农房、森林大火、农民工意外伤害等农业保险及其他涉农保险保费收入总和占全部保费收入的比例不低于 60％。

三、专业协会

专业协会是指某些有共同风险管理利益需求的个体或群体组织自愿发起成立的非营利性的组织,通常具备有关政府和相关的行业机构背景,如中国渔业互保协会、北京谷物协会、北京果树产业协会等。其通常具有以下特征:成员具备保险人、投保人身份的双重特性,资本持有和负债担负的共有属性,组织非营利而资金盈余作为大灾风险基金逐年积累。

四、法国安盟保险公司成都分公司

法国安盟保险公司是首家进入我国农业保险市场的外资保险公司,先后在四川、吉林、江苏等地取得了一定成绩。2004 年,法国安盟在成都地区推出了 30 多项针对粮食作物的种植业保险。法国安盟也开展财产保险、人身寿险等业务,"以险养险",为农业保险经营拓宽发展空间。

第四章　江苏省政策性农业保险"联办共保"经营模式的制度供给

第一节　江苏省农业发展与灾害特征

一、江苏省农业灾害的类型

江苏省地处平原地区,水网密布,湖泊众多。优越的地理位置给江苏省的经济、科技和文化带来了良好的发展机遇,但也面临地震、台风、洪水、干旱、雪灾、农林病虫害等多种自然灾害的侵扰,这些自然灾害引发的次生灾害也十分严重,造成了巨大的经济损失。新中国成立以来,江苏省已有190多个台风历史记录,5个大洪水历史记录。例如,2008年,江苏省遭遇了50年来未曾发生的大暴风雪。2010年秋季以后,全省出现罕见的秋、冬、春、夏旱灾,历时9个月。大部分地区降水量减少了70%,淮南地区降水量达到60年来最低。江苏省地处暖温带和亚热带,重大农林病虫害等频繁出现。

二、灾害对江苏省农业发展的影响

尽管与灾害频发的省份相比,江苏省自然灾害引发的巨灾风险发生频率较低,但由于经济发达,人口众多,大规模的自然或人为灾害事故一旦发生,损失将更为严重。根据《国家统计年鉴》,仅2014年江苏省受灾面积共554.1千公顷,各项自然灾害共计造成直接经济损失14.0亿元,其中:受旱灾影响面积为473.9千公顷,绝收面积为34.5千公顷;受洪涝、山体滑坡、泥石流和台风影响面积为23.4千公顷,绝收面积为0.3公顷;受风雹灾害影响面积为56.3千公顷,绝收面积为5.0千公顷(见表4-1)。

表 4-1　江苏省农作物受灾面积及损失情况(2010—2014 年)

年份	旱灾 (千公顷)	洪涝、山体滑坡、泥石流和台风(千公顷)	风雹灾害 (千公顷)	低温冷冻和雪灾 (千公顷)	农作物受灾面积合计 (千公顷)	直接经济损失 (亿元)
2014	473.9	23.4	56.3	0.5	554.1	14.0
2013	223.1	43.6	164.4	56.0	487.1	32.7
2012	366.7	296.6	34.2	—	697.5	107.8
2011	481.6	342.9	204.5	3.1	1032.1	90.5
2010	70.4	527.8	20.0	30.2	648.4	54.5

资料来源:根据《国家统计年鉴》整理。

第二节　江苏省农业保险发展的阶段性特征

一、新一轮农业保险试点以前(2007 年以前)

1. 商业保险模式下断断续续的试办

1950 年至 1952 年,新中国成立之初,中国人民保险公司(简称中国人保)先后在南通、淮阴、丹阳试办过小麦、棉麻和牲畜、生猪保险。但由于当年的农业保险实践脱离了生产发展实际,农民劳动收入受限,加之道德风险,1953 年推进受阻。1955 年,江苏省在金山县再次试点牲畜保险工作,并将实践经验在省内复制推广,牲畜保险运行一度取得较好成效,保险牲畜最多时达到 100 万头以上。1958 年,人民公社化运动后,国内的农业保险经营工作再次全面受阻,并进入长达 20 多年的停滞时期。

1980 年,中国人保江苏分公司在无锡、仪征、射阳试办奶牛和耕牛保险,吴江支公司将农业保险的经营范围拓展到内塘养鱼保险、养蚕保险和种植业保险,均在农户间取得了一定反响。1982 年,全国第一次农村保险工作会议江苏省吴江县举办。1985 年至 1986 年,连续 2 个中央一号文件都提出了"积极发展农村保险事业"。在此政策背景下,江苏省加快了农业保险在全省的布局,积极推进种养两业农业保险险种多元化,先后开发了水稻、小麦、棉花以及生猪、对虾等 14 个险种。江苏省农业保险的布局思路是"收支平衡,略有结余,以备大灾",弱化营利目标。然而,农业的先天弱质性决定了农业保险风险大、成本高、赔付率居高不下的特点。1982 年至 1986 年,全国农业保险平均赔付率为 127%,若算上经营成本,每收 100 元保险费,保险公司要付出 50 元成本。江苏省农业保险同样陷入困境:若依据农民平均承受水平收费,受灾后保险公司面临很大的亏损风险;若依据实际损失率厘定保险费率,农民承受不起保费。1982 年至 1994 年,江苏省农业保险实现保费收入 1.34 亿元,保险公司支付赔款 1.43 亿元,交税 285.00 万元,扣除 15.00% 的成本费用,净亏损 3200.00 万元。农业保险面临着极大的市场需求,又经历着成本高企的供给困难,使其迫切寻求变革,以谋求长远发展。

2. 江苏省农业保险从恢复发展到逐步萎缩

农业保险经历了长达 20 多年的沉寂期,1982 年,中国人保恢复了农业保险业务,中国人保江苏分公司也对种养两业进行了农业保险的重新试点。自 1982 年底至 1994 年,中国人保江苏分公司主要承保种植业保险方面的麦子、水稻、棉花,养殖业保险方面的生猪、鱼塘、耕牛、家禽等,共实现保费收入 14458.24 万元,储金 3626.40 万元,赔付支出 15189.00 万元,缴纳税收 303.00 万元,扣除 20% 的经营管理费用之后,累计亏损 3925.40 万元。

1993 年,在国家保险产业政策调整的背景下,中国人保江苏分公司又开始了商业化改革,以经济效益为中心的运营目标使得农业保险越来越得不到重视,业务逐年萎缩,江苏省农业保险收入逐年递减。1992 年,江苏省种植业和养殖业保费收入为 4279.30 万元,1993 年保费收入为 3085.00 万元,1994 年保费收入为 1026.00 万元,1995 年保费收入低于 1000 万元,年均跌幅达 38.40% 以上。1996 年至 2001 年,年均保费收入仅仅为 623.50 万元,年均赔付支出为 432.00 万元。

江苏省农业保险从恢复试办到 2003 年基本萎缩,其主要原因在于农业保险的利益外部性与保险双方长远利益的矛盾、农业的天然弱质性与商业体制运行下的矛盾,这两者必然使得农业保险得不到强劲的发展动力。

3. 政策性农业保险探索阶段(2004—2007 年)

2004 年,中央一号文件首次提出"加快建立政策性农业保险制度,选择部分产品和部分地区率先试点,有条件的地方可对参加种养业保险的农户给予一定的保费补贴"[①]。这给农业保险又带来了新的发展机遇。江苏省试点工作确定在淮安市、苏州市和无锡市展开。其中,苏州市尝试了"委托代办"模式。这一模式的特点是由保险公司经办具体业务并提取一定比例(11.45%)的管理费用,农业保险保费扣除一定费用后建立农业保险风险基金,用于支付赔款。如果遇到大灾,历年积累的农业保险基金不足以支付赔

---

① 2004 年中央一号文件,即《中共中央国务院关于促进农民增加收入若干政策的意见》。

款时,苏州市政府和代办保险机构按照 9∶1 的比例共同承担超赔风险。不同制度模式的实地探索为农业保险的后续发展积累了经验。新模式的稳步推进,使得 2006 年全省农业保险的保费超过了上午的 7 倍。淮安市探索的是"联办共保"模式。该模式采取"低保障、适度保障"的原则,具体做法是政府和保险公司组成责任共同体,双方按照 7∶3 比例承担风险责任,共同办理政策性农业保险业务,政府负责组织推动、收缴保费和沟通协调,保险公司牵头组织核保、精算与理赔工作,风险共担,收益共享。2006 年,国务院、国家发改委、财政部、保监会及江苏省政府专门赴淮安市对试点工作进行了现场调研,并对"政策性保险、商业化运作、政府和保险公司联办共保"的模式给予了认可,这一模式在全国率先开启了财政补贴型的政策性农业保险试点。2007 年,江苏省被农业部、财政部和保监会列为全国 6 个农业保险试点的省份之一,"联办共保"模式在全省推广。实践证明,该模式符合当时江苏省的实际,富有生命力,在全国走出了一条典型之路。

二、"联办共保"模式在全省推进(2007—2018 年)

江苏省政府办公厅《关于做好 2008 年农业保险试点工作的通知》中关于运行模式要求:"各地根据实际以市为单位确保农业保险试点运行模式,各市范围内运行模式相对统一。考虑我省农业保险再保险安排与风险风散,建议采用地方政府与商业保险公司联办共保模式。同时,全省统一规范农业保险定损理赔办法、流程及标准。"[①] 至此,江苏省各地基本都选择了"联办共保"模式,即政府与保险公司按照一定的比例分配保费、风险共担、责任同享的经营方式。地方政府为核心,负责组织推动、收缴保费和沟通协调工作,保险公司运用商业保险的基本原理和运作规则,发挥其精算、管理、网络、人才和服务等优势,为农户提供更为优质的保险服务。江苏省农业保险"联办共保"制度的正式确立,大大推动了江苏省农业保险的快速发展。2008 年,江苏省农业保险实现保费收入 10.4 亿元,比 2007 年翻了一番,达到了全国农业保险保费收入将近 10% 的份额。2018 年,全省农业保险实现保费收入及农业保险基金合计 32.8 亿元,是 2006 年的 600 多倍。农业保险为全省农业生产提供了约 822.0 亿元的风险保障,支付各类赔款 24.9 亿元,受惠农户达 434 万户次。水稻、小麦等主要种植品种参保 6706 万亩,承保面达到 95.0% 以上,能繁母猪参保 190 万头,实现 100% 承保。农业保险

---

① 《关于做好 2008 年农业保险试点工作的通知》(苏政办发〔2008〕38 号)。

业务实现了保险险种涵盖种养两业主要品种,保险责任涵盖江苏省各类农业灾害风险,参保对象涵盖从事农业生产的各类主体。

三、"联办共保"模式转型升级(2019 年以后)

2018 年江苏省政府《关于进一步完善农业保险经营模式的通知》中指出"自 2007 年起全省试点开展了'联办共保'为经营模式的农业保险工作,经过十多年的不断探索完善,全省农业保险工作,在防范化解农业生产风险、扩大农业保险覆盖面、提高农业保障水平、增加农民收入、提升保险机构经营管理水平等方面取得了显著成效,为进一步深化改革完善机制提供了有力保障",并要求"从 2019 年 1 月 1 日起,江苏省农业保险经营模式由'联办共保'模式转变为政府指导下的保险机构承保模式,在新模式下,政府不再承担赔付责任也将不再分享保费收入。对于农户或者农业生产经营组织投保的农业保险标的依旧属于财政补贴,江苏省财政局将按照相关政策规定给予保费补贴。到 2020 年,建立健全全省范围内的保障水平高、覆盖范围广、服务精准和可持续性高的多层次农业保险体系,实现经营模式由'联办共保'向保险机构自主经营转变,进一步优化市场资源配置、保险服务能力和质量,完善农业保险风险保障机制,以提高农户对于农业保险的满意度"。①

第三节　江苏省政策性农业保险"联办共保"模式的确立

一、"联办共保"模式的原则

江苏省农业保险"联办共保"模式是指政府与保险公司合作,按照"政府推动、商业运作、节余滚存、风险共担"的原则,实行"政策性农业保险、商业化运作"。政府与保险公司按照 5：5 比例收取保费,同时承担相应的风险责任,组成责任共同体,具体流程如图 4-1 所示。

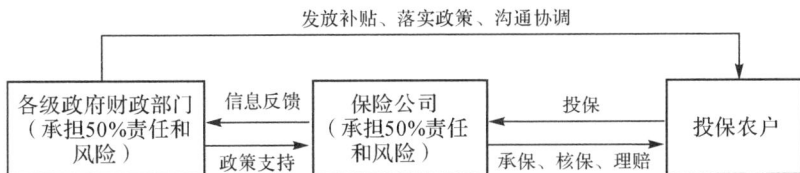

图 4-1　"联办共保"运作流程

---

① 《关于进一步完善农业保险经营模式的通知》(苏政办发〔2018〕92 号)。

二、保险相关利益主体:政府、农业保险经办机构、农户

地方政府推动"联办共保"保险制度实行,运用财政资金实行省、县两级财政补贴农业保险保费收入,参与农业保险经营,与保险公司按比例共同承担赔偿责任。

保险公司负责经营农业保险业务,运用公司优势进行商业运作,为遭受损失的农户提供补偿,与政府按比例共同承担赔付责任。保险公司可以委托乡镇协保员或者乡镇农经站协助办理农业保险业务,并且与被委托协助办理农业保险业务的机构签订书面合同,明确双方权利和义务,约定费用支付,负责业务辅导。

农户通过保险公司进行投保,保险公司负责农户的承保、核保、理赔工作,各级政府负责向农户发放补贴、落实政策以及与农户的沟通协调。

三、保险费补贴

"联办共保"模式下,江苏省实行中央、省、县三级保费补贴联动机制,现行财政补贴政策采取各补贴政府机构层层倒退的机制,只有县级政府补贴到位,省级、中央的财政支持才可配套落实。目前,养殖业险种中,中央财政补贴覆盖能繁母猪、育肥猪及奶牛等三类,中央财政补贴40%,省级财政补贴30%,县级财政补贴10%,养殖户承担20%。地方财政补贴在覆盖中央财政补贴的三类险种基础上,还增加鸭、蛋鸡、肉鸡、肉用仔鹅、山羊、肉牛、内塘螃蟹七类养殖业险种,县级财政补贴65%(可调整),投保人承担35%。江苏省政策性养殖业保险的保险责任包括但不限于主要疾病和疫病、自然灾害(暴雨、洪水、风灾、雷击、地震、冰雹、冻灾)、意外事故(泥石流、山体滑坡、火灾、爆炸、建筑物倒塌、空中运行物体坠落)、政府扑杀等。养殖业保险一般采取的是成本保险,保险金额一般由幼苗费和饲料费构成,保险金额应覆盖直接物化成本或饲养成本。保险金额的计算公式可以简单地表示为:保险金额=幼苗费+每日饲料费×保险天数。但是也有畜产品如能繁母猪保险的则是一个固定的数额,这要根据不同的畜产品而定。养殖保险费率主要是根据所保风险发生概率的大小、一次最大的损失程度、保险责任时间的长短等因素来确定的,现阶段科学地确定损失率比较困难,目前保险机构大多是从当地的实际情况出发,参考外地的已有费率来确定适合本地的试行费率。以能繁母猪为例,保险金额为1000元,费率为7%,每头能繁母猪总保费70元,各级财政补贴56元,农户自缴14元(林乐芬和陈燕,2017)。

四、政府和承办保险公司风险分担

江苏省"联办共保"模式为政府与保险公司风险分担机制。政府和保险公司形成共保体,共同承担风险责任,政府负责组织推动和沟通协调,由中国人民财产保险股份有限公司(简称中国人保)和中华联合保险公司、太平洋保险公司江苏分公司等公司负责组织核保、精算、理赔业务。在这些公司中,中国人保江苏省分公司占江苏省农业保险总体份额的80%。而江苏省政府则成立了农业保险领导小组,协调组织各部门积极配合农业保险的相关工作,包括编制补贴方案、建立灾害评估系统、整合相关政策等。政府、保险公司共同拥有保费收入和承担保险赔付责任,政府和保险公司风险承担的比例,2007年为7∶3,2008年为6∶4,从2010年秋季作物开始,调整为5∶5。县、省辖市和省各级政府按照省政府文件规定承担赔付责任。政府和保险机构双方都需要承担所有层次风险,包括巨灾风险。这样的做法既可以充分发挥保险公司参与的积极性,又能协调各方的积极性和主动性,是农业保险起步阶段的一个较好的选择,但这样的做法不利于农业保险的市场化运作,在后期可能会出现一些问题。

五、农业保险覆盖面

实行"联办共保"模式后,全省农业保险实现了"三个涵盖",即险种基本涵盖省内种养殖业主要品种,保险责任基本涵盖发生较为频繁和易造成较大损失的灾害风险,参保对象基本涵盖从事农业生产和农产品加工的各类主体。

2015年1月,江苏省政策性农业保险就已经涵盖56个险种,包括主要种植业险种、主要养殖业险种、其他种植业险种、其他养殖业险种、价格指数保险、渔业险种、农机(具)险种等七类。其中主要种植业包括水稻、小麦、玉米、油菜、棉花等5个险种,养殖业包括能繁母猪、奶牛、育肥猪等3个主要养殖业险种,其他种植业包括林木火灾、蔬菜大棚、附加蔬菜(瓜果)、莲(荷)藕、露地葡萄、露地旱生蔬菜、露地西瓜、苹果、露地水生蔬菜、梨、杂交水稻制种、桃、茶叶、甜叶菊、苗木、食用菌、菊花、丹参、瓜蒌、何首乌、条斑紫菜、花生、芋头等23个险种,其他养殖业包括肉鸡、种(蛋)鸡、山羊、肉用仔鹅、养鸭、养蚕、内塘螃蟹、肉牛、仔猪、池塘淡水鱼、池塘淡水小龙虾、罗氏沼虾、南美白对虾、鸽等14个险种。价格指数保险包括生猪价格指数保险、夏季保淡绿叶菜价格指数保险、苗鸡价格指数保险、内塘螃蟹水文指数保险、有机水稻产量保险。渔业险种包括渔船互助保险、渔业雇主责任互助保险、内陆渔民人身平安互助保险。农机(具)险种包括驾驶员人身意外险、兼用型拖拉机交强险、运输型拖拉机交强险、联合收割机第三者责任险。具体保险金额、费率如表 4-2 所示。

表 4-2 险种与费率

险种	产品种类	保险金额	保险费率	开办年份
主要种植	水稻	400 元/550 元/700 元	4.0%	2007
	小麦	400 元/550 元/700 元	4.0%	2007
	油菜	400 元/550 元/700 元	4.0%	2007
	玉米	400 元/550 元/700 元	4.0%	2007
	棉花	400 元/550 元/700 元	4.0%	2007
主要养殖	能繁母猪	按当地市场价格的七成确定,且不超过 1000 元	7.0%	2007
	育肥猪	按当地市场价格的六成确定,且不超过 400 元	5.0%	2008
	奶牛	按当地市场价格的六成确定,且不超过 4000 元	6.0%	2007
其他种植	林木火灾	再植成本,且不超过 2000 元	0.3%	2007
	蔬菜大棚	在蔬菜大棚造价的 70% 以内	竹木结构 5.0%,钢筋混凝土结构 4.0%,钢结构 2.5%,长寿膜(含进口膜) 12.0%,普通膜 18.0%	2008
	附加蔬菜(瓜果)	每亩物化成本的 70%,不超过 3000 元	6.0%	2009
	莲(荷)藕	600 元/800 元/1000 元	5.0%	2013
	露地葡萄	1000 元/1500 元/2000 元	8.0%	2012
	露地旱生蔬菜	直接物化成本,500~1000 元	7.0%	2012
	露地西瓜	500 元/800 元/1000 元	7.0%	2012
	苹果	1000 元/1500 元/2000 元/2500 元	8.0%	2012
	露地水生蔬菜	500 元/800 元/1000 元	5.0%	2012
	梨	1000 元/1500 元/2000 元/2500 元	8.0%	2012
	杂交水稻制种	直接物化成本,不超过 1000 元	8.0%	2011
	桃	1000 元/2000 元/3000 元	9.0%	2012

续表

险种	产品种类	保险金额	保险费率	开办年份
其他种植	茶叶	1000 元/1500 元/2000 元	6.0%	2013
	甜叶菊	800 元/1000 元/1200 元	5.0%	2013
	苗木	2000 元/3000 元/4000 元	3.0%	2014
	食用菌	由双方协商	6.0%	2014
	菊花	1000 元/1500 元/2000 元/2500 元	7.0%	2014
	丹参	1000 元/1500 元/2000 元/2500 元	5.0%	2014
	瓜蒌	1000 元/1500 元/2000 元/2500 元	5.0%	2014
	何首乌	1000 元/1500 元/2000 元/2500 元	5.0%	2014
	条斑紫菜	每亩条斑紫菜不超过 800 元,栽培设施不超过 2000 元	8.0% 或 6.0%	2014
	花生	直接物化成本,不超过 800 元	6.0%	2014
	芋头	直接物化成本,不超过 1300 元	6.0%	2014
其他养殖	肉鸡	按当地市场价格的六成确定,且不超过 10 元	3.0%	2008
	种(蛋)鸡	蛋鸡不超过 20 元,种鸡不超过 40 元	6.0%	2010
	养蚕	春蚕 300 元/400 元/500 元,秋蚕 200 元/300 元/400 元	5.0%	2007
	肉用仔鹅	按市场价格的六成确定,且不超过 30 元	3.0%	2010
	鸭	市场价格的六成,但肉用鸭不超过 20 元,蛋鸭不超过 30 元	肉用鸭 3.0%,蛋鸭 6.0%	2011
	山羊	当地市场价格的六成,不超过 450 元	8.0%	2012
	肉牛	当地市场价格的六成,不超过 4000 元	6.0%	2014
	仔猪	200 元	8.0%	2014
	淡水鱼	2000 元/3000 元/4000 元/5000 元	6.0%	2014
	淡水小龙虾	每亩 2000 元	5.0%	2014
	罗氏沼虾	生理价值的 50%,每亩 3000 元	10.0%	2014
	南美白对虾	养殖成本的 50%,确定为每亩 3000 元	8.0%	2014
	鸽	饲养成本的七成,肉用鸽不超过 10 元,种鸽不超过 50 元	6.0%	2013

续表

险种	产品种类	保险金额	保险费率	开办年份
价格指数保险	内塘螃蟹水文指数	每亩保险金额为 2000 元	5.5%	2012
	苗鸡价格指数	饲养成本的六成	8.0%	2013
	夏季保淡绿叶菜价格指数	每批次保险金额＝保险产量（公斤/亩）×保险成本价(元/公斤)×保险数量(亩)	10.0%	2014
	有机水稻产量保险	1500 元/2000 元/3000 元	5.0%	2014
	生猪价格指数保险	600 元/800 元/1000 元	5.0%	2014

第四节　政策性农业保险"联办共保"模式的运行机制

一、农业保险省、市、县级组织领导工作机制

江苏省政府在《省政府办公厅关于做好 2015 年全省农业保险工作的通知》中明确,农业保险和涉农保险工作由本行政区域内的县级以上地方人民政府统一领导、组织,农业保险和涉农保险的综合管理工作由本行政区域内的农业保险工作领导小组办公室(简称农业保险办)负责,省农险办设在省金融办,省金融办、财政厅、农委、海洋与渔业局、物价局、气象局、农机局和保监局均为省农业保险工作领导小组成员单位。农业保险和涉农保险推进、管理方面的相关工作由财政、农业、渔业、农机等有关部门负责,各部门按照各自职责进行,保险监督管理机构对农业保险和涉农保险业务依法实施监督管理。乡镇人民政府(街道办事处)的主要职责是组织引导农业生产经营活动、农民投保农业保险和涉农保险,支持农业保险和涉农保险基层服务体系建设,配合上级人民政府有关部门以及保险机构协调处理保险纠纷。[1]

二、农业保险市场准入与退出机制

江苏省办公厅《关于规范全省农业保险市场准入和退出工作的通知》要

---

[1] 《关于做好 2015 年全省农业保险工作的通知》(苏政办发〔2015〕51 号)。

求建立农业保险市场竞争机制应遵循稳定性、连续性和竞争性原则。稳定性方面，要求运转良好的农业保险工作体系保持相对稳定的状态，防止大起大落。连续性方面，县级政府与保险公司已经签订联办共保协议的，应按协议规定执行至期满。竞争性方面，要求农业保险工作可以响应各方诉求，调动各方积极性，积极适度，避免恶性竞争，每个县（区、市）首先要综合考虑经营主体资质，并在此基础上通过政府采购、比选、招标、综合评定等方式，按照县级初选、市级复评、省级核准的顺序，最终因地制宜地选择 1 家农业保险经办机构。农业保险经办机构应当符合相应的能力要求，并满足相应的经营行为要求。当保险经办机构出现下列行为的，各县（区、市）政府要通过政府采购，由政府招投标机构进行公开招投标，择优利农选择农业保险经办机构：①联办共保协议到期的；②经办机构绩效评价较差，无法满足农业保险发展要求的；③经查实存在重大违法违规行为的；④其他应当退出的情形。①

三、农业保险调节基金机制

农业保险调节基金机制制定了"丰年积累、平年结余、大灾调剂、稳步发展"的经营原则和农业保险发展基金的基金积累原则。后者把当年实收的农业保险保费、利息及历年经营结余资金纳入基金专户存储，进行封闭运行和独立核算，同时接受财政、审计等部门的监督检查。发展基金通过日常经营，在保持收支平衡的基础上进行逐年积累，以备不时之需。

四、农业保险条款费率形成机制

保险公司制定农业保险条款和保险费率，并对保险条款和费率承担相应的责任，政策规定，保险公司应在农业保险条款和保险费率经营使用后 10 个工作日内由总公司报保监会备案。关于农业保险条款和费率的报备，保险公司应分省份逐一报备，保监会另有规定的除外。保险公司制定农业保险条款和费率应遵循"公开、公平、合理"的原则。特别地，针对财政给予保险费补贴的险种的保险条款及其保险费率，保险公司首先应充分听取所在省份人民政府财政、农业、林业、保险监督管理部门和农民代表的意见，并在此基础上拟订。

---

① 《关于规范全省农业保险市场准入和退出工作的通知》（苏金融办发〔2013〕63 号）。

五、农业保险大灾巨灾风险分散机制

为提升农业保险应对大灾风险能力,确保农业业务可持续健康发展,江苏省在全国率先建立起商业再保险和政府大灾保险准备金相结合的大灾风险防范机制。在"联办共保"模式下,政府和保险公司各自按比例承担最终超赔风险。对保险公司承担的保险部分,通过商业再保险安排化解巨灾风险;对政府承担的保险部分,江苏省研究制定了《江苏省农业保险试点政府巨灾风险准备金管理办法(试行)》,通过本级财政预算安排、统筹部分政府、省级财政补助等资金渠道建立大灾风险基金,应对巨灾超赔风险。文件明确,县级以上各级人民政府应当建立农业保险政府巨灾准备金。其中,县级政府巨灾准备金的资金来源主要为:①本级政府预算安排。本级预算原则上按照本地当年保费实际发生额的 5%～10% 的比例安排。②上级财政部门的保费奖励。③县级政府保费收入当年的结余。省辖市政府巨灾准备金的资金来源主要为各县(区、市)按当年主要种植业保费收入总额的 10% 上缴、省辖市本级预算安排、省财政按省辖市预算安排资金给予等额补助。各省辖市政府巨灾准备金余额的 20% 作为省级政府巨灾准备金,省财政有权调配使用。若发生重大自然灾害,动用全部省辖市政府巨灾准备金后仍出现超赔时,省财政可动用省级政府巨灾准备金用于赔付。[1] 经初步测算,截至 2017 年底,全省的大灾风险基金余额近 80 亿元。

六、农业保险监督检查机制

建立农业保险保费资金监督检查制度。农业保险保费资金监督检查制度主要由省、省辖市和县级财政局负责。县级财政局主要负责日常监督工作,主要包括保费资金的预算、筹集、拨付、管理、结算等环节及政府农业保险管理费的使用情况,除此之外,县级财政局还应配合相关部门对实际投保、保费收取、定损理赔等情况展开不定期检查。省辖市财政局对县级财政农业保险保费资金使用管理情况也需要进行监督检查,其检查方式为抽查,按照每年不低于辖区内 50% 的覆盖面组织抽查。抽查结束,省辖市财政局需将抽查结果及时报送省财政厅。最后,由省财政厅根据全省农业保险保费资金管理情况,组织定期、不定期检查。

---

[1] 《江苏省财政厅关于印发〈江苏省农业保险试点政府巨灾风险准备金管理办法(试行)〉的通知》(苏财外金〔2008〕49号)。

第五章　政策性农业保险运行绩效评价

农业经营主体对政策性农业保险满意度的评价是政策性农业保险运行绩效、实施效果的重要评判标准。农户对农业保险运行效果的反馈，可供了解问题、总结经验，为政策性农业保险的体制机制创新提供实践依据。本章通过层次分析法分析影响农业保险满意度的内在要素，并构建农业保险满意度评价体系，随后力图寻找影响政策性农业保险满意度的外在因素，在目前农业保险"低保障、广覆盖、保物化"与农业生产"高投入、高产出、高风险"特点不匹配的前提下，试图分析通过何种外部手段可以有效提高农业经营主体对农业保险的满意度，保证农业保险有效、可持续开展，并且真正达到稳定农业生产的目的。

第一节　理论分析

一、险种与灾害匹配方面

当前保险产品种类已无法满足农业经营主体的生产需求，目前农业保险产品品种虽然基本已经涵盖了农、林、牧、渔等各产业，但依旧无法满足农业经营者多品种经营的需要。在农业经营主体参与农业保险的过程中，保险与灾害之间是否匹配主要体现在三方面：一是农业经营主体的农产品是否有对应险种；二是农业保险保障与实际受灾情况是否存在偏差，能否完全对应；三是农业保险能否有效起到稳定生产的作用。三者共同决定了农业保险与灾害的匹配情况，以及农业生产的需求满足度，而从目前来看，传统农业保险已明显不适应当前农业生产现状。具体来讲，近年来价格波动的加剧使得农业经营主体对市场风险越来越敏感，同时气象灾害的频发往往造成聚集性、规模性受损，传统农业保险不仅在查勘定损方面面临极大困难，在理赔方面也达不到农业经营主体要求。险种设置与受灾情况不匹配往往影响了农业经营主体对农业保险的满意度评价，因此农业保险越是能满足农业经营主体的需求，险种与受灾情况越匹配，则农业经营主体对农业保险的评价就越高。

二、保险与风险认知方面

首先,如果农业经营主体对农业保险的认知度不够,或对农业保险本身存在误解,那么农业经营主体对保险的期望和农业保险给其带来的效用会发生偏差,从而降低其对农业保险的满意度。其次,农业保险存在严重的道德风险问题,在购买农业保险以后,农业经营主体的风险敏感度会大大降低,或者因为购买了保险而缺乏事前风险防范的积极性,导致不能做到灾前防损,最终受灾比预期严重,而农业保险本身又不能做到完全弥补损失,从而降低了农业保险的满意度。因此帮助农业经营主体正确认识农业保险,提高农业经营主体的风险意识,将提高农业保险的满意度。

三、农业保险与银行信贷方面

首先,农业生产前期投入高,资金需求量较大,但银行贷款门槛较高,缺乏担保、可抵押的物品(如土地、厂房、农机设备等很难作为抵押物),故即使向银行贷款,农业经营主体也多以信用贷款为主,同时银行贷款手续烦琐,到款相对自筹更慢,农业经营主体又往往无法得到期望的贷款额。其次,由于受灾造成的资金缺口往往以短期流动性需求为主,短期很难通过信贷方式进行弥补。因此现在对于涉农贷款虽有相关优惠政策,但依旧无法满足农业经营主体尤其是大户的资金需求,而农业资金"高投入、高风险、周期短、流动性强"与农业经营主体"缺乏抵押物、资质低"的内在特质在一定程度上造成银行惜贷问题。因此若可以通过"银保联合"的方式,以"农业保险兜底风险、银行信贷支持生产"帮助农业经营主体在提高风险抵抗能力的同时又满足其资金需求,以保单质押等方式降低贷款门槛,以涉农贷款保证保险等保证贷款资质,将帮助农业经营主体更加积极从事农业生产。故如果通过"保险+银行"的方式弥补启动资金缺口,稳定、支持农业生产,将有助于提高农业保险的满意度。一般来讲,"银保联合"方式执行效果越好,农业经营主体对农业保险的满意度越高。

四、政府补贴方面

无论学术界还是农业保险实际操作,都强调了政府补贴在农业生产、农业保险中的作用;无论在参保环节还是补偿环节,农业补贴都扮演了重要角色。在参保环节,部分农业经营主体对农业保险的认知度不够、风险意识不足、生产短视性等因素,造成其认为保费只是一种沉没成本,故参保积极性不高,在政府无补贴的情况下,农业经营主体无力独自承担高额保费,故降低了其对农业保险的评价。在补偿环节尤其是大灾损失,单靠农业保险无法在短期弥补农业经营主体的规模性损失,保险公司不足以独自承担巨灾风险,此时需要政府帮助分散风险,共同帮助农业经营主体恢复农业生产,保障灾后补偿工作有序进行,因此在有政府补贴的情况下农业保险执行效果更好。再者,政府补贴的有效性将影响到对农业保险的评价,农业经营主体享有何种补贴、补贴是否及时到位、补贴是否真正用在需要的地方、补贴资金下发方式等将影响到农业经营主体对农业保险的评价。政府补贴效率越高,农业保险评价越高。

五、新型互联网保险方面

新型互联网保险和服务不仅可以极大降低政策性农业保险的执行成本,而且方便农业经营主体办理保险业务,但由于涉农类互联网保险尚处于起步阶段,产品和服务发展尚不完善,目前只通过互联网进行保险信息推送、灾害预警、知识宣传等方面的工作。同时农业经营主体对互联网保险认知度不够,存在不信任感,故较难说明互联网保险的推出对农业保险的评价起到何种作用。如果互联网保险相较传统保险在参保、勘损、理赔等方面具有明显优势,那么将对农业保险评价起到促进作用;如果互联网保险不具备比较优势或者农业经营主体并不认可互联网保险,那么说明互联网保险依旧存在待改进的地方。

第二节　政策性农业保险运行效果
评价指标体系的构建与分析

层次分析法是美国运筹学家托马斯·塞蒂于 20 世纪 70 年代提出的,是指将目标决策逐级分解为不同层级,在此基础上进行定性加定量分析的方法。本章采用层次分析法对影响农业保险满意度的内在要素进行分解,构造可以客观评价政策性农业保险满意度的评价体系,逐层计算各要素的权重,并根据各要素权重大小进行排序,以期能够找出影响农业经营主体对政策性农业保险评价的内因。本节的目的不仅在于构建农业保险的满意度评价体系,以对政策性农业保险有一个客观评价,同时还通过评价体系计算出的权重,对当前政策性农业保险的运行效果进行客观分析,以发现问题,并为后文农业保险满意评价影响因素提供研究基础。

一、政策性农业保险评价指标体系的构建

本章以政策性农业保险满意度作为最终评价目标放置于决策层。

中间层为对满意度的评价指标。本章综合农业保险的一般参保环节和保险公司对于农业保险的服务内容,将其分为三个内在指标,分别是农户参保(事前)、保险服务(事中)、保险理赔(事后)。不同于以往文献横向构建农业保险评价指标(如保险产品、保险服务、保障范围等),本章以农业经营主体从参保到补偿的保险服务流程为主线,构建纵向评价体系,以对农业保险每一环节的服务有更加清楚的认知和评价。具体来讲,农户参保环节体现了农业经营主体在参加农业保险时包括保险产品、保险推广等方面,对于农业保险产品和服务的感受;保险服务环节体现了在灾害发生时,农业经营主体对保险公司在查勘定损、理赔手续等工作方面的认可程度;保险理赔环节体现了灾害发生后,保险对受灾农业经营主体的风险补偿和恢复生产能力。

方案层是农业经营主体对农业保险的每一个环节中具体执行措施(产品或服务)的评价,通过对具体方案的评价可以对中间层(农业保险各个环节)的指标进行评价,最终综合到决策层。具体来讲:影响参保环节评价的因素有保费额度、条款可理解性、保险品种、参保程序、材料准备数量;影响服务环节评价的因素有材料准备数量、查勘定损速度、赔款速度;影响赔偿环节评价的因素有查勘定损速度、赔款速度、损失补偿能力、保险与灾害对应情况(补偿偏差)、大灾抵抗能力(大灾赔偿)(见图 5-1)。

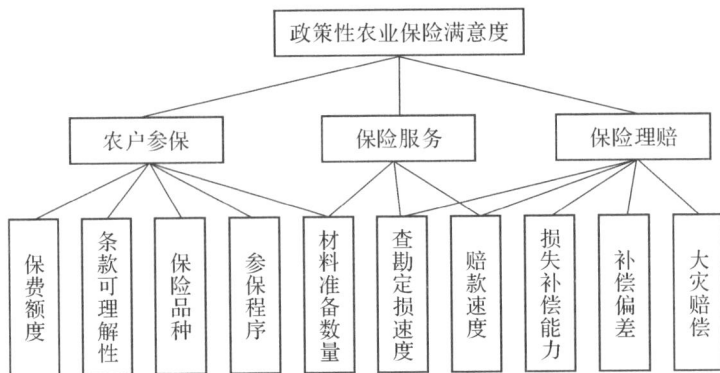

图 5-1　农业保险满意度评价体系

二、判断矩阵的构建与检验

在构建满意度评价体系结构完毕后,本章对每一层的要素进行两两比较,判断要素间的相对重要性,利用比例标度法对每一层要素相对重要性进行比较,绝对重要、十分重要、比较重要、稍微重要、同样重要,分别对应 9、7、5、3、1 的数值,中间数值可以用两数字中间值标注。同时在构建判断矩阵过程中,要保证判断矩阵的一致性,其基本逻辑是:如果 X 比 Y 明显重要,Y 比 Z 明显重要,那么 X 比 Z 明显重要,如果 Z 比 X 明显重要则不符合一致性,无法进行层次分析。

本章采用了专家打分的方式来判断相对重要性。以发放问卷的方式,向江苏省保监局(1 份)、江苏省保险学会(3 份)、南京大学(1 份)、东南大学(1 份)、南京审计大学(1 份)、江苏大学(1 份)、南京农业大学(1 份)的农业保险专家发放专家打分表,根据专家填写的问卷数据使用 yaahp 软件进行分析,最终确定江苏省保监局、江苏省保险学会、东南大学、南京审计大学、南京农业大学的 5 份问卷数据通过一致性检验(一致性指标小于 0.1)。选择上述 5 位专家的相对重要性打分作为层次分析要素的权重计算依据,权重分别设为 0.2,以此计算中间层各指标和方案层各要素对于满意度的权重。

三、权重计算与结果分析

(一)数据来源

本章数据来源于 2016—2018 年中国人民保险财产股份有限公司江苏分公司与南京农业大学合作的实地调查问卷,涉及江苏省南京、无锡、常州、泰州、南通、扬州、盐城、淮安、连云港 9 个市和 45 个县(区)共 6603 个样本,其中南京 577 个,常州 456 个,无锡 273 个,泰州 1299 个,南通 988 个,扬州 1113 个,盐城 782 个,淮安 539 个,连云港 576 个。按照农业经营主体性质来分,小农户 3313 个,新型农业经营主体(包括家庭农场、种养大户、合作社、龙头企业)共 3024 个,其他 266 个。按照农业生产性质分,有 4003 个主要种植业数据、912 个主要养殖业数据、2076 个其他种养殖业数据,分类依据是问卷中农户填写的主要农业产品以及参加的保险险种,若农户经营多种产品,如同时进行稻麦种植及生猪养殖,则将其同时划分进两类之中。最终,得到用于数据分析的有效问卷数量 5866 个,有效率 88.84%。

除去无效问卷,有效问卷中不免有数据缺失问题,若将该类问卷剔除则会损失较多样本信息,故本章对于样本信息缺失量低于10%的数据使用多重插补法予以填补,通过重复模拟的方法(蒙特卡罗模拟),模拟每一个有效数据集,然后根据数据分布补充缺失数据。

(二)方案层要素的描述性统计分析

1.主要种植业

主要种植业中,从农业保险评价体系各要素的描述性统计结果(见表5-1)中可以看出在参保环节:保费额度方面,小农户均值为3.22,新型农业经营主体均值为3.09,说明与损失相比,农户所交保费自身感觉一般并偏低,且小农户感受要低于新型农业经营主体;参保程序方面,小农户均值为2.06,新型农业经营主体均值为2.10,说明平均而言农户的参保程序复杂感知度一般且较为偏向程序简单,新型农业经营主体的参保程序要略方便于小农户;条款可理解性方面,小农户均值为2.15,新型业经营主体均值为2.31,说明在相关工作人员解释下大部分条款可以理解,且新型农业经营主体的理解要好于小农户;保险品种方面,小农户的均值为2.81,新型农业经营主体均值为2.75,说明平均来讲目前保险品种已经不能满足农户农业生产的基本需要,且新型农业经营主体的保险需求更大,满足度不够。在服务环节:材料准备数量方面,小农户均值为1.91,新型农业经营主体均值为1.93,说明在受灾时所需要递交的材料数量一般,基本可以接受;查勘定损速度方面,小农户均值为2.15,新型农业经营主体均值为2.16,说明查勘定损速度一般,且小农户和新型农业经营主体间没有明显差别;赔款速度方面,小农户均值为2.06,新型农业经营主体均值为2.06,两者没有明显差别,赔款速度感知一般。在赔偿环节:损失补偿能力方面,小农户均值为1.73,新型农业经营主体均值为1.69,说明平均来讲保险公司对农户受灾时的赔付金额不到30%,完全不能弥补农户损失,且新型农业经营主体的补偿程度要低于小农户;补偿偏差方面,小农户均值为2.54,新型农业经营主体均值为2.54,两者无明显差异,说明农业保险的保险内容和灾害种类较为对应,但不完全对应;大灾赔偿方面,小农户均值为2.54,新型农业经营主体均值为2.34,说明在大灾情况下,农业保险仅能弥补小部分损失,大灾情况下的农业保险保障能力有待提高,且对新型农业经营主体的弥补情况要差于小农户。

表5-1　主要种植业农业保险评价体系要素的描述性统计结果

评价体系	指标	小农户					新型农业经营主体				
		样本量	均值	标准差	最小值	最大值	样本量	均值	标准差	最小值	最大值
参保环节	保费额度	2205	3.216327	0.811055	1	5	1727	3.092646	0.774438	1	5
	参保程序	2205	2.061678	0.591689	1	3	1727	2.104806	0.628610	1	3
	条款可理解性	2205	2.148753	0.583814	1	3	1727	2.314418	0.598507	1	3
	保险品种	2205	2.805896	0.980972	1	5	1727	2.748697	0.916229	1	5
	材料准备数量	2205	1.907483	0.564821	1	3	1727	1.927041	0.601662	1	3
服务环节	查勘定损速度	2205	2.150113	0.679394	1	3	1727	2.156340	0.709882	1	3
	赔款速度	2205	2.064399	0.699642	1	3	1727	2.059641	0.687101	1	3
	损失补偿能力	2205	1.726531	0.951190	1	5	1727	1.686161	0.890239	1	5
赔偿环节	补偿偏差	2205	2.535147	0.564580	1	3	1727	2.541980	0.562803	1	3
	大灾赔偿	2205	2.543764	0.894383	1	5	1727	2.339317	0.779652	1	5

2.主要养殖业

主要养殖业中,从农业保险评价体系各要素的描述性统计结果(见表5-2)中可以看出,在参保环节:保费额度方面,小农户均值为3.03,新型农业经营主体均值为3.17,说明与损失相比,农户自身感觉所交保费一般并偏向较低,且新型农业经营主体的保费额度感知更低;参保程序方面,小农户均值为2.11,新型农业经营主体均值为2.23,说明平均而言农户的参保程序复杂感知度一般且较为偏向程序简单,且新型农业经营主体感觉自身的参保程序要略方便于小农户;条款可理解性方面,小农户均值为2.13,新型农业经营主体均值为2.37,说明在相关工作人员解释下大部分条款可以理解,且新型农业经营主体的理解要好于小农户;保险品种方面,小农户的均值为2.61,新型农业经营主体均值为2.85,说明平均来讲目前的保险品种已经不能满足养殖业农户农业生产的基本需要,但与种植业不同的是,相比新型农业经营主体,农业保险对于养殖业小农户的满足情况更差。在服务环节:材料准备数量方面,小农户均值为1.84,新型农业经营主体均值为2.07,说明在受灾时小农户认为所需要递交的材料数量相对较多,而新型农业经营主体认为数量基本可以接受;查勘定损速度方面,小农户均值为2.41,新型农业经营主体均值为2.46,说明查勘定损速度较快,且小农户和新型农业经营主体间没有明显差别;赔款速度方面,小农户均值为2.41,新型农业经营主体均值为2.29,小农户赔偿认为赔款速度要相对快于新型农业经营主体。在赔偿环节:损失补偿能力方面,小农户均值为1.87,新型农业经营主体均值为2.07,说明平均来讲保险公司对小农户受灾时的赔付金额不到30%,完全不能弥补小农户损失,对新型农业经营主体的补偿程度略高于小农户,但损失补偿程度依旧不足;补偿偏差方面,小农户均值为2.65,新型农业经营主体均值为2.68,两者无明显差异,说明农业保险的保险内容和灾害种类较为对应,但不完全对应;大灾赔偿方面,小农户均值为2.46,新型农业经营主体均值为2.60,说明在大灾情况下,农业保险仅能弥补小部分损失,大灾情况下的农业保险保障能力有待提高,且大灾情况下农业保险对养殖业小农户的保障能力相对更差。

表5-2　主要养殖业农业保险评价体系要素的描述性统计结果

评价体系	指标	小农户					新型农业经营主体				
		样本量	均值	标准差	最小值	最大值	样本量	均值	标准差	最小值	最大值
参保环节	保费额度	390	3.033333	0.732230	1	5	507	3.171598	0.812539	1	5
	参保程序	390	2.112821	0.623111	1	3	507	2.226824	0.678459	1	3
	条款可理解性	390	2.133333	0.580459	1	3	507	2.368836	0.609587	1	3
	保险品种	390	2.605128	0.902994	1	5	507	2.848126	0.916802	1	5
服务环节	材料准备数量	390	1.841026	0.641623	1	3	507	2.074951	0.604907	1	3
	查勘定损速度	390	2.407692	0.752335	1	3	507	2.463511	0.697362	1	3
	赔款速度	390	2.407692	0.720927	1	3	507	2.285996	0.667617	1	3
	损失补偿能力	390	1.869231	0.839774	1	5	507	2.072978	1.094633	1	5
赔偿环节	补偿偏差	390	2.651282	0.552104	1	3	507	2.684418	0.505908	1	3
	大灾赔偿	390	2.461538	0.770476	1	5	507	2.603550	0.903784	1	5

3. 其他种养殖业

其他种养殖业中,从农业保险评价体系各要素的描述性统计结果(见表5-3)中可以看出,在参保环节:保费额度方面,小农户均值为3.00,新型农业经营主体均值为3.18,说明与损失相比,小农户感觉保费一般,新型农业经营主体感觉所交保费一般并偏向较低;参保程序方面,小农户均值为2.01,新型农业经营主体均值为2.04,说明参保程序复杂程度一般;条款可理解性方面,小农户均值为2.05,新型农业经营主体均值为2.21,说明在相关工作人员解释下大部分条款可以理解,且新型农业经营主体的理解要好于小农户;保险品种方面,小农户的均值为2.60,新型农业经营主体均值为2.64,说明平均来讲目前保险品种已经不能满足其他种养殖业农户农业生产的基本需要。在服务环节:材料准备数量方面,小农户均值为1.82,新型农业经营主体均值为1.96,说明在受灾时相比新型农业经营主体,小农户认为所需要递交的材料数量相对较多,而新型农业经营主体认为数量一般;查勘定损速度方面,小农户均值为2.27,新型农业经营主体均值为2.30,说明查勘定损速度较快,且小农户和新型农业经营主体间没有明显差别;赔款速度方面,小农户均值为2.20,新型农业经营主体均值为2.15,小农户认为赔款速度要相对快于新型农业经营主体。在赔偿环节:损失补偿能力方面,小农户均值为1.85,新型农业经营主体均值为1.99,说明平均来讲保险公司对农户受灾时的赔付金额不到30%,完全不能弥补农户损失,对小农户的损失补偿程度低于新型农业经营主体;补偿偏差方面,小农户均值为2.42,新型农业经营主体均值为2.50,两者无明显差异,说明其他种养殖业农业保险的保险内容和灾害种类不能完全对应;大灾赔偿方面,小农户均值为2.49,新型农业经营主体均值为2.45,说明在大灾情况下,农业保险仅能弥补小部分损失,大灾情况下的农业保险保障能力有待提高,而小农户与新型农业经营主体之间没有明显差异。

表 5-3　其他种养殖业农业保险评价体系要素的描述性统计结果

评价体系	指标	小农户					新型农业经营主体				
		样本量	均值	标准差	最小值	最大值	样本量	均值	标准差	最小值	最大值
参保环节	保费额度	933	2.997856	0.742629	1	5	1108	3.181408	0.855682	1	5
	参保程序	933	2.007503	0.654259	1	3	1108	2.043321	0.673354	1	3
	条款可理解性	933	2.047160	0.663200	1	3	1108	2.212094	0.664738	1	3
	保险品种	933	2.592712	1.074095	1	5	1108	2.638989	1.006571	1	5
服务环节	材料准备数量	933	1.816720	0.689949	1	3	1108	1.960289	0.624878	1	3
	查勘定损速度	933	2.272240	0.735993	1	3	1108	2.303249	0.701082	1	3
	赔款速度	933	2.199357	0.749048	1	3	1108	2.154332	0.665724	1	3
赔偿环节	损失补偿能力	933	1.845659	0.870212	1	5	1108	1.986462	1.009797	1	5
	补偿偏差	933	2.420150	0.594414	1	3	1108	2.501805	0.578910	1	3
	大灾赔偿	933	2.487674	0.942048	1	5	1108	2.446751	0.926308	1	5

(三)权重结果分析

根据 5 位专家对于各要素相对重要性的打分以及结构层级,本章计算了中间层各指标和方案层各个要素对于农业保险满意度的权重(见表 5-4)。

表 5-4　各层级要素权重

中间层要素	赔偿环节	服务环节	参保环节		
权重	0.5446	0.2909	0.1645		
方案层要素	损失补偿能力	大灾赔偿	补偿偏差	赔款速度	查勘定损速度
权重	0.1979	0.1900	0.1567	0.1325	0.1317
方案层要素	保险品种	保费额度	条款可理解性	材料准备数量	参保程序
权重	0.0704	0.0375	0.0360	0.0267	0.0205

由表 5-4 可以看出,农业经营主体的满意度,在中间层要素中,首先,赔偿环节所占权重最大,为 0.5446,说明农业经营主体灾后损失的补偿工作是影响农业经营主体对于农业保险评价的重要因素。对于农业保险事前、事中、事后 3 个环节方面来讲,农业保险的补偿能力、抗风险能力和稳定农业生产的能力对农户受灾后能否维持生活生产正常进行至关重要,因此赔偿是主要影响农业经营主体的重要环节。其次,服务环节所占权重为 0.2909,是第二影响要素,说明保险公司的服务工作是农业经营主体第二大评价指标,服务态度好坏、在受灾时保险工作人员能否及时到达现场、查勘定损速度、理赔手续等农业经营主体在得到赔偿之前进行的一系列业务感受,都将作为一种无形成本与最终获得的补偿作为对比,成为对农业保险进行评价的重要参考。保险公司在服务环节上提高工作效率可以有效帮助农业经营主体在受灾后及时恢复生产,因此服务环节是评价农业保险满意度的第二大要素。最后,参保环节的权重为 0.1645,在农业经营主体参保阶段,农业保险是否为农业经营主体提供了相应险种、农户对于保费的态度等将对农业保险的评价产生一定影响。由于目前江苏省政府为政策性农业保险提供一定比例的保险补贴,农业经营主体自身所承担保险费用较低,且对于主要种养殖业来讲险种基本做到了广覆盖,因此参保环节在评价体系中所占权重较低。

在方案层要素中,第一,损失补偿能力所占权重为 0.1979,大灾补偿权重为 0.1900,补偿偏差权重为 0.1567,说明受灾后农业保险对农业经营主体的赔偿能力是影响农业保险满意度的最重要要素,尤其是在大灾给农业生产造成巨大损失后,帮助农业经营主体从大灾中恢复,是农业保险保障作用的最重要体现。而补偿偏差将直接影响农户受灾后的理赔程度,因此对赔偿环节的三要素的评价在农业保险满意度评价中占有较大权重。第二,赔款速度和查勘定损速度在农业保险评价中的权重分别为 0.1325、0.1317,说明农业经营主体对受灾后保险公司查勘定损环节和赔偿能否及时到账较为看重。在农户受灾后,保险公司工作人到达现场进行查勘定损的时间,将直接影响到后续能否理赔、理赔额度的大小,同时,由于农业生产的特殊性,受灾现场很难长期保持且变异较大,故尽快查勘及时定损将帮助农业保险赔偿更准确。由于受灾属于农业生产的短期冲击,受灾后往往资金需求最大,随时间推移需求将会变小,因此赔款到账越快将越有利于恢复农业生产。故查勘定损速度和赔款速度是影响农业经营主体对农业保险评价的重要因素。第三,保险品种也显著影响农业保险满意。目前,江苏省政策性农业保险在主要种养殖业方面基本做到了农产品广覆盖,但由于农业经营主体的差异化需求和种养殖品种的多元化,特色农产品险种依旧有所欠缺,导致部分农户想参保但却没有相应险种,影响了农业保险的满意度。同时,传统的政策性保险具有"低保障、保物化、保成本"的特点,这样的农业保险很可能已不再能满足农业经营主体对于保险的需求,保险公司对于指数类保险、价格类保险的创新在一定程度上有所欠缺,从而影响对农业保险的评价。第四,保费额度、条款可理解性也在一定程度上影响农业保险满意度。由于目前政策性农业保险的保费由政府补贴一定比例,农业经营主体实际上交的保费基本在其承受范围之内(部分地区小农户保费已由下层政府全部代缴),因此保费额度在农业保险评价中的权重较小。由于农业保险在参保及手续办理阶段是由保险工作人员上门一对一服务,重要条款均向农业经营主体解释得较为清楚,因此虽然目前部分保险条款通俗化不够,但不是影响农业保险评价的主要因素。

第三节　政策性农业保险运行绩效的影响因素研究

一、模型构建与变量设定

(一)模型构建

本章借助通过层次分析法计算出的权重以及通过问卷获得的农业经营主体对方案层各个要素的评价打分,计算出每一个农业经营主体对农业保险的满意度,由于各评价要素均为顺序型数据,加权计算得出的满意度是基于顺序型数据变量计算得来,故得到的满意度的数值虽然具体但并非准确,依然需要根据数据重新界定。本章借助通过层次分析法构建的评价体系以及通过问卷得到的数据计算得到,满意度评价体系最小值为 1,最大值为 4,故将满意度分为 1、2、3、4 四个标准,采用有序 logit 模型进行影响因素的分析。

假设一个由 J 类别组成的顺序型因变量 $Y(Y=1,2,\cdots,J)$,令

$$L_j(X) = \text{logit}[F_j(X)], (j=1,2,\cdots,J-1)$$

$$L_j(X) = \log\{P(Y \leqslant j \mid x)/[1-P(Y \leqslant j \mid x)]\} = \alpha_j + \beta X$$

其中,$F_j(X)$ 是 J 类别的累计分布函数(CDF),X 为解释变量,β 为回归系数。在得到 α_j 和 β 的参数估计后,某种特定情况(如 $Y=j$)发生的概率就可以通过以下等式得到:

$$P(Y \leqslant j \mid X) = \frac{\exp[-(\alpha_j + \beta X)]}{1 + \exp[-(\alpha_j + \beta X)]}$$

(二)变量设定与说明

被解释变量是根据层次分析法所计算得来的各个要素的权重与问卷中农业经营主体对农业保险各环节的打分加权计算得到的农业保险满意度分数。由于各方案要素的打分均为顺序型数据,因此计算得出的满意度虽有具体数值但可能不准确,因此本章将满意度划分为不满意、一般、较满意、满意 4 项。

如表 5-5 所示,解释变量方面,根据理论分析,本章考察如何通过对灾害损失与农业保险匹配、农户的保险与风险认知、银行支持农业保险、政府补贴、互联网保险 5 个方面的完善从而提高农业保险的满意度。其中灾害损失与农业保险匹配方面,选用受灾次数和受灾影响程度作为衡量指标,以考察受灾后当前农业保险设置是否合理,是否充分发挥了保障作用,具体变量分为灾害类影响和价格类影响,以分析当前保险产品能否满足农业经营主体对上述两类损失的需求。农民的保险与风险认知方面, 选择以政府与

表5-5 变量设定与说明

影响因素	指标	政策含义与指标说明	变量	变量设置	备注
灾害损失与农业保险匹配方面	受灾次数	受灾次数可以衡量某类灾害目前的农业保险需求满足情况。若不显著，说明目前农业保险与农户保险险种的设置是相对合理的；若为正，说明农业保险无法满足农户保险需求	近5年自然灾害造成损失次数		
	受灾影响程度	受灾影响程度可以衡量某类农业保险对农户的保障作用。若不显著，说明保障作用存在偏差或缺乏此类险种；若为正，说明农业保险没有效发挥保障作用	近5年价格波动造成损失次数 病虫害、疫病	很小=1，较小=2，一般=3，较大=4，很大=5	
农户的保险认知与风险认知方面	知识宣传	知识宣传如农业保险的宣传讲座让农户更容易认知，培养风险防灾意识，从而有效帮助农户灾前防损、提高农业保险满意度	政府、保险公司对防灾知识、保险知识的宣传频率	从未宣传=1，宣传较少=2，一般=3，宣传较多=4，经常宣传=5	
银行支持农业保险方面	"银保联合"的作用	参加农业保险是否可帮助农户更容易获得贷款；若为正，说明参与农业保险有助于农户获得银行贷款；若不显著，说明参与农业保险不能有效降低银行贷款门槛	农业保险对农户获得银行贷款的作用	帮助不大=1，有一点帮助=2，帮助很大=3	
		通过农业保险获得的贷款能否满足农业生产需求；若为正，说明帮助农户获得的贷款可以支持农业生产；若不显著或为负，说明参与农业保险获得的贷款可能不足以支持农业生产需求	农业保险对农户贷款意愿的作用	不愿意=0，愿意=1	

续表

影响因素	指标	政策含义与指标说明	变量	变量设置	备注
银行支持农业保险方面	新型农业"银行+保险"产品	对新型"银行+保险"产品的认知及与参与;若为正,说明愿意参与生产;若为负,说明农户认为目前缺乏此类产品或认知程度不够	涉农贷款保证保险的购买意愿	不愿意=0,愿意=1	
政府补贴方面	政府补贴效果	衡量大灾下农业保险的运作效果及补贴的作用。在进行了补贴的情况下,若系数为正,说明补贴帮助了农业保险对大灾支持农户的;若系数为负,说明补贴对大灾失进行保障;大灾损失进行保障,若不显著,说明补贴对大灾支持不够的情况下;若系数为正,说明在无补贴情况下很好的保障大灾后农户恢复生产是有必要的;若不显著,说明大灾后政府补贴无效或者缺乏补贴	大灾下是否接受过补贴	未经历大灾=0,有=1,没有=2	虚拟变量,以未经历过大灾作为基准
互联网保险方面	互联网保险的可行性	用来衡量农户对于互联网保险产品的态度;若为正,说明农户对互联网保险服务与产品持认可态度;若为负,说明持否定态度;若不显著,说明对互联网产品没有认知度	是否了解互联网保险	没听说过=1,听说过但不了解=2,比较了解=3	
			是否会参加互联网保险	不会=0,会=1	
控制变量	家庭信息		性别	女=0,男=1	
			年龄		
			教育程度	小学及以下=1,中学=2,本科(大专)=3,本科以上=4	
			劳动力数量		

续表

影响因素	指标	政策含义与指标说明	变量	变量设置	备注
控制变量	生产信息		农业收入		
			经营规模		
			平均地租		
			长期雇工数	无＝1,1～5人＝2,6～10人＝3,10人以上＝4	
			保险网点距离	太远＝1,有点远＝2,一般＝3,较近＝4,很近＝5	
控制变量	地域		苏南	苏南＝0	虚拟变量,以苏南地区作为基准,其他地区与其进行比较
			苏中	1	
			苏北	2	

保险公司的宣传频率来度量,宣传频率越高则农民对农业保险认知度越高,风险意识越强,则农业保险的满意度越高。银行支持农业保险方面,主要考察银行支持农业保险和农业保险帮助银行信贷的作用。一是农业保险帮助农业经营主体满足信贷需求、支持农业生产的作用,以能否帮助农户更容易获得贷款以及贷款意愿两方面度量,二是农民对于"银行+保险"产品的认知度,以是否愿意参与涉农贷款保证保险来度量。政府补贴方面,以政府补贴的必要性和政府补贴的作用两方面来衡量政府补贴对农业保险满意度的影响,用大灾下是否接受过补贴(有补贴、无补贴)变量代替。互联网保险方面,由于农业保险互联网产品尚处于起步阶段,因此主要考察农业经营主体对互联网保险的了解程度和参与意愿,以考察互联网保险推行的可行性。

控制变量方面,以性别、年龄、受教育程度、劳动力数量控制家庭信息,以农业收入、经营规模、平均地租、长期雇工数等控制生产信息,同时考虑到地域差异和农业经营主体之间的差异,将样本涉及的 9 个市分为苏南、苏中、苏北 3 个区域设置虚拟变量,其中苏南包括南京、常州、无锡,苏中包括泰州、南通、扬州,苏北包括盐城、淮安、连云港。

二、描述性统计分析

(一)主要种植业

被解释变量方面,小农户的均值为 2.26,新型农业经营主体的均值为 2.22,说明平均而言主要种植业的农业保险满意度一般,农业保险基本发挥了对农业生产的保障作用,新型农业经营主体的满意度略低于小农户,且新型农业经营主体最大值为 3(较满意),而小农户最大值为 4(满意),小农户相对新型农业经营主体有较高满意度。

解释变量方面:遭受自然灾害的损失次数上,小农户的均值为 1.65 次,新型农业经营主体为 1.72 次。遭受价格波动损失次数上,小农户均值为 1.28 次,新型农业经营主体为 1.46 次,说明小农户更多遭受的是自然灾害损失而新型农业经营主体更多是遭受价格波动风险。灾害对农业生产造成的影响上,小农户均值为 2.97,新型农业经营主体均值为 3.54,说明新型农业经营主体受到灾害的影响更加严重。在政府、保险公司对防灾知识、保险知识的宣传上,小农户均值为 3.08,新型农业经营主体为 3.06,两者差别不大,说明政府、保险公司对农业保险和防灾防损知识宣传频率一般。农业保险对获得银行贷款的作用上,小农户均值为 1.79,新型农业经营主体均值为 1.82,说明参加农业保险对银行贷款的获得有一点帮助,但并不是主要影响因素,农业保险对新型农业经营主体获得贷款的帮助相对更大。农业保险对农户贷款意愿的作用上,小农户均值为 0.68,新型农业经营主体均值为 0.72,说明新型农业经营主体更愿意申请贷款。在涉农贷款保证保险参与意愿上,小农户均值为 0.47,新型农业经营主体均值为 0.58,说明小农户平均偏向不参与涉农贷款保证保险,新型农业经营主体更愿意参与涉农贷款保证保险。在无补贴的情况下,大部分农户愿意参加农业保险,且在大灾后接受过政府补贴的人意愿要强于没有接受过补贴的人。在互联网保险方面,小农户了解程度的均值为 1.65,新型农业经营主体均值为 1.67,说明大部分农户对于互联网保险并不了解,且无论小农户还是新型农业经营主体,大部分农户不愿意参加互联网保险(见表 5-6)。

(二)主要养殖业

被解释变量方面,小农户的均值为 2.30,新型农业经营主体的均值为 2.42,说明平均而言主要养殖业的农业保险满意度一般,农业保险基本发挥了对农业生产的保障作用,新型农业经营主体的满意度略高于小农户。

解释变量方面:遭受自然灾害的损失次数上,小农户的均值为 1.74 次,新型农业经营主体为 1.72 次。遭受价格波动损失次数上,小农户均值为 1.48 次,新型农业经营主体为 1.49 次,说明主要养殖业中小农户和新型农业经营主体之间并无明显差异。自然灾害对农业生产的影响程度上,小农户的均值为 2.82,新型农业经营主体均值为 3.53,说明新型农业经营主体受到自然灾害的影响更严重。在政府、保险公司对防灾知识、保险知识的宣传上,小农户均值为 2.93,新型农业经营主体为 3.08,两者差别不大,说明政府、保险公司对农业保险和防灾防损知识宣传频率一般。农业保险对获得银行贷款的作用上,小农户均值为 2.11,新型农业经营主体均值为 1.92,说明参加农业保险对获得银行贷款的帮助有限,尤其是对于规模性养殖户而言,农业保险对其获得贷款的帮助相对较小。农业保险对农户贷款意愿的作用上,小农户均值为 0.85,新型农业经营主体均值为 0.80,说明无论是小农户还是新型农业经营主体,大部分在农业保险帮助下更愿意申请贷款。在涉农贷款保证保险参与意愿上,小农户均值为 0.64,新型农业经营主体均值为 0.61,说明大部分小农户和新型农业经营主体更愿意参与涉农贷款保证保险,且在大灾后接受过政府补贴的人意愿要强于没有接受过补贴的人。在互联网保险上,小农户了解程度的均值为 1.62,新型农业经营主体均值为 1.63,说明大部分农户对于互联网保险并不了解;关于是否愿意参加互联网保险,小农户的均值为 0.53,新型农业经营主体均值为 0.51,愿意与不愿意比例基本持平(见表 5-7)。

表 5-6 主要种植业主要影响因素的描述性统计

变量		小农户				新型农业经营主体				
		样本量	均值	标准差	最小值	最大值	样本量	均值	标准差	最小值	最大值
被解释变量	满意度	2205	2.262132	0.504287	1	4	1727	2.218877	0.465038	1	3
解释变量	近5年自然灾害造成损失次数	2205	1.651701	1.470290	0	15	1727	1.723219	1.372993	0	12
	近5年价格波动造成损失次数	2205	1.281633	0.981824	0	10	1727	1.460046	1.005271	0	10
	灾害影响程度	2205	2.966440	1.174347	1	5	1727	3.537348	1.150178	1	5
	政府、保险公司对防灾知识、保险知识的宣传频率	2205	3.077098	1.019967	1	5	1727	3.056746	0.980824	1	5
	农业保险对非得银行贷款的作用	2205	1.786848	0.727917	1	3	1727	1.821656	0.690555	1	3
	农业保险对农户贷款意愿的作用	2205	0.678005	0.467347	0	1	1727	0.716271	0.450938	0	1
	涉农贷款保证保险的购买意愿	2205	0.469388	0.499175	0	1	1727	0.577881	0.494040	0	1
	大灾下是否接受过补贴	2205	1.047619	0.748259	0	2	1727	1.165605	0.771237	0	2
	是否了解互联网保险	2205	1.649887	0.554520	1	3	1727	1.665895	0.583781	1	3
	是否参加互联网保险	2205	0.458050	0.498350	0	1	1727	0.472496	0.499388	0	1

表5-7　主要养殖业主要影响因素的描述性统计

	变量	小农户					新型农业经营主体				
		样本量	均值	标准差	最小值	最大值	样本量	均值	标准差	最小值	最大值
被解释变量	满意度	390	2.300000	0.536340	1	4	507	2.420118	0.517509	1	4
解释变量	近5年自然灾害造成损失次数	390	1.738462	1.361727	0	8	507	1.717949	1.351815	0	8
	近5年价格波动造成损失次数	390	1.484615	0.855554	0	6	507	1.489152	0.911814	0	8
	灾害影响程度	390	2.817949	1.110911	1	5	507	3.530572	1.169673	1	5
	政府、保险公司对防灾知识、保险知识的宣传频率	390	2.928205	0.845356	1	5	507	3.082840	0.905103	1	5
	农业保险对获得银行贷款的作用	390	2.110256	0.673133	1	3	507	1.921105	0.773632	1	3
	农业保险对农户贷款意愿的作用	390	0.846154	0.361265	0	1	507	0.804734	0.396797	0	1
	涉农贷款保证保险的购买意愿	390	0.638462	0.481063	0	1	507	0.611440	0.487904	0	1
	大灾下是否接受过补贴	390	1.005128	0.683988	0	2	507	1.067061	0.772195	0	2
	是否了解互联网保险	390	1.615385	0.637935	1	3	507	1.629191	0.606760	1	3
	是否参加互联网保险	390	0.525641	0.499984	0	1	507	0.508876	0.500415	0	1

(三)其他种养殖业

被解释变量方面,小农户的均值为 2.30,新型农业经营主体的均值为 2.33,说明平均而言其他种养殖业的农业保险满意度一般,农业保险基本发挥了对农业生产的保障作用,小农户与新型农业经营主体的满意度无明显差异。

解释变量方面:遭受自然灾害的损失次数上,小农户的均值为 1.39 次,新型农业经营主体为 1.55 次。遭受价格波动损失次数上,小农户均值为 1.41 次,新型农业经营主体为 1.42 次,说明其他种养殖业中新型农业经营主体平均受到自然灾害多于小农户,但价格波动损失次数无明显差异。自然灾害影响程度上,小农户的均值为 2.76,新型农业经营主体均值为 3.31,说明新型农业经营主体对自然灾害更加敏感。在政府、保险公司对防灾知识、保险知识的宣传上,小农户均值为 2.77,新型农业经营主体为 2.93,政府、保险公司对农业保险和防灾防损知识宣传针对新型农业经营主体较多,宣传频率一般。农业保险对获得银行贷款的作用上,小农户均值为 1.99,新型农业经营主体均值为 1.92,说明参加农业保险对获得银行贷款的帮助并没有预期那么大。农业保险对农户贷款意愿的作用上,小农户均值为 0.65,新型农业经营主体均值为 0.72,说明无论是小农户还是新型农业经营主体,大部分在农业保险帮助下更愿意申请贷款。在涉农贷款保证保险参与意愿上,小农户均值为 0.64,新型农业经营主体均值为 0.63,说明大部分小农户和新型农业经营主体更愿意参与涉农贷款保证保险,且在大灾后接受过政府补贴的人意愿要强于没有接受过补贴的人。在互联网保险上,小农户了解程度的均值为 1.77,新型农业经营主体均值为 1.72,说明大部分农户对于互联网保险有了解但了解不深,但情况比主要种养殖业农户要好;关于是否愿意参加互联网保险,小农户的均值为 0.60,新型农业经营主体均值为 0.51,小农户表示愿意参与的比例较大,新型农业经营主体愿意与不愿意比例基本持平(见表 5-8)。

表 5-8　其他养殖业影响因素的描述性统计

变量		小农户					新型农业经营主体				
		样本量	均值	标准差	最小值	最大值	样本量	均值	标准差	最小值	最大值
被解释变量	满意度	933	2.297964	0.533398	1	4	1108	2.333935	0.557809	1	4
解释变量	近5年自然灾害造成损失次数	933	1.389068	1.196278	0	7	1108	1.546931	1.535064	0	15
	近5年价格波动造成损失次数	933	1.414791	0.966708	0	8	1108	1.422383	1.036953	0	12
	灾害影响程度	933	2.755627	1.240536	1	5	1108	3.310469	1.276993	1	5
	政府、保险公司对防灾知识、保险知识的宣传频率	933	2.774920	1.044469	1	5	1108	2.933213	1.044216	1	5
	农业保险对获得银行贷款的作用	933	1.990354	0.716837	1	3	1108	1.917870	0.713482	1	3
	农业保险对农户贷款意愿的作用	933	0.650590	0.477040	0	1	1108	0.721119	0.448651	0	1
	涉农贷款保证保险的购买意愿	933	0.635584	0.481524	0	1	1108	0.627256	0.483753	0	1
	大灾下是否接受过补贴	933	1.145766	0.656901	0	2	1108	1.172383	0.708750	0	2
	是否了解互联网保险	933	1.769561	0.649740	1	3	1108	1.724729	0.609354	1	3
	是否会参加互联网保险	933	0.595927	0.490975	0	1	1108	0.509928	0.500127	0	1

三、实证结果分析

(一)主要种植业

对主要种植业小农户满意度具有显著影响的因素有性别、年龄、农业收入、经营规模、长期雇工数、保险网点距离、近 5 年自然灾害造成损失次数、近 5 年价格波动造成损失次数、受灾影响程度、知识宣传、农业保险对获得银行贷款的作用、农业保险对农户贷款意愿的作用、互联网保险了解程度、互联网保险参与意愿、未受政府补贴变量、地域。对新型农业经营主体的满意度有显著影响的因素有年龄、受教育程度、劳动力数量、经营规模、保险网点距离、自然灾害损失次数、价格波动损失次数、受灾影响程度、贷款的帮助作用、贷款意愿、地域(见表 5-9)。

表 5-9　主要种植业的回归结果

变量	小农户		新型农业经营主体	
	系数	p 值	系数	p 值
性别	−0.647	0.000	0.156	0.561
年龄	−0.019	0.003	−0.019	0.005
受教育程度	0.062	0.535	−0.265	0.022
劳动力数量	0.049	0.370	0.180	0.001
农业收入	0.000	0.000	0.000	0.534
经营规模	−0.001	0.029	0.000	0.008
平均地租	0.000	0.308	0.000	0.351
长期雇工数	0.324	0.002	0.048	0.451
保险网点距离	0.221	0.000	0.188	0.001
近 5 年自然灾害造成损失次数	0.194	0.000	−0.104	0.026
近 5 年价格波动造成损失次数	−0.196	0.000	0.157	0.019
受灾影响程度	0.171	0.001	−0.090	0.118
政府、保险公司对防灾知识、保险知识的宣传频率	0.353	0.000	0.172	0.007
农业保险对获得银行贷款的作用	0.291	0.000	0.218	0.017
农业保险对农户贷款意愿的作用	−0.269	0.028	−0.384	0.005

变量		小农户		新型农业经营主体	
		系数	p 值	系数	p 值
涉农贷款保证保险的购买意愿		0.114	0.358	0.013	0.916
是否了解互联网保险		0.191	0.053	0.070	0.547
是否会参加互联网保险		0.584	0.000	−0.057	0.660
大灾下是否接受过补贴	接受过	0.169	0.211	−0.148	0.331
	未接受过	0.250	0.092	0.165	0.259
地域	苏中	−0.659	0.000	−0.820	0.000
	苏北	−1.436	0.000	−1.055	0.000
Wald χ^2		333.230		135.310	
Prob $>\chi^2$		0.000		0.000	

在灾害损失次数方面,对于小农户而言,自然灾害使农户造成损失的次数越多,其对农业保险的满意度越高,说明当前农业保险对灾害的保障和险种的设置较为合理。对于灾后受损的农户而言,农业保险提供了一定的保障。价格波动造成的损失的影响系数为负,即价格波动造成的损失次数越多,农户对于农业保险的满意度越低,说明目前农业保险的险种无法满足农户对市场风险保障的需求,当前险种与价格保障之间对应性较差。新型农业经营主体方面则相反,传统农业保险对自然灾害的保障已经不能够适应当前新型农业经营主体的要求,出现了保障无效的现象,而价格类保险对于新型农业经营主体可以发挥更好的保障功能。

在灾害对农业生产影响方面,小农户的影响系数为0.171,说明灾害损失的影响(无论是价格还是自然灾害)对农户农业生产影响越大,农户对农业保险的满意度越高,说明当前农业保险对小农户起到了一定保障作用。对新型农业经营主体而言,影响不显著,说明当前农业保险对新型农业经营主体的损失保障作用存在偏差或无效,农业保险对旱涝灾害和台风灾害造成的损失缺乏较为对应的保险应对机制,如高温指数可以对应相关损失且气温数据相对较易获得,但旱涝和台风对应的降水指数、风速等存在明显基差风险。因此主要种植业中,旱涝、台风、价格等灾害的应对机制尚待完善。

政府、保险公司对防灾知识、保险知识的宣传频率对农业保险的影响显著为正,说明政府和保险公司对农业保险知识的宣传越多,对风险防范知识的普及越多,农户对于农业保险的认识和了解就越明确,风险防范意识就越高,就越能提高农户对农业保险的满意度。

农业保险与银行贷款合作方面,农业保险对获得银行贷款的帮助作用系数显著为正,说明参加农业保险对农户从银行获得贷款的帮助越大,农户对农业保险的满意度就越高。但是贷款参与意愿系数显著为负,即参加农业保险可以较容易获得贷款,而农户参与意愿与农业保险满意度为负相关,说明对于主要种植业而言,农业保险对获得银行贷款的帮助有限,参与农业保险与不参与农业保险在获得贷款上给予农户的效用不大或者获得的贷款数额无法满足农户生产需求,进而导致农户对农业保险的满意度降低。涉农贷款保证保险的参与意愿对农业保险满意度的影响不显著,说明农户对当前涉农贷款保证保险的认知不够,参与度和认可度较低。

政府补贴方面,与没有受过大灾相比,接受过大灾政府补贴对农业保险的评价没有显著影响,说明当前大灾下的政府补贴效果不好或者存在偏差,这可能与大灾补贴不能即时到账,大灾补贴方向存在偏差有关。而与没受过大灾相比,小农户在大灾下没有接受过政府补贴对农业保险的影响系数显著为正,说明没有政府补贴的情况下,农业保险本身对大灾后的主要种植业农户起到了很好的保障作用,农业保险帮助农户在灾后恢复生产,但是对新型农业经营主体的影响不显著,说明农业保险在没有政府补贴的情况下无法为之提供足够的保障。由此看出,政府补贴对于农业保险和农业生产是有必要的,然而当前的政府补贴虽然起到了一定作用,但可能存在严重的无效率问题。

互联网保险方面,小农户对互联网保险的了解程度和互联网保险的参与意愿对农业保险满意度有显著正向影响,说明主要种植业小农户对互联网保险产品和服务持认可态度。但是其对新型农业经营主体的影响不显著,说明互联网保险对新型农业经营主体的农业保险满意度并没有显著作用,原因在于新型农业经营主体对互联网保险的信任感不足。

其他控制变量方面,小农户中:由于男性为主要从事农业生产的劳动力,对农业生产更加熟悉,故对农业保险要求更高,对农业保险满意度较低;年龄方面,年轻人对农业保险的满意度相对要低于年长者;雇工人数系数为正,说明雇佣人数越多,对农业保险提供的保障越是满意;保险网点距离对农业保险满意度影响显著为正,说明农业保险服务网点越近,满意度越高。新型农业经营主体中:年龄方面,年轻人对农业保险满意度相对要低于年长者;受教育程度影响显著为负,说明教育水平越高,对农业保险提出的要求越高,那么满意度越低;保险网点距离对农业保险满意度影响显著为正,说明农业保险服务网点越近,满意度越高。

地域方面,苏南小农户满意度高于苏中小农户,高于苏北小农户,苏南新型农业经营主体满意度高于苏中地区,高于苏北地区。

(二)主要养殖业

主要养殖业中对小农户的农业保险满意度具有显著影响的因素有年龄、受教育程度、农业收入、经营规模、长期雇工、自然灾害造成损失次数、价格波动造成损失次数、受灾影响程度、保险知识的宣传频率、农业保险对获得银行贷款的作用、是否会参加互联网保险、未接受过政府补贴的变量。新型农业经营主体方面,显著影响因素有受教育程度、劳动力、保险网点距离、价格波动造成损失次数、受灾影响程度、农业保险对获得银行贷款的作用、农业保险对农户贷款意愿的作用、是否会参加互联网保险、未接受过政府补贴变量(见表 5-10)。

表 5-10　主要养殖业的回归结果

变量	小农户		新型农业经营主体	
	系数	p 值	系数	p 值
性别	0.243	0.627	−0.209	0.688
年龄	−0.025	0.058	−0.004	0.733
受教育程度	−0.901	0.000	−0.769	0.002
劳动力	−0.095	0.351	0.203	0.066
农业收入	−0.001	0.048	0.000	0.013
经营规模	−0.001	0.022	0.000	0.391
平均地租	0.000	0.808	0.000	0.531
长期雇工	0.824	0.001	0.114	0.403
保险网点距离	−0.068	0.600	0.234	0.041
近 5 年自然灾害造成损失次数	−0.251	0.068	0.075	0.373
近 5 年价格波动造成损失次数	0.535	0.006	−0.523	0.000
受灾影响程度	0.304	0.028	0.228	0.040
政府、保险公司对防灾知识、保险知识的宣传频率	0.659	0.000	0.134	0.332
农业保险对获得银行贷款的作用	1.780	0.000	0.674	0.000

续表

变量		小农户		新型农业经营主体	
		系数	p 值	系数	p 值
农业保险对农户贷款意愿的作用		−0.631	0.120	0.865	0.013
涉农贷款保证保险的购买意愿		0.117	0.736	−0.145	0.578
是否了解互联网保险		−0.278	0.240	0.144	0.455
是否会参加互联网保险		0.562	0.077	0.510	0.061
大灾下是否接受过补贴	接受过	0.288	0.463	−0.149	0.605
	未接受过	−0.680	0.051	−1.408	0.000
地域	苏中	0.077	0.892	0.152	0.687
	苏北	−0.489	0.398	−0.908	0.048
Wald χ^2		137.780		164.790	
Prob $> \chi^2$		0.000		0.000	

受灾次数方面,对小农户而言,自然灾害次数对主要养殖业农户的农业保险满意度影响显著为负,即受灾次数越多,小农户对农业保险的满意度越低,说明养殖业小农户受自然灾害影响严重,且当前农业保险无法满足小农户的需求。价格波动受灾次数对小农户的影响显著为正,说明对于养殖业小农户而言,价格风险的保障需求并不大,当前农业保险已能满足保障需求。对新型农业经营主体而言,自然灾害受灾次数影响不显著,价格波动受灾次数影响显著为负,说明当前的农业保险对于养殖业自然灾害的保障是无效的,同时当前农业保险无法满足新型农业经营主体对于价格风险的保障需求。农业保险在查勘定损和标准设定上可能存在问题。

受灾影响程度方面,受灾影响程度对小农户和新型农业经营主体的农业保险满意度影响显著为正,即受灾越严重,农业保险的保障作用越能体现,农业保险满意度越高,说明当前农业保险的保障能力较好,已有的险种在主要养殖业方面可以提供较好的保障。

政府、保险公司对防灾知识、保险知识的宣传频率对小农户农业保险满意度的影响显著为正,说明政府和保险公司对农业保险知识、防灾防损知识、病疫知识宣传越多,农户对于农业保险的认识和了解越明确,风险防范意识越高,对家畜病疫防治能力越强,承担的风险就越少,农户对农业保险的满意度就越高。但是对于新型农业经营主体的影响不显著,说明新型农业经营主体对农业保险已经具有一定认知。

农业保险与银行贷款合作方面,小农户中,农业保险对获得银行贷款的帮助作用系数显著为正,说明参加农业保险对农户从银行获得贷款的帮助越大,农户对农业保险的满意度就越高。贷款参与意愿对农业保险满意度影响不显著,说明贷款对于小农户并没有太强吸引力。新型农业经营主体中,农业保险对获得银行贷款的帮助作用系数显著为正,说明参加农业保险对新型农业经营主体从银行获得贷款的帮助越大,其对农业保险的满意度就越高。贷款参与意愿对农业保险满意度影响显著为正,说明在农业保险的帮助下,获得的贷款在一定程度上可以支持主要养殖业新型农业经营主体的生产活动。涉农贷款保证保险的参与意愿对农业保险满意度的影响不显著,说明新型农业经营主体对当前涉农贷款保证保险的认知不够,参与度和认可度较低。

政府补贴方面,与没有受灾的情况相比,接受过大灾政府补贴对农户的农业保险评价没有显著影响,说明当前大灾下的补贴效果不好或者存在偏差,大灾下的补贴机制有待完善。同时,没有接受过大灾政府补贴对农户的农业保险评价影响显著为负,说明在大灾情况下,没有接受过政府补贴的农户对农业保险的评价更低,即对于主要养殖业而言,灾后缺乏政府补贴,但农业保险所能起到的保障作用有限,灾后政府补贴对养殖户的农业生产恢复是有必要的。故在没有政府补贴情况下,主要养殖业农户对农业保险依旧具有较大需求,具有一定自我承担能力,且养殖类保险可以为农户日常损失提供基本保障,但是大灾后的规模性损失依旧需要政府支持,同时灾后补贴效率有待提高。

互联网保险方面,互联网保险的了解程度对农业保险满意度没有显著影响,说明主要养殖业农户对互联网保险了解不够。同时,参加互联网保险对农业保险满意度的影响显著为正。

其他控制变量方面,小农户中,年龄的影响系数显著为负,说明年龄较小的农户对农业保险的满意度更高,年龄较大的农户对于农业保险存在质疑或者更高的保障要求。受教育程度影响系数显著为负,说明受教育程度越高的农户对农业保险的要求越苛刻,进而对农业保险的满意度越低。长期雇工人数显著为正说明雇佣人数越多,农业保险可以得到越高的满意水平。新型农业经营主体中,受教育程度影响系数显著为负,说明受教育程度越高对农业保险的要求越高,则满意度相对越低。保险网点距离系数显著为正,说明网点距离越近,农业保险的满意度越高。

地域方面,小农户和新型农业经营主体之间没有显著差异,仅苏北地区的新型农业经营主体的农业保险满意度明显偏低。

(三)其他种养殖业

其他种养殖业中,对小农户的农业保险满意度具有显著影响的因素有年龄、受教育程度、农业收入、保险网点距离、自然灾害造成损失次数、价格波动造成损失次数、受灾影响程度、保险知识的宣传频率、农业保险对获得银行贷款的作用、农业保险对农户贷款意愿的作用、涉农贷款保证保险的购买意愿、是否会参加互联网保险、大灾下是否接受过补贴、地域。新型农业经营主体中显著影响因素有劳动力、农业收入、长期雇工、保险网点距离、自然灾害造成损失次数、受灾影响程度、知识的宣传频率、农业保险对获得银行贷款的作用、涉农贷款保证保险的购买意愿、是否了解互联网保险、大灾下是否接受过补贴(见表 5-11)。

表 5-11 其他种养殖业的回归结果

变量	小农户		新型农业经营主体	
	系数	p 值	系数	p 值
性别	0.158	0.573	−0.295	0.214
年龄	−0.019	0.033	−0.009	0.277
受教育程度	−0.364	0.019	−0.162	0.178
劳动力	0.079	0.240	0.125	0.062
农业收入	0.000	0.011	0.000	0.020
经营规模	0.000	0.333	0.000	0.779
平均地租	0.000	0.483	0.000	0.605
长期雇工	0.130	0.337	0.217	0.010
保险网点距离	0.264	0.002	0.305	0.000
近5年自然灾害造成损失次数	0.156	0.047	0.112	0.023
近5年价格波动造成损失次数	−0.206	0.014	−0.115	0.253
受灾影响程度	−0.217	0.002	−0.165	0.006
政府、保险公司对防灾知识、保险知识的宣传频率	0.634	0.000	0.293	0.000
农业保险对获得银行贷款的作用	0.752	0.000	0.344	0.003
农业保险对农户贷款意愿的作用	0.330	0.069	−0.151	0.344

续表

变量		小农户		新型农业经营主体	
		系数	p 值	系数	p 值
涉农贷款保证保险的购买意愿		−0.321	0.077	−0.304	0.047
是否了解互联网保险		−0.012	0.937	0.246	0.062
是否会参加互联网保险		0.570	0.001	0.062	0.694
大灾下是否接受过补贴	接受过	0.800	0.003	−0.718	0.000
	未接受过	1.018	0.001	−1.005	0.000
地域	苏中	−0.969	0.000	0.087	0.612
	苏北	−0.739	0.003	−0.484	0.028
Wald χ^2		267.050		170.31	
Prob $>\chi^2$		0.000		0.000	

　　在灾害损失次数方面,自然灾害造成的损失次数对其他种养殖业小农户农业保险满意度存在显著正向影响,说明受到自然灾害次数越多,农业保险满意度越高,即当前农业保险基本满足了其他种养殖业小农户的保险需求,为其他种养殖业小农户提供了一定的自然灾害损失保障。价格波动造成的损失次数对小农户农业保险满意度存在显著负向影响,说明受价格波动影响的次数越多,对农业保险满意度越低,即当前农业保险不能满足小农户应对市场风险的需求,险种与价格保障方面的对应性较差。新型农业经营主体方面,自然灾害造成的损失次数对其他种养殖业新型农业经营主体农业保险满意度具有显著正向影响,说明当前农业保险满足了其自然灾害的需求,提供了较好的保障。但是价格波动影响不显著,说明当前农业保险对其市场风险的保障是缺失的。

　　灾害对农业生产影响方面,无论是小农户还是新型农业经营主体的影响系数均显著为负,说明农业保险的保障作用并没有完全发挥,由于其他种养殖业多为地方特色农业,很少有政策性的价格保护机制,故农户对风险更加敏感。其他种养殖业农产品相对于主要种养殖业产品具有较高的经济价值和较明显的地域性特征,故不同地区农产品品种与风险类别很难有统一的厘定,具体风险保障需由各地方做差异化对待,政策性农业保险的统一性一定程度上限制了农业保险对其他种养殖业的保障作用。

　　政府、保险公司对防灾知识、保险知识的宣传频率对农业保险满意度的影响显著为正,说明政府和保险公司对农业保险知识的宣传越多,对风险防范知识的普及越多,农户对于农业保险的认识和了解越明确,风险防范意识就越高,农户对农业保险的满意度也就越高。

农业保险与银行贷款合作方面,农业保险对新型农业经营主体获得银行贷款的帮助作用系数显著为正,说明参加农业保险对农户从银行获得贷款的帮助越大,农户对农业保险的满意度就越高。但是农户贷款与不贷款对农业保险满意度并无显著影响,说明农业保险在农户向银行申请贷款方面并没有真正发挥作用。对于其他种养殖业农户而言,高效设施农业生产的"三高"特性更加明显,无论是否有农业保险的帮助,贷款都是必需的,因此在有农业保险帮助下的银行贷款对农业保险满意度并没有显著影响。涉农贷款保证保险的参与意愿对农业保险满意度的影响显著为负,涉农贷款保证保险的参与反而降低了对农业保险的满意度,一是说明农户对当前涉农贷款保证保险的认知不够,参与度和认可度较低,二是新型"银行+保险"产品可能仍存在一定问题。

政府补贴方面,对小农户而言,接受补贴的农户对农业保险的满意度较高,但是没有接受补贴的小农户的满意度比接受补贴的更高,说明对小农户来说农业保险可以提供较好的保障,但是在大灾环境下,政府补贴出现了无效率情况,以至于接受补贴的小农户反而满意度不高。就新型农业经营主体而言,接受补贴和未接受补贴均对农业保险满意度有显著负向影响且未接受补贴对农业保险满意度的负向影响更大,说明农业保险对于大灾保障是有必要的,但是目前对于新型农业经营主体的补贴存在严重问题。具体来讲,对于地方特色农业、高效设施农业的保险而言,政府补贴目前尚处于缺失状态,政策性农业保险的财政补贴只涉及主要种养殖业农产品,对具有地方特色的农产品没有相应补贴,保费较多由农户自行承担,导致了部分地方特色农业保险险种较难推广,甚至面临着险种缺乏等问题。政府的大灾救助对于灾后恢复农业生产帮助不大,政府的大灾救济对农业保险的支持有限,政府补贴的下放缓慢、目标偏差甚至弥补能力不足等问题导致政府补贴资金使用效率低下,部分农户甚至无法获得补贴。

互联网保险方面,就小农户而言,是否了解互联网产品并没有显著影响,但是参与互联网产品的农户对农业保险的满意度显著提高。而对于新型农业经营主体而言,了解互联网保险会对农业保险的满意度有提升作用,但是实际参与情况却对农业保险满意度的影响不显著,说明当前农户对互联网保险的认知还是不够,互联网保险的设计与宣传普及水平依旧有待提高。

　　其他控制变量方面,小农户中:年龄与农业保险满意度显著负相关,年龄越大,农业保险满意度越低,说明年轻人对农业保险满意度相对较高;受教育程度对满意度具有显著负向影响,说明受教育程度越高,对农业保险要求越高,对保险的评价越苛刻,对农业保险满意度越低;保险网点距离对农业保险满意度具有显著正向影响,保险网点距离越近,农业保险满意度越高。新型农业经营主体中,劳动力数量对农业保险满意度影响显著为正,说明农业保险能提供越多劳动力保障,满意度越高;长期雇工人数的影响显著为正,说明雇佣人数越多,农业保险满意度越高;保险网点距离影响系数为正,说明网点距离越近,农业保险满意度越高。

　　地域方面,苏南地区的小农户满意度最高,其次是苏北地区,最后是苏中地区。而新型农业经营主体的满意度则是苏北地区要低于苏南地区。

第四节　本章小结

　　本章先构建农业保险的满意度评价体系,对政策性农业保险有一个客观评价,同时通过评价体系计算出的权重,对当前政策性农业保险的运行效果进行客观分析,发现问题,并为农业保险满意度评价影响因素提供研究基础。再通过有序 Logit 模型对影响农业保险满意度的外在因素进行分析,期望通过寻找外在因素,分析当前农业保险存在的问题,以期通过解决农业保险目前存在的外在问题来影响内因,进而提高农业保险满意度和增强运行效果。本章的研究结论如下。

　　1. 受灾次数是影响农户对农业保险满意度的重要因素

　　无论是小农户还是新型农业经营主体,受灾次数都会影响其对于农业保险的评价。在调研中发现,在发生过几次灾害后,农户对于农业保险的满意度普遍提高了。投保农户在大灾后收到了保险公司赔款,相对于未投保农户而言,能够更快地进行再生产以弥补损失,因此对农业保险的评价较高。

　　2. 生产经营风险大的小农户对农业保险的评价较高

　　大部分小农户由于生产经营的规模小,在发生灾害的时候损失也较小,对农业保险的评价一般。但一些经营风险较大的小农户,例如生猪养殖户,经营风险较大,一旦发生灾害可能血本无归,因此农业保险在这些农户身上可以发挥巨大的作用,这类农户对于农业保险的评价也较高。

3. 保险知识宣传可以提高农户对农业保险的评价

由于之前农业保险业的粗放经营,许多农户对于保险的印象较差,认为农业保险很不可靠,对农业保险产品也不甚了解。但随着农业保险业的发展,农业保险经营日益规范,已经成了规避风险的可靠手段。这就需要对农户进行保险知识宣传,使之了解目前农业保险的产品种类、监管力度、维权手段等知识,使之放心地购买农业保险产品。

4. 银行与保险经营机构合作可以提高农户对农业保险的评价

银行与保险经营机构合作可以提升农户的信贷可得性,强化金融支持农业生产的能力。农户在购买农业保险并享受保险产品风险保障的同时,还获得了银行信贷,满足了农户的资金需求,因此对于农业保险的评价较高。新型农业经营主体的评价高于小农户,这是由于新型农业经营主体有很强的信贷需求,银行与保险经营机构合作刚好满足了这一点。

5. 政府补贴可以提高农户对农业保险的满意度

政府补贴是影响农户对于农业保险满意度的重要因素,因为农业保险的外部性和准公共物品属性,若保费都由农户承担,则农户会对农业保险的评价较低。而提高政府补贴后,农户只需要负担部分保费,就可以拥有更高的保障水平,因此对于农业保险的评价较高。

6. 不同地域的农户对于农业保险的评价差异较大

由于各地区经济发展的不平衡性,江苏地区的农业保险呈现着苏南、苏中、苏北的地区差异。表现为苏南地区的农户对于政策性农业保险的满意度普遍高于苏中和苏北地区。这是由于苏南地区的经济较为发达,地方政府给予的补贴、配套设施等都较多,使苏南农户受益颇多,因此苏南地区农户对于农业保险的评价普遍高于苏中和苏北地区。

第六章　农户和新型农业经营主体对政策性农业保险产品创新需求响应分析

第一节　理论分析

一、家庭因素

农户家庭对于农户参加农业保险的意愿以及农户参加农业保险后对农业保险的评价具有一定影响。性别、年龄、受教育程度等个体特征会影响一个人的决策行为以及感知,但是,家庭因素的影响并非是单向的。具体而言,性别方面,一般而言,女性由于自身生理特征和农村地区较为传统的社会因素影响,农业生产能力较弱,行为受限较多,故男性对于农业保险的参与意愿更强,同时男性由于掌握更多的农业生产技术,对于是否参加农业保险会进行更多成本-收益方面的考虑,会在更多权衡下进行决策。在参加农业保险以后,男性对农业保险的要求相对更高,因此也较难提升其农业保险评价,而一旦农业保险满足其需求,出于对农业生产成本-收益的权衡,男性会给出更高的评价。年龄方面,年龄可以评判一个人的社会经验和思想倾向,一般来讲,年龄越大,社会经验越丰富,对于农业生产的保障需求更了解,更倾向于参加农业保险,但同时年龄越大,思想越保守,接受新事物的能力就越弱。教育方面,受教育程度越高,接受新鲜事物的能力就越强,获取农业生产知识的能力就越强,风险认知更明确,对农业保险的认可度更高,但是由于受教育程度和自我评价的提升,其对自我农业生产能力的信心提升,风险意识增强的同时,对自身抗风险能力越认可,导致其参与农业保险的意愿更弱,同时受教育程度提高对于农业保险的保障也提出了更高的要求。

二、农业生产因素

成本-收益的考量是农户是否参加农业保险最直观的决策标准,在农业生产中,只有农业保险所提供的保障收益大于成本支出时,农户才会选择参加农业保险。而其中,农业生产者的生产情况是其主要影响因素。具体而言,劳动力数量方面,家庭参与农业生产的劳动力越多,人力成本越高,一方面,发生火害遭受的损失越大,越倾向于参与农业保险,另一方面,成本的提高可能会影响农业保险参与者的参与意愿。而劳动力数量越多,对农业保险的保障要求也就越高。农业生产时间方面,一般来讲,农业生产时间可以反映农业生产者的农业生产经验和农业生产能力,而农业生产者从事农业生产的时间越长,经验越丰富,对于风险感知越敏感,那么其参与农业保险的意愿则更强。但同时,农业生产者从事农业生产时间越长,也存在对风险掌控过于自信的问题,对农业保险参与意愿起到反作用。农业生产时间越长的生产者一般对农业保险所提供的保障就越满意。收入方面,农业收入越多,其受灾后损失越大,则其越需要农业保险的保障,而参与农业保险后,收入越高的生产者对农业保险保障要求越高,若农业保险的保障满足其需求则会提高其对农业保险评价。经营面积方面,由于农业灾害往往呈现区域性、规模性受灾的特性,因此,经营面积越大的农户往往受灾越严重,更需要农业保险的保障,同时由于受灾面积大,在查勘定损方面越困难,这对农业保险的要求就越高。

三、灾害方面

受灾程度直接影响着农户参与农业保险的行为决策,但是受灾情况对于农业保险的参与意愿和农业保险评价的影响较为复杂,其受到农业生产者的风险态度影响。农业保险对风险保障具有前瞻性,而一般来讲农业生产者对风险认知具有一定滞后性,即在农业灾害不发生的情况下,农业生产者一般不倾向于购买保险,而一旦遭受自然灾害导致受损,农户风险意识会立刻增强,而这种风险意识会随着未来风险变化而改变,若未来不会发生灾害,则风险意识会逐渐弱化,若风险持续发生,则风险意识将继续保持,因此,农户的风险认知相对于灾害的发生具有滞后性。故只有当农业生产者是风险规避者时,才更倾向于参与保险,而风险中性的农业生产者对农业保险的参与度并不高且具有滞后效应。

四、保险认知与风险保障方面

只有农业经营主体正确认识农业保险的性质,了解风险的客观存在性,懂得一般保险知识,才有利于农业保险的开展。一般来讲,为农业经营主体开展保险宣传和保险知识讲座,有利于提高农业经营主体对保险的性质认知度,加强农业经营主体的风险意识,使得农业经营主体更倾向于参加农业保险。而针对农业生产开展相关技能培训则有利于农业经营主体更准确地掌握农业生产技能,不单单依靠经验从事农业生产,从而提高农业生产效率,农业生产效率的提高伴随着风险的增加,从侧面提高了农业保险参与度。

五、信贷方面

农户贷款与农业保险之间的关系较为复杂,银行信贷与农业保险的相互结合对支持和稳定农业生产具有正向作用,但是给予农业经营主体信贷优惠究竟会增强还是削弱农业保险参与意愿,需要从正反两方面考虑。一方面,银行信贷会提高农业保险的参与度,当参与农业保险使得银行贷款可获性更高时,农业保险降低了贷款门槛,农业生产者获得的资金可以支持农业生产获得更高利润,而同时又获得了保险保障,此时银行信贷和农业保险之间形成了促进关系。当贷款越容易获得时,农业生产者对农业风险的保障需求越大,而贷款较难获得时,用于保险的投入则越少。另一方面,银行信贷可能会降低农业保险的参与度,虽然农业保险可以降低银行信贷门槛,但若农户依旧无法达到贷款要求或资金无法满足农户需要,则其将对农业保险的参与度和评价起到反作用。此外农业经营主体的资金首先以自筹为主,其次为银行贷款,因此在贷款难度增大时,农户会转向其他途径进行资金筹集或者不再扩大生产规模,则信贷成本的减少可能会促使农业经营主体更加关注稳定生产而非扩大生产,进而将更多焦点转移至农业保险上来。正是一正一反两方面的共同作用,影响了农业保险的参与度。

六、补贴方面

由于政策性农业保险一般与政府救助相关联,故政府的灾后行为在一定程度上影响着农业保险的参与意愿和评价。政府补贴对于农业经营主体参与农业保险及其对农业保险的评价是一把双刃剑,有效的农业补贴政策将切实保证农户的生活,帮助农户在受灾后积极恢复农业生产,而无效的补贴将挫伤农民生产积极性,进而不利于农业保险的评价。虽然政府补贴作为一种对农户的无偿帮助,目的是帮助农户从事农业生产,但是大灾过后政府补贴的时间、发放速度、发放方式、补偿额度等问题则作为一种无形成本制约着农户,即政府补贴的效率影响着农户灾后的生产行为,进而影响农户对农业保险的参与度和评价,当政府补贴为恢复生产所带来的收益大于成本时,才会提高农业保险的参与度和评价,而收益小于成本时则会起到反作用。

第二节　模型构建与变量设定

一、模型构建

对于农业保险参与需求意愿及其满意度的分析,会涉及样本选择的问题:创新型农业保险品种的覆盖面不如传统保险覆盖面广(传统农业保险覆盖率基本达到 80% 以上,有些地区甚至达到 100%)。同时由于政策性农业保险自愿参保的特性以及农户对新型农业保险的认知不够,在新型农业保险推广的初期并不是所有农户进行了参保,那么在受访农户中,就无法获取未参保的农户对农业保险的评价,故数据是缺失的,对于这种断尾数据,若依旧使用最小二乘法(OLS)估计则不准确,结果不再是无偏的,此时宜采用样本选择模型。

假设回归模型为 $y_i = x'_i \beta + \varepsilon_i$,其中被解释变量 y 是否观测得到取决于二值选择变量 z(0 或 1),即

$$y_i = \begin{cases} 可观测, z=1; \\ 不可观测, z=0。 \end{cases}$$

而决定二值变量 z 的方程为

$$z_i = \begin{cases} 1, z^* > 0; \\ 0, z^* \leqslant 0。 \end{cases}$$

$$z_i^* = w_i' \gamma + \mu_i。$$

其中, z^* 为不可观测的潜变量,若 μ 服从正态分布,则 z 为 probit 模型, $P(z_i = 1 | w_i) = \varphi(w_i' \gamma)$,可观测样本条件期望公式为

$$E(y_i | y_i 可观测) = E(y_i | z_i^* > 0) = x' \beta + \rho \sigma_\varepsilon \lambda(-w_i' \gamma)。$$

边际效应为

$$\frac{\partial E(y_i | z^* > 0)}{\partial x_{ik}} = \beta_k + \rho \sigma_\varepsilon \frac{\partial \lambda(-w_i' \gamma)}{\partial x_{ik}}。$$

故传统 OLS 估计的方法是有偏的,赫克曼提出了两步法估计,第一步使用 probit 模型得到估计值 γ,以此计算得出 $\lambda(-w' \gamma)$,第二步使用 OLS 得到估计值 β。由于两步法计算时第一步的误差被带入了第二步,因此估计效率可能不足。另外一种比两步法整体效率更高的估计方法是最大似然估计(MLE),但其需要更强的假设,两步法由于其操作简便且不依赖正态假设而依旧流行。

本章对于样本选择偏差的处理同时选用 MLE 和两步法估计,通过对比和检验后选择估计更加准确的估计结果作为分析结果。

二、数据说明与变量设定

1.数据来源

本章数据来源于中国人民财产保险股份有限公司江苏分公司与南京农业大学合作的实地调查问卷,样本涉及江苏省南京、无锡、常州、泰州、南通、扬州、盐城、淮安、连云港 9 个市、45 个县(区)。从目前来看,江苏省的创新型农业保险产品主要有三类,一是具有地方特色且经济价值较高的地方特色农业保险,该农业保险以保障适合江苏省各个地区本土特色种植、养殖的农产品为主,即除主要种养殖业农产品(水稻、小麦、棉花、玉米、油菜、奶牛、生猪)外在本土积极推广的其他种植、养殖类农产品。二是以指数化形式为保险标准的指数类农业保险,当前江苏省的指数保险有有机水稻产量保险、夏季保淡绿叶菜价格指数保险、苗鸡价格指数保险、内塘螃蟹水文指数保险以及生猪价格指数保险五类,其保险理赔标准以某指数为标的(气象指数、产量、价格等),将其作为触发值,根据实际值与标准值偏差决定赔付额。三是高效设施农业保险,是对江苏省内的如大棚等高效设施类农产品进行风险保障的保险产品。

总体来看,政策性农业保险的创新产品主要为新型农业保险产品,其中主要包括特色农产品类保险、指数类保险(如内塘螃蟹水文指数)、产量类保险(有机水稻产量保险)、价格类保险(生猪价格指数保险)等。我们的问卷内容涉及家庭信息、生产信息、保险信息、信贷信息、补贴信息等。总体有效样本中,小农户共有 3347 个样本,新型农业经营主体(包括家庭农场、种养大户、合作社、龙头企业)共有 3048 个样本。分析中将 9 个市以苏南(南京、无锡、常州)、苏中(泰州、南通、扬州)、苏北(盐城、淮安、连云港)划分:小农户中,苏南地区占 709 个,苏中占 1561 个,苏北占 1077 个;新型农业经营主体中,苏南占 579 个,苏中占 1739 个,苏北占 730 个。

地方特色农业保险的有效样本中,小农户共有 1290 个样本,新型农业经营主体(包括家庭农场、种养大户、合作社、龙头企业)共有 1180 个样本。小农户中,苏南地区占 243 个,苏中占 536 个,苏北占 511 个;新型农业经营主体中,苏南占 295 个,苏中占 644 个,苏北占 241 个。本章的地方特色农产品划分是除去主要种养殖业(水稻、小麦、油菜、玉米、棉花、能繁母猪、育肥猪、奶牛)后的其他种养殖品种,凡是被调查农户当前从事某类特色农产品的即纳入样本。

指数类保险有效样本中,小农户共有 1563 个样本,新型农业经营主体(包括家庭农场、种养大户、合作社、龙头企业)共有 1625 个样本。小农户中,苏南地区占 313 个,苏中占 831 个,苏北占 419 个;新型农业经营主体中,苏南占 269 个,苏中占 923 个,苏北占 433 个。本章的指数类保险涉及有机水稻产量保险、夏季保淡绿叶菜价格指数保险、苗鸡价格指数保险、内塘螃蟹水文指数保险以及生猪价格指数保险 5 种,凡是被调查农户当前从事相关农产品生产或参与该类保险的即纳入样本。

高效设施农业保险有效样本中,小农户共有 1763 个样本,新型农业经营主体(包括家庭农场、种养大户、合作社、龙头企业)共有 2144 个样本。小农户中,苏南地区占 364 个,苏中占 918 个,苏北占 481 个;新型农业经营主体中,苏南占 458 个,苏中占 1192 个,苏北占 494 个。本章的高效农业鉴别标准根据《江苏省政策性农业保险条款及费率》农业保险条款中所设定的高效设施农业保险分类依据进行分类,涉及高效设施农业保险的农产品品种与农业保险有蔬菜大棚附加蔬菜(瓜果)种植、蔬菜大棚、林木火灾、肉用仔鹅、鸭养殖、育肥猪养殖、肉鸡养殖、种(蛋)鸡养殖、养蚕、能繁母猪养殖、奶牛养殖、莲(荷)藕种植、露地葡萄种植、露地旱生蔬菜种植、露地西瓜种植、苹果种植、露地水生蔬菜种植、梨种植、杂交水稻制种、内塘螃蟹水文指数、山羊养殖、桃种植、茶叶种植、甜叶菊种植、肉牛养殖、仔猪养殖、池塘淡水鱼养殖、池塘淡水小龙虾养殖、罗氏沼虾养殖、南美白对虾养殖、鸽养殖、苗木种植、食用菌种植、菊花种植、丹参种植、瓜蒌种植、何首乌种植、条斑紫菜、苗鸡价格指数、夏季保淡绿叶菜价格指数、有机水稻产量、生猪价格指数、花生种植、芋头种植共 44 种,凡是被调查农户当前从事相关农产品生产或参与该类保险的即纳入样本。

收回的问卷难免存在不完整性,但并不代表问卷是无效的,对于部分问卷回答信息残缺问题,若直接剔除可能会丧失较多信息,故对于样本信息损失不多的问卷数据,本章采用多重插补的方法予以填充。

2. 变量设定与说明

根据理论分析的 6 个方面,本章对于变量进行如下设定:

被解释变量方面,样本选择模型的被解释变量选择的是农户对于创新型农业保险的满意度,满意度由前文的层次分析法计算得来。关于二值选择变量,本章选择以是否愿意参加创新型农业保险来表示。其中,0 代表不参加,1 代表参加。

解释变量方面,一是家庭因素,选择性别、年龄、教育作为衡量家庭(户主)特征的主要指标。二是农业生产,选择农业劳动力人数、农业生产时间、农业收入、经营面积作为农业生产的信息特征。三是风险灾害,用当年遭遇自然灾害的次数和自然灾害对农业生产的影响程度来衡量。四是农业保险与风险认知,选用政府和保险公司对农业保险的宣传、风险知识普及频率以及农业技能培训频率表示。五是银行信贷,选择以农业保险对银行贷款获得的帮助程度和贷款难易度来表示。六是补贴,选择大灾情况下是否接受过政府救济来表示政府补贴对农业保险参与和评价的影响。具体变量设定与说明见表6-1。

表 6-1　变量的设定与说明

变量		变量说明
被解释变量	满意度	由层次分析法得到的满意度(最小值=1,最大值=4)
	参与意愿	不参加=0,参加=1
解释变量	家庭特征	性别	女=0,男=1
		年龄	受访者的年龄
		教育	小学及以下=1,中学=2,本科(大专)=3,本科以上=4
	农业生产	农业劳动力	家庭中从事农业劳动生产的人数
		农业生产时间	1年以下=1,2-5年=2,5年以上=3
		农业收入	依靠从事农业生产获得的收入,不包含打工等非农收入
		经营面积	自有土地加流转土地总亩数
	受灾情况	受灾次数	一年遭受自然灾害和价格波动损失的次数
		受灾影响	很小=1,较小=2,一般=3,较大=4,很大=5
	保险认知	防灾宣传	从未宣传=1,宣传较少=2,宣传频率一般=3,宣传较多=4,经常宣传=5
		技能培训	从未参加=1,偶尔参加=2,经常参加=3
	信贷支持	农业保险对贷款帮助	帮助不大=1,有一点帮助=2,帮助很大=3
		贷款难易度	较难=1,一般=2,较易=3
	政府补贴	大灾后是否接受过救济	虚拟变量,以未受灾为基准。未受灾=0,有补贴=1,没有补贴=2
	地区		虚拟变量,以苏南为基准,苏南=0,苏中=1,苏北=2

第三节　描述性统计分析

一、地方特色农业保险的描述性统计

进行地方特色农产品生产的小农户共有 1290 个,新型农业经营主体共有 1180 个。在被解释变量方面,满意度上,小农户满意度均值为 2.25,新型农业经营主体满意度均值为 2.31,小农户满意度略低于新型农业经营主体。参与程度上,小农户与新型农业经营主体参与度均较高,小农户均值为 0.82,新型农业经营主体均值为 0.88。

解释变量方面,从事农业生产的主要为男性,小农户均值为 0.93,新型农业经营主体均值为 0.91。调查对象的平均年龄在 50 岁左右,小农户均值为 52.64 岁,新型农业经营主体为 49.19 岁。受教育程度上,小农户均值为 1.74,新型农业经营主体均值为 2.04,说明平均来讲新型农业经营主体受教育水平略高于小农户。农业劳动力上,小农户均值为 1.82,新型农业经营主体均值为 2.05,说明新型农业经营主体的家庭中,从事农业生产的人数较多。进行农业生产时间上,小农户从事农业生产时间均值为 2.63,新型农业经营主体均值为 2.51,即小农户从事农业生产的平均时间略长于新型农业经营主体。农业收入上,小农户收入均值为 4.34 万元,新型农业经营主体均值为 89.16 万元,收入远高于小农户,但从最小值看,当年有的新型农业经营主体出现了亏损情况,部分亏损情况较严重。受灾次数上,当年小农户平均受灾 1.28 次,新型农业经营主体为 1.47 次。受灾影响程度上,小农户均值为 2.70,新型农业经营主体均值为 2.71,差异不大,即在受灾方面,灾害对小农户和新型农业经营主体的影响没有显著差异。防灾与保险知识宣传上,小农户均值为 2.79,新型农业经营主体均值为 2.94,说明政府和保险公司对新型农业经营主体的宣传相对更多,新型农业经营主体对保险与风险的认知更高。技能培训上,小农户均值为 2.54,新型农业经营主体均值为 2.65,说明新型农业经营主体接受技能培训的时间略长于小农户。农业保险对贷款的帮助上,小农户均值为 1.89,新型农业经营主体为 1.92,说明农业保险对新型农业经营主体的帮助更大。贷款难易度上,小农户均值为 1.55,新型农业经营主体均值为 1.56,说明在贷款难度方面,两者没有显著差异。受灾救济上,小农户均值为 1.22,新型农业经营主体均值为 1.17,说明大部分农户在受灾后接受过救济,但相对而言,新型农业经营

主体接受的救济更多。具体见表 6-2。

表 6-2　地方特色农业保险的描述性统计结果

变量	小农户					新型农业经营主体				
	样本量	均值	标准差	最小值	最大值	样本量	均值	标准差	最小值	最大值
满意度	1290	2.25	0.38	1.25	3.73	1180	2.31	0.43	1.15	3.71
参与	1290	0.82	0.38	0.00	1.00	1180	0.88	0.33	0.00	1.00
性别	1290	0.93	0.26	0.00	1.00	1180	0.91	0.28	0.00	1.00
年龄	1290	52.64	10.24	20.00	85.00	1180	49.19	9.51	22.00	82.00
教育	1290	1.74	0.56	1.00	3.00	1180	2.04	0.62	1.00	4.00
农业劳动力	1290	1.82	0.70	0.00	7.00	1180	2.05	0.87	0.00	6.00
农业生产时间	1290	2.63	0.64	1.00	3.00	1180	2.51	0.62	1.00	3.00
农业收入	1290	4.34	6.68	0.00	90.00	1180	89.16	1699.05	−30.00	42529.00
经营面积	1290	60.76	273.43	0.00	400.00	1180	222.32	822.94	0.50	13000.00
受灾次数	1290	1.28	0.90	0.00	8.00	1180	1.47	1.00	1.00	12.00
受灾影响	1290	2.70	1.11	1.00	5.00	1180	2.71	1.07	1.00	5.00
防灾宣传	1290	2.79	0.94	1.00	5.00	1180	2.94	1.00	1.00	5.00
技能培训	1290	2.54	0.70	1.00	3.00	1180	2.65	0.64	1.00	3.00
农业保险对贷款帮助	1290	1.89	0.69	1.00	3.00	1180	1.92	0.71	1.00	3.00
贷款难易度	1290	1.55	0.65	1.00	3.00	1180	1.56	0.59	1.00	3.00
大灾后是否接受过救济	1290	1.22	0.75	0.00	2.00	1180	1.17	0.74	0.00	2.00

二、指数型农业保险的描述性统计

在被解释变量方面,指数类保险满意度上,小农户满意度均值为 2.26,新型农业经营主体满意度均值为 2.32,小农户满意度略低于新型农业经营主体。参与度上,小农户与新型农业经营主体参与度均较高,小农户均值为 0.85,新型农业经营主体均值为 0.89,新型农业经营主体对于指数类保险的参与度略高于小农户。

解释变量方面,从事农业生产的主要为男性,小农户均值为 0.92,新型农业经营主体均值为 0.92。调查对象的平均年龄在 50 岁左右,小农户均值为 52.35,新型农业经营主体为 49.55,新型农业经营主体的平均年龄略小于小农户。受教育程度上,小农户均值为 1.78,新型农业经营主体均值为 1.99,说明平均来讲新型农业经营主体受教育水平略高于小农户。农业劳动力上,小农户均值为 1.79,新型农业经营主体均值为 2.19,说明新型农业经营主体的家庭中,从事农业生产的人数更多。进行农业生产时间上,小农户从事农业生产时间均值为 2.57,新型农业经营主体均值为 2.56,两者差异不大。农业收入上,小农户收入均值为 5.99 万元,新型农业经营主体均值为 25.91 万元,收入远高于小农户,但和从事特色农业生产的农业经营主体相比,收入较低,从最小值看,当年新型农业经营主体出现了亏损情况,部分亏损情况较严重,小农户最多亏损 6 万元,新型农业经营主体最多亏损 60 万元。受灾次数上,当年小农户平均受灾 1.39 次,新型农业经营主体为 1.45 次,新型农业经营主体受灾次数略多于小农户。受灾影响程度上,小农户均值为 2.42,新型农业经营主体均值为 2.60,灾害对新型农业经营主体的影响略大于小农户。防灾与保险知识宣传上,小农户均值为 2.96,新型农业经营主体均值为 3.01,差异不大,说明政府和保险公司平均来讲对保险知识的宣传频率一般。技能培训上,小农户均值为 2.53,新型农业经营主体均值为 2.61,说明新型农业经营主体接受技能培训的时间略长于小农户。农业保险对贷款的帮助上,小农户均值为 2.00,新型农业经营主体为 1.94,说明平均而言农业保险对贷款有一点帮助。贷款难易度上,小农户均值为 1.76,新型农业经营主体均值为 1.66,说明贷款不难,同时小农户贷款相对更加容易,这可能是因为小农户的资金需求量小。受灾救济上,小农户均值为 1.10,新型农业经营主体均值为 1.11,说明大部分农户在受灾后接受过救济。具体见表 6-3。

表 6-3　指数型农业保险的描述性统计结果

变量	小农户					新型农业经营主体				
	样本量	均值	标准差	最小值	最大值	样本量	均值	标准差	最小值	最大值
满意度	1563	2.26	0.44	1.10	3.80	1625	2.32	0.47	1.14	3.71
参与	1563	0.85	0.36	0.00	1.00	1625	0.89	0.32	0.00	1.00
性别	1563	0.92	0.27	0.00	1.00	1625	0.92	0.27	0.00	1.00
年龄	1563	52.35	9.73	20.00	85.00	1625	49.55	9.10	22.00	91.00
教育	1563	1.78	0.57	1.00	4.00	1625	1.99	0.60	1.00	4.00
农业劳动力	1563	1.79	0.74	0.00	7.00	1625	2.19	0.93	0.00	6.00

续表

变量	小农户					新型农业经营主体				
	样本量	均值	标准差	最小值	最大值	样本量	均值	标准差	最小值	最大值
农业生产时间	1563	2.57	0.65	1.00	3.00	1625	2.56	0.60	1.00	3.00
农业收入	1563	5.99	52.65	−6.00	145.00	1625	25.91	256.87	−60.00	10000.00
经营面积	1563	54.63	249.28	0.00	400.00	1625	197.45	687.04	0.00	13000.00
受灾次数	1563	1.39	0.98	0.00	8.00	1625	1.45	0.95	0.00	12.00
受灾影响	1563	2.42	1.06	1.00	5.00	1625	2.60	1.08	1.00	5.00
防灾宣传	1563	2.96	1.07	1.00	5.00	1625	3.01	1.03	1.00	5.00
技能培训	1563	2.53	0.74	1.00	3.00	1625	2.61	0.69	1.00	3.00
农业保险对贷款帮助	1563	2.00	0.72	1.00	3.00	1625	1.94	0.71	1.00	3.00
贷款难易度	1563	1.76	0.66	1.00	3.00	1625	1.66	0.61	1.00	3.00
大灾后是否接受过救济	1563	1.10	0.69	0.00	2.00	1625	1.11	0.72	0.00	2.00

三、高效设施类农业保险的描述性统计

在被解释变量方面,高效设施农业保险满意度上,小农户满意度均值为
2.26,新型农业经营主体满意度均值为 2.32,小农户满意度略低于新型农
业经营主体。参与度上,小农户与新型农业经营主体参与度均较高,小农户
均值为 0.85,新型农业经营主体均值为 0.88,新型农业经营主体对于指数
类保险的参与度略高于小农户。

解释变量方面,从事农业生产的主要为男性,小农户均值为 0.92,新型
农业经营主体均值为 0.93。调查对象的平均年龄在 50 岁左右,小农户均值
为 52.08,新型农业经营主体为 49.56,新型农业经营主体的平均年龄略小
于小农户。受教育程度上,小农户均值为 1.78,新型农业经营主体均值为
1.98,说明平均来讲新型农业经营主体受教育水平略高于小农户。农业劳
动力上,小农户均值为 1.82,新型农业经营主体均值为 2.16,说明新型农业
经营主体的家庭中,从事农业生产的人数更多。进行农业生产时间上,小农
户从事农业生产时间均值为 2.60,新型农业经营主体均值为 2.55,小农户
平均从事农业劳动生产的时间略长于新型农业经营主体。农业收入上,小
农户收入均值为 11.90 万元,新型农业经营主体均值为 51.49 万元,收入远

高于小农户,从最小值看,当年新型农业经营主体出现了亏损情况,部分亏损情况较严重,小农户最多亏损 20 万元,新型农业经营主体最多亏损 60 万元。受灾次数上,当年小农户平均受灾为 1.42 次,新型农业经营主体为 1.45 次,新型农业经营主体受灾次数与小农户差不多。受灾影响程度上,小农户均值为 2.48,新型农业经营主体均值为 2.60,灾害对新型农业经营主体的影响略大于小农户。防灾与保险知识宣传上,小农户均值为 2.91,新型农业经营主体均值为 3.00,差异不大,说明政府和保险公司平均来讲对保险知识的宣传频率一般。技能培训上,小农户均值为 2.52,新型农业经营主体均值为 2.62,说明新型农业经营主体接受技能培训的时间略长于小农户。农业保险对贷款的帮助上,小农户均值为 1.96,新型农业经营主体为 1.91,说明平均而言农业保险对贷款有一点帮助。贷款难易度上,小农户均值为 1.73,新型农业经营主体均值为 1.64,说明贷款相对不难,同时小农户贷款相对更加容易。受灾救济上,小农户均值为 1.09,新型农业经营主体均值为 1.15,说明大部分农户在受灾后接受过救济,小农户接受过救济的比例略高于新型农业经营主体。具体见表 6-4。

表 6-4　高效设施农业保险描述性统计结果

变量	小农户					新型农业经营主体				
	样本量	均值	标准差	最小值	最大值	样本量	均值	标准差	最小值	最大值
满意度	1763	2.26	0.44	1.13	3.73	2144	2.32	0.46	1.08	3.72
参与	1763	0.85	0.35	0.00	1.00	2144	0.88	0.32	0.00	1.00
性别	1763	0.92	0.27	0.00	1.00	2144	0.93	0.26	0.00	1.00
年龄	1763	52.08	9.64	20.00	85.00	2144	49.56	9.13	22.00	91.00
教育	1763	1.78	0.57	1.00	4.00	2144	1.98	0.61	1.00	4.00
农业劳动力	1763	1.82	0.79	0.00	7.00	2144	2.16	0.95	0.00	8.00
农业生产时间	1763	2.60	0.63	1.00	3.00	2144	2.55	0.59	1.00	3.00
农业收入	1763	11.90	243.16	−20.00	500.00	2144	51.49	969.43	−60.00	42529.00
经营面积	1763	54.56	244.65	0.00	400.00	2144	189.26	587.49	0.50	13000.00
受灾次数	1763	1.42	1.00	1.00	8.00	2144	1.45	0.98	1.00	12.00
受灾影响	1763	2.48	1.06	1.00	5.00	2144	2.60	1.09	1.00	5.00
防灾宣传	1763	2.91	1.06	1.00	5.00	2144	3.00	1.02	1.00	5.00

变量	小农户					新型农业经营主体				
	样本量	均值	标准差	最小值	最大值	样本量	均值	标准差	最小值	最大值
技能培训	1763	2.52	0.74	1.00	3.00	2144	2.62	0.68	1.00	3.00
农业保险对贷款帮助	1763	1.96	0.72	1.00	3.00	2144	1.91	0.72	1.00	3.00
贷款难易度	1763	1.73	0.66	1.00	3.00	2144	1.64	0.61	1.00	3.00
大灾后是否接受过救济	1763	1.09	0.70	0.00	2.00	2144	1.15	0.73	0.00	2.00

四、创新型政策性农业保险总体描述性统计

在被解释变量方面,创新型农业保险满意度上,小农户满意度均值为2.26,新型农业经营主体满意度均值为2.29,两者差异不大。参与度上,小农户与新型农业经营主体参与度均较高,小农户均值为0.72,新型农业经营主体均值为0.74,参与度相当。

解释变量方面,从事农业生产的主要为男性,小农户均值为0.92,新型农业经营主体均值为0.94。调查对象的平均年龄在50岁左右,小农户均值为52.73,新型农业经营主体为49.30,新型农业经营主体的平均年龄略小于小农户。受教育程度上,小农户均值为1.77,新型农业经营主体均值为1.97,说明平均来讲新型农业经营主体受教育水平略高于小农户。农业劳动力上,小农户均值为1.86,新型农业经营主体均值为2.17,说明新型农业经营主体的家庭中,从事农业生产的人数更多。进行农业生产时间上,小农户从事农业生产时间均值为2.69,新型农业经营主体均值为2.57,小农户平均从事农业劳动生产的时间略长于新型农业经营主体。农业收入上,小农户收入均值为32.03万元,新型农业经营主体均值为49.24万元,收入高于小农户,从最小值方面看,当年新型农业经营主体出现了亏损情况,部分亏损情况较严重,小农户最多亏损65万元,新型农业经营主体最多亏损60万元。受灾次数上,当年小农户平均受灾1.33次,新型农业经营主体为1.39次,新型农业经营主体受灾次数与小农户差不多。受灾影响程度上,小农户均值为2.64,新型农业经营主体均值为2.69,受灾影响程度相当。防灾与保险知识宣传上,小农户均值为2.95,新型农业经营主体均值为3.01,差异不大,说明政府和保险公司平均来讲对保险知识的宣传频率一般。技能培训上,小农户均值为2.57,新型农业经营主体均值为2.66,说明

新型农业经营主体接受技能培训的时间略长于小农户。农业保险对贷款的帮助上,小农户均值为1.86,新型农业经营主体为1.87,说明平均而言农业保险对贷款有一点帮助。贷款难易度方面,小农户均值为1.61,新型农业经营主体均值为1.61,说明贷款相对不难。受灾救济方面,小农户均值为1.10,新型农业经营主体均值为1.15,说明大部分农户在受灾后接受过救济。具体见表6-5。

表6-5 创新型农业保险的总体描述性统计结果

变量	小农户					新型农业经营主体				
	样本量	均值	标准差	最小值	最大值	样本量	均值	标准差	最小值	最大值
满意度	3347	2.26	0.45	1.11	3.92	3048	2.29	0.44	1.08	3.72
参与	3347	0.72	0.45	0.00	1.00	3048	0.74	0.44	0.00	1.00
性别	3347	0.92	0.27	0.00	1.00	3048	0.94	0.24	0.00	1.00
年龄	3347	52.73	9.80	20.00	85.00	3048	49.30	9.26	20.00	91.00
教育	3347	1.77	0.58	1.00	4.00	3048	1.97	0.58	1.00	4.00
农业劳动力	3347	1.86	0.76	0.00	7.00	3048	2.17	0.95	0.00	8.00
农业生产时间	3347	2.69	0.57	1.00	3.00	3048	2.57	0.59	1.00	3.00
农业收入	3347	32.03	924.95	−65.00	4246.00	3048	49.24	1073.46	−60.00	42529.00
经营面积	3347	43.34	228.07	0.00	450.00	3048	200.20	597.88	0.20	15000.00
受灾次数	3347	1.33	0.98		12.00	3048	1.39	0.94	0.00	12.00
受灾影响	3347	2.64	1.12	1.00	5.00	3048	2.69	1.09	1.00	5.00
防灾宣传	3347	2.95	1.00	1.00	5.00	3048	3.01	0.98	1.00	5.00
技能培训	3347	2.57	0.71	1.00	3.00	3048	2.66	0.65	1.00	3.00
农业保险对贷款帮助	3347	1.86	0.71	1.00	3.00	3048	1.87	0.71	1.00	3.00
贷款难易度	3347	1.61	0.65	1.00	3.00	3048	1.61	0.61	1.00	3.00
大灾后是否接受过救济	3347	1.10	0.74	0.00	2.00	3048	1.15	0.76	0.00	2.00

第四节　实证结果与分析

一、地方特色农业保险的实证结果与分析

1. 需求响应的影响因素分析

在特色农产品农业保险需求影响因素分析中，小农户的 17 个变量中，有 11 个变量 p 值小于 0.1，通过显著性检验，显著变量分别是性别、农业生产时间、农业收入、受灾次数、技能培训频率、农业保险对贷款的帮助程度、贷款难易度、政府救济虚拟变量和地区虚拟变量，对模型的整体检验使用 LR 检验，p 值为 0，整体显著，说明模型较为合适。新型农业经营主体的 17 个变量中，有 11 个变量 p 值小于 0.1，显著变量分别是教育、农业生产时间、农业收入、经营面积、防灾宣传频率、技能培训频率、农业保险对贷款的帮助、贷款难易度、政府救济虚拟变量和苏北地区虚拟变量，同时农业劳动力 p 值为 0.107，基本显著。对模型的整体检验使用 LR 检验，P 值为 0，整体显著，说明模型较为合适。具体见表 6-6。

表 6-6　农户对地方特色农业保险参与意愿响应的回归结果

变量	小农户			新型农业经营主体		
	系数	标准误	p 值	系数	标准误	p 值
性别	0.264	0.159	0.096	0.115	0.175	0.514
年龄	−0.007	0.005	0.220	0.000	0.006	0.970
教育	0.077	0.094	0.416	−0.194	0.089	0.030
农业劳动力	0.045	0.074	0.547	0.103	0.064	0.107
农业生产时间	0.566	0.074	0.000	0.437	0.083	0.000
农业收入	0.020	0.011	0.072	0.005	0.003	0.046
经营面积	0.002	0.001	0.117	0.000	0.000	0.006
受灾次数	−0.170	0.052	0.001	−0.059	0.052	0.257
受灾影响	0.058	0.046	0.214	−0.027	0.050	0.586
防灾宣传	0.026	0.058	0.647	0.136	0.065	0.036
技能培训	0.512	0.069	0.000	0.213	0.089	0.016
农业保险对贷款帮助	0.214	0.072	0.003	−0.253	0.078	0.001

续表

变量		小农户			新型农业经营主体		
		系数	标准误	p 值	系数	标准误	p 值
贷款难易度		−0.154	0.076	0.043	−0.182	0.090	0.043
政府救济	有救济	0.605	0.136	0.000	0.375	0.151	0.013
	无救济	0.451	0.127	0.000	−0.368	0.141	0.009
地区	苏中	0.225	0.128	0.080	0.072	0.131	0.581
	苏北	0.651	0.152	0.000	0.548	0.183	0.003
常数		−2.779	0.474	0.000	−0.033	0.574	0.954
LR 检验		330.560		0.000	135.890		0.000

(1)家庭因素

从实证结果看,家庭因素对农户参与创新型农业保险的意愿影响不突出。男性农户对于创新型农业保险的参与意愿更加强烈,男性作为农村地区农业生产的主力,同时也是绝大多数农村家庭的经济支柱,拥有更多生产经验,思想较为开放,更容易接受新型的金融产品。年龄和受教育程度对参与意愿影响不显著,原因可能在于从事农业生产的小农户的年龄普遍偏大,受教育水平普遍偏低,在思想方面普遍受限。对新型农业经营主体而言,性别和年龄对于农业保险参与意愿没有显著影响,但是教育对创新型农业保险的参与有显著负向影响,说明受教育水平越高,参与意愿越弱,如前文理论分析所述,教育对于参与意愿的影响从正反两方面作用,负向影响源于受教育程度越高的农业经营主体虽然具有更多的风险认知和保险知识,但同时对于农业保险的熟悉和风险态度导致其相比小农户对保险有了更高的要求,同时基于自身教育原因其对于抗风险能力可能过于自信,从而认为保险是一种无形成本,使得其不愿参与的意愿强于参与意愿,进而呈现了负向影响。

(2)农业生产因素

实证结果显示,第一,无论是小农户还是新型农业经营主体,农业劳动力数对于农业保险参与意愿影响不显著。第二,农业生产时间对于小农户和新型农业经营主体的参与意愿具有显著正向影响,说明从事农业生产时间越长,农业生产经验越多,农户对于潜在农业风险、自然灾害的敏感度越高,越希望得到保障。第三,农业收入对于小农户和新型农业经营主体的保险参与意愿有显著正向影响,说明农业收入越高的农户越希望得到保障,越希望参与农业保险。第四,经营面积对于小农户的参与意愿影响不显著,对于新型农业经营主体的参与意愿有显著正向影响。由于小农户本身仅依靠自有土地生产,经营面积不大,且大部分小农户并非以农业生产为收入的主要来源,因此土地经营规模并不能影响其对农业保险的参与;相反,新型农业经营主体主要依靠农业生产收入维持生计,且经营规模往往较大,受灾时往往呈集聚性、规模性特点,因此新型农业经营主体对创新型农业保险的需求更大。

（3）受灾情况

受灾情况从受灾次数和受灾影响程度两方面分析。从实证结果来看,受灾次数对于小农户具有负向影响,说明受灾次数越多的小农户越不倾向于参加农业保险,这意味着大部分小农户是风险中性者且对风险的态度往往存在滞后。由于当期的受灾是由上期保险进行保障（即保险保障的是未来风险）的,因此小农户对于当期风险的预测是不准确的,受灾次数多的小农户反而不倾向于参与保险。受灾次数对新型农业经营主体影响不显著,说明受灾的次数并不能改变新型农业经营主体的风险认知,或虽然受灾次数多,但由于新型农业经营主体本身具有一定抗风险能力,并未遭受实质性损失,因此对保险参与度无显著影响。受灾影响对小农户和新型农业经营主体均未有显著影响,说明无论是小农户还是新型农业经营主体,其对于风险的敏感度都不够。

（4）保险认知与风险保障方面

实证结果显示,保险知识和防灾知识的宣传对于小农户特色农业创新险种的参与意愿影响不显著,但对新型农业经营主体的影响显著为正,说明对于保险知识和防灾知识的普及将促进新型农业经营主体参与创新型农业保险。技能培训频率于小农户和新型农业经营主体的参与意愿影响显著为正,说明参与技能培训的次数越多,其对于基本农业生产技能的掌握和对于风险的控制能力就越强,而保险作为一种规避、分散风险的手段也就越容易被认可。

（5）银行信贷方面

从实证结果来看,农业保险对获得银行信贷的帮助程度对于特色农业的小农户和新型农业经营主体的影响显著不同。对于小农户而言,农业保险对获得银行贷款的帮助越大,其越不愿参与特色农业保险,而对于新型农业经营主体而言,农业保险对获得银行贷款的帮助越大,其越愿意参与特色农产品农业保险。这说明就特色农业而言,农业保险在获得信贷方面的帮助更有利于新型农业经营主体,原因在于新型农业经营主体拥有更大的资金需求以及更加充足的抵押物,同时会投入更多的资金用于农业生产,而对小农户而言,保险对获得银行贷款的帮助可能依旧不能使其达到放贷标准,或者其资金并非用于农业生产,因此农业保险的支持效果并不明显。贷款难易度方面,其对农业保险的参与意愿有显著负向影响,说明无论小农户还是新型农业经营主体,贷款难度的提高使得其对农业保险的需求增大,这在一定程度上说明目前的农业贷款依旧无法有效用于支农,即在农户资金量受限的情况下(其无法通过非银行信贷的其他方式筹到更多资金,同时还要购买保险),出于安全性考虑,农户会在稳定生产和扩大生产方面做出抉择,认为获得贷款所付出的成本无法通过扩大生产的收益弥补,从而倾向于稳定生产,进而贷款难度的提高促使其放弃贷款转而参与保险。

(6)政府救济

实证结果显示,与没有受灾的情况相比,在受灾后,无论是获得了政府的救济还是未获得政府的救济,小农户都会更加愿意参与特色农产品农业保险,且获得政府救济的情况下,参与意愿要强于没有获得政府救济的情况(有救济的系数为0.605,无救济的系数为0.451),说明大灾下政府救济对小农户的参保意愿具有更大促进作用。对新型农业经营主体而言,与未受灾相比,在大灾情况下若获得了政府救济,则参与农业保险的意愿就更加强烈,但若未获得过政府救济,就相对不愿意参加农业保险,说明当前政策性农业保险在大灾情况下需要与政府救济相互合作才能达到恢复农业生产、弥补损失的目的。

(7)地区

小农户方面,以苏南为基准,苏中地区和苏北地区小农户的参与意愿明显强于苏南地区,且苏北地区强于苏中地区。新型农业经营主体方面,苏中地区系数不显著,但苏北地区系数显著为正,说明苏北地区的新型农业经营主体参与特色农产品农业保险的意愿强于苏南地区。

2.满意度的影响因素分析

本章针对特色农产品农业保险满意度的影响因素,分别使用了MLE和两步法估计,整体来看,2种回归方法均通过了Wald检验,在整体上显著,但是在两步法中,逆米尔斯比率(Lambda值)不显著,说明样本可能不存在选择偏误,不适合使用两步法,而在MLE中,Rho值通过了显著性检验,说明两者存在一定关系,因此MLE的估计方法较为准确。在小农户的16个变量中,有11个变量 p 值小于0.1,通过检验,分别是年龄、农业生产时间、农业收入、经营面积、受灾次数、受灾影响、防灾与保险知识宣传、技能培训、农业保险对贷款的帮助、接受过政府救济补贴的虚拟变量和苏北地区虚拟变量。新型农业经营主体的 16 个变量中,有 10 个变量 p 值小于 0.1,通过检验,分别是性别、教育、农业生产时间、经营面积、受灾次数、技能培训频率、政府救济和地区虚拟变量,同时农业保险对贷款的帮助变量 p 值为 0.103,基本显著。具体见表 6-7。

表 6-7　农户对地方特色农业保险评价的回归结果

变量		MLE				二步法估计			
		小农户		新型农业经营主体		小农户		新型农业经营主体	
变量		系数	p 值	系数	p 值	系数	p 值	系数	p 值
性别		0.023	0.604	−0.092	0.065	0.021	0.655	−0.074	0.106
年龄		0.002	0.087	0.000	0.953	0.002	0.085	−0.001	0.356
教育		−0.006	0.790	−0.045	0.068	−0.006	0.779	−0.041	0.090
农业劳动力		−0.004	0.807	0.011	0.489	−0.004	0.791	0.033	0.032
农业生产时间		0.086	0.000	0.087	0.001	0.081	0.012	0.065	0.044
农业收入		0.003	0.053	0.000	0.865	0.003	0.060	0.000	0.390
经营面积		0.000	0.000	0.000	0.025	0.000	0.000	0.000	0.020
受灾次数		−0.026	0.034	−0.023	0.093	−0.025	0.070	−0.008	0.533
受灾影响		−0.054	0.000	−0.009	0.448	−0.055	0.000	−0.009	0.432
防灾宣传		0.041	0.002	0.005	0.764	0.041	0.002	−0.006	0.719
技能培训		0.078	0.000	0.146	0.000	0.073	0.016	0.124	0.000
农业保险对贷款帮助		0.051	0.004	0.033	0.103	0.049	0.009	0.044	0.038
政府救济	有救济	0.157	0.000	−0.091	0.012	0.152	0.000	−0.106	0.003
	无救济	0.040	0.223	−0.225	0.000	0.036	0.310	−0.202	0.000
地区	苏中	−0.022	0.520	0.066	0.054	−0.023	0.497	0.075	0.020
	苏北	−0.119	0.001	−0.072	0.078	−0.124	0.002	−0.084	0.042
常数		1.621	0.000	1.849	0.000	1.666	0.000	2.013	0.000
Wlad		227.710	0.000	135.890	0.000	211.740	0.000	131.510	0.000
LR(Rho=0)		13.540	0.000	14.990	0.000	—	—	—	—
Lambda		—	—	—	—	−0.034	0.784	0.020	0.902

（1）家庭因素

实证结果显示，家庭因素方面，性别和教育对于小农户对特色农业产品保险的满意度没有显著影响，年龄对于满意度具有正向影响但是影响程度不大，年龄越大，对特色农业保险的满意度越高。对于新型农业经营主体而言，性别对于特色农业保险产品的满意度具有负向影响，说明男性对于农业保险的满意度相对较低，由于农村社会男性主要负责农业生产任务，因此其对于农业生产的保障要求相对更高，从而对于农业保险的保障评价相对更加苛刻。受教育程度对特色农业保险的满意度评价影响为负，说明随着教育水平的提升，农户对于保险的认知提高，对农业生产的保障意识增强，对农业保险的保障要求更高，因此相同条件下对农业保险的满意度更低。

（2）生产因素

对于小农户而言，从事农业生产的时间、农业收入对满意度的影响显著，劳动力的影响不显著，经营面积虽然影响显著但系数为 0，没有影响。农业生产时间对农业保险满意度的影响显著为正，说明随着农户农业生产时间的增加、农业生产实践经验的丰富，其对于农业保险保障作用的认可度提高，这意味着特色农业保险可以在长期对小农户起到保障作用。农业收入对小农户的特色农业保险满意度有显著正向影响，说明随着收入的增加，小农户认知中的农业保险保障作用增强，即其对收入相对较高的小农户的保障作用较强。对于新型农业经营主体而言，农业生产时间与其特色农业保险满意度呈正相关关系，说明随着农业生产时间的增加，新型农业经营主体对特色农业保险的认可度越高，也就是说，长期从事农业生产的人对于风险的认知度较高，对目前特色农业保险的运行更满意。

（3）受灾情况

小农户方面，受灾次数、受灾影响程度与农业保险的满意度呈负相关关系，即小农户受灾次数越多，受灾影响越严重，其对特色农业保险的满意度越低，这说明目前特色农业保险对小农户的保障不足，并未真正弥补小农户的受灾损失，导致参保小农户在受灾后不能及时恢复生活生产，其投保目的并未达到。对于新型农业经营主体而言，受灾影响变量并不显著，但受灾次数对农业保险满意度有显著的负向影响，再次说明当前特色农产品农业保险的保障存在一定问题，其可能表现在农户认为其农业生产已经受损但并未达到理赔标准进而无法得到赔偿，最终产生保险纠纷，即特色农业保险在查勘定损、理赔标准方面存在的问题降低了农业保险的满意度。

（4）保险知识宣传和农业技术培训方面

对于小农户而言，防灾知识与保险知识的宣传能显著提升农户对特色农业保险的满意度，说明政府和保险公司的宣传和普及可以提升小农户对特色农业保险的认知水平，使之真正了解保险的性质，从而提高农业保险的满意度。农业技能培训对农业保险的满意度具有显著正向影响，说明小农户参加农业技能培训的频率越高，其农业生产知识越丰富，对农业风险的认知度越高，对农业保险的满意度越高。对于新型农业经营主体而言，由于其在农业生产方面的专业性更强，本身对农业保险具有一定认识，因此农业保险和风险知识宣传的影响不显著，但是技能培训的影响显著为正，说明其参加农业培训频率越高，农业生产技能知识越丰富，越有利于提高农业保险的满意度。

（5）信贷方面

农业保险对小农户和新型农业经营主体获得贷款的帮助的影响系数显著为正，说明农业保险对农户获得贷款的帮助越大，农户对农业保险的评价越高，对农业保险越满意，因此，"银行＋保险"的金融支持方式可以有效提高农业生产者的积极性，银保联合十分有必要。

（6）政府救济

对于小农户而言，在大灾情况下接受过政府救济的小农户对于农业保险的满意度显著较高，说明受灾后政府的救济和补贴能够帮助小农户恢复农业生产，政府和保险公司的合作有助于有效做好灾后保障工作，因此，政府救济和补贴是十分必要的。对于新型农业经营主体而言，接受过救济会使得对农业保险的满意度显著下降，未接受过救济者的满意度下降幅度更大，这一是说明了大灾情况下政府救济是必要的，二是从侧面反映了目前政府在应对规模性灾害时，对于受灾规模较大、较严重的规模性农户的救济和补贴可能存在一定问题，导致即使获得政府救济，其也无法较好地恢复农业生产。农业保险的政策性与政府挂钩，因此直接影响到了农户对农业保险的评价，从回归结果上看，政府对于新型农业经营主体的救济效率有待提高。

（7）地区

和苏南相比，苏中地区小农户对特色农业保险的满意度不显著，但苏北地区系数显著为负，说明苏北地区的农业保险满意度低于苏南地区。新型农业经营主体方面，苏中地区系数显著为正，说明苏中地区的新型农业经营主体对特色农业保险的满意度高于苏南地区，苏北地区系数为负，说明苏北地区的农业保险满意度低于苏南地区。

二、指数类农业保险的实证结果与分析

1.需求响应的影响因素分析

在指数农业保险需求影响因素分析中,小农户的 17 个变量中,有 10 个变量 p 值小于 0.1,通过显著性检验,分别是教育、农业生产时间、农业经营面积、受灾次数、受灾影响、保险知识与防灾宣传、技能培训频率、受过政府救济的虚拟变量和地区虚拟变量。本章对模型的整体检验使用 LR 检验,p 值为 0,整体显著,说明模型较为合适。新型农业经营主体的 17 个变量中,有 13 个变量 p 值小于 0.1,分别是农业劳动力、农业生产时间、农业收入、经营面积、受灾次数、受灾影响、保险知识与防灾宣传、技能培训频率、农业保险对贷款帮助、贷款难易度、受过政府救济的虚拟变量和地区虚拟变量。同时,年龄变量 p 值为 0.105,基本显著。本章对模型的整体检验使用 LR 检验,p 值为 0,整体显著,说明模型较为合适。具体见表 6-8。

表 6-8　农户对指数农业保险参与意愿响应的回归结果

变量	小农户			新型农业经营主体		
	系数	标准误	p 值	系数	标准误	p 值
性别	0.067	0.159	0.675	0.011	0.160	0.945
年龄	−0.005	0.005	0.381	0.009	0.005	0.105
教育	0.317	0.087	0.000	−0.073	0.076	0.335
农业劳动力	−0.058	0.063	0.354	0.135	0.050	0.007
农业生产时间	0.562	0.070	0.000	0.382	0.071	0.000
农业收入	0.001	0.002	0.747	0.004	0.002	0.038
经营面积	0.003	0.001	0.017	0.001	0.000	0.000
受灾次数	−0.201	0.044	0.000	−0.083	0.045	0.066
受灾影响	0.076	0.044	0.088	−0.096	0.042	0.022
防灾宣传	0.189	0.051	0.000	0.134	0.050	0.007
技能培训	0.359	0.061	0.000	0.174	0.069	0.012
农业保险对贷款帮助	0.069	0.069	0.318	−0.318	0.066	0.000
贷款难易度	−0.036	0.073	0.626	−0.198	0.075	0.008

变量		小农户			新型农业经营主体		
		系数	标准误	p 值	系数	标准误	p 值
政府救济	有救济	0.578	0.136	0.000	0.275	0.124	0.026
	无救济	−0.149	0.129	0.249	−0.153	0.126	0.225
地区	苏中	0.692	0.113	0.000	0.342	0.124	0.006
	苏北	0.979	0.140	0.000	0.325	0.136	0.017
常数		−2.797	0.460	0.000	−0.294	0.488	0.546
LR 检验		374.100		0.000	160.330		0.000

（1）家庭因素

从实证结果看，家庭特征对农户参与创新型农业保险险种的参与意愿影响不突出。教育对于小农户而言具有显著正向关系，说明受教育程度越高的小农户却倾向于选择参加指数类保险，性别和年龄变量没有显著影响。对于新型农业经营主体而言，性别、年龄、教育影响均不显著，年龄变量的 p 值为 1.05，对参与意愿影响为正，说明年龄越大，农业生产经验越多，对于风险认知得越清楚，对于农业生产保障需求越清楚，越倾向于参加新型指数类农业保险。

（2）农业生产因素

实证结果显示，对于小农户而言，农业劳动力和农业收入对指数保险参保意愿影响不显著，由于小农户家庭大部分劳动力外出务工，农业收入并非主要收入来源，因此其对指数类保险的需求没有影响。农业生产时间对于小农户的指数类保险的需求影响显著为正，说明从事农业生产时间越长，小农户的农业生产经验越丰富，其对风险越敏感，越倾向于参加新型的指数类农业保险。农业经营面积对指数类保险的参与意愿影响显著为正，说明随着土地经营面积的不断扩大，小农户对于农业保险的参与意愿会变强。对于新型农业经营主体而言，农业生产对其参与指数类保险的意愿有显著影响，农业劳动力对指数类农业保险的参与意愿影响显著为正，说明农业生产中的劳动力越多，其所付出的人力成本越高，其保证农业收入的愿望越强，就越需要农业保险尤其是指数类保险的保障，因为指数类保险相对于传统保险具有更高的保障水平。农业生产时间对参与意愿影响显著为正，说明新型农业经营主体随着从事农业生产时间的增加，风险意识在不断增强，对农业生产的保障工作更加重视，经验的丰富有利于其参与新型指数类农业保险。农业收入对新型农业经营主体的参保意愿影响为正,说明随着农业收入的增加,新型农业经营主体对指数类保险的需求增大;指数类保险相比于传统保险所提供的保障水平更高,收入越高意味着其受灾后的损失越大,因此对于指数类保险的需求越大。经营面积对新型农业经营主体指数类保险的参保意愿影响显著为正,说明随着经营面积的增加,指数保险对于灾害的查勘定损更具优势,更具有保障能力,新型农业经营主体对其需求显著增大。

(3)受灾情况

从实证结果来看,受灾次数对于小农户和新型农业经营主体的影响显著为负,这可能与受灾次数越多,越希望参加保险的分析相悖,但这正说明无论是小农户还是新型农业经营主体,对于风险的态度有滞后效应,同时,指数化的保险产品是否真正适合目前的受灾情况还有待检验。从受灾影响程度看,小农户和新型农业经营主体出现了显著差异。对小农户而言,受灾越严重,越希望参加指数类农业保险,说明指数类保险对小农户的保障发挥一定作用,但是新型农业经营主体方面,受灾越严重,其对指数类保险的参与意愿越弱,说明虽然指数类保险在灾害保障方面具有一定突破,但是仍存在一定问题,具体而言,指数标准的厘定、查勘定损时所面临的基差风险等是新型农业经营主体这种规模经营者所无法避免的问题,故此类问题无法解决,对于指数类保险的参与意愿有较大影响。

(4)保险认知与风险保障方面

实证结果显示,保险知识和防灾知识的宣传对于小农户与新型农业经营主体的指数类保险参与意愿影响显著为正,说明在促进对保险知识的掌握、对风险的认知方面,对农户的宣传起到了明显作用,让农业生产者认识到保险的必要性以及新型保险的优势,有利于提升保险参与度。农业技能培训频率对小农户和新型农业经营主体参与意愿具有正向影响,说明增加对农业生产者的农业技能培训可以帮助其正确认知农业生产中存在的风险,尤其是对于新型农业保险的认知,从而提高参与意愿。

(5)银行信贷方面

从实证结果来看,农业保险对获得银行信贷的帮助程度和贷款难易度对于小农户而言影响不显著,说明农业保险与银行之间的合作对于小农户而言并不具有明显的吸引力。对于大部分小农户而言,农业生产的贷款需求不大,同时贷款门槛限制了其贷款行为。对于新型农业经营主体而言,农业保险对获得贷款的帮助越大,反而其参与指数类保险的意愿越弱,说明目前指数类保险并不能有效支持农业贷款。而从贷款难度来看,贷款容易反而削弱了新型农业经营主体参保意愿,贷款难度增大反而增强参保意愿,两方面都说明目前指数类保险与银行并不能形成有效的互助,原因在于指数类新型保险与获得银行信贷之间的成本-收益考虑:由于指数类农业保险保费一般较高且补贴较少,成本是保费,收益是受灾后的保障,银行信贷的收益是在资金缺乏情况下通过借款是否可以通过生产获得更高的农业收入,成本则是利息,那么在资金有限的情况下,农业生产者需要权衡彼此,保守的生产者倾向于购买保险稳定生产,激进的生产者希望借贷以扩大生产,赚取更高收入。从结果来看,新型农业经营主体的生产决策倾向于保守。

（6）政府救济

实证结果显示,与没有受灾的情况相比,在受灾后,接受过政府补贴的小农户和新型农业经营主体会更加倾向于参与农业保险,且对小农户的影响更大,说明政府救济是十分有必要的,对于农户稳定生产,尤其是大灾后的生产恢复起到了至关重要的作用,指数类保险也应该适当加入政策成分,进行一定补贴。而没有接受过政府补贴对农业生产者农业保险参与意愿没有显著影响。

（7）地区

小农户方面,以苏南为基准,苏中地区和苏北地区小农户的参与意愿明显强于苏南地区,且苏北地区强于苏中地区。新型农业经营主体方面,苏中地区和苏北地区的系数显著为正,说明苏中、苏北地区的新型农业经营主体参与指数类农业保险的意愿强于苏南地区,同时苏中地区参与意愿略强于苏北。

2.满意度的影响因素分析

针对指数农业保险的满意度影响因素,本章分别使用了 MLE 和两步法估计,整体来看,2 个回归方法均通过 Wald 检验,在整体上显著,但是两步法估计中的逆米尔斯比率（Lambda 值）不显著,说明样本可能不存在选择偏误,不适合使用两步法估计,而在 MLE 中,Rho 值通过了显著性检验,说明两者存在一定关系,因此 MLE 方法较为准确。在小农户的 16 个变量中,有 12 个变量 p 值小于 0.1,通过显著性检验,分别是性别、年龄、教育、农业劳动力、经营面积、受灾次数、保险与防灾知识宣传、技能培训频率、农业保险对贷款的帮助、有政府救济的虚拟变量和地区虚拟变量。新型农业经营主体的 16 个变量中,有 10 个变量 p 值小于 0.1,通过显著性检验,分别是教育、农业生产时间、经营面积、受灾次数、保险与防灾知识宣传、技能培训频率、农业保险对贷款的帮助、未受过政府救济的虚拟变量和地区虚拟变量。具体见表 6-9。

表 6-9　农户对指数农业保险评价的回归结果

变量		MLE 估计				二阶段估计			
		小农户		新型农业经营主体		小农户		新型农业经营主体	
		系数	p 值	系数	p 值	系数	p 值	系数	p 值
性别		0.091	0.023	−0.041	0.379	0.088	0.030	−0.043	0.317
年龄		−0.006	0.000	0.000	0.786	−0.006	0.000	0.000	0.790
教育		−0.069	0.001	−0.083	0.000	−0.078	0.001	−0.078	0.000
农业劳动力		0.029	0.050	0.014	0.300	0.030	0.044	0.001	0.931
农业生产时间		0.024	0.243	0.130	0.000	0.006	0.814	0.084	0.002
农业收入		0.000	0.951	0.000	0.260	0.000	0.992	0.000	0.389
经营面积		0.000	0.000	0.000	0.001	0.000	0.000	0.000	0.077
受灾次数		−0.019	0.094	−0.038	0.004	−0.014	0.278	−0.027	0.032
受灾影响		−0.001	0.938	−0.003	0.768	−0.003	0.790	0.002	0.843
防灾宣传		0.085	0.000	0.052	0.000	0.081	0.000	0.042	0.001
技能培训		0.043	0.012	0.071	0.000	0.030	0.150	0.043	0.031
农业保险对贷款帮助		0.139	0.000	0.061	0.001	0.136	0.000	0.090	0.000
政府救济	有救济	0.078	0.009	−0.036	0.268	0.065	0.049	−0.063	0.047
	无救济	−0.015	0.640	−0.208	0.000	−0.008	0.821	−0.196	0.000
地区	苏中	−0.059	0.067	0.072	0.039	−0.080	0.035	0.052	0.132
	苏北	−0.183	0.000	−0.072	0.067	−0.212	0.000	−0.095	0.010
常数		1.964	0.000	1.670	0.000	2.119	0.000	1.959	0.000
Wlad		349.000	0.000	254.790	0.000	311.520	0.000	207.210	0.000
LR(Rho=0)		40.010	0.000	42.890	0.000	—		—	
lambda		—		—		−0.134	0.213	0.139	0.371

(1)家庭因素

实证结果显示,小农户方面,性别对于指数农业保险的满意度影响显著为正,说明男性对于指数类保险的评价更高。年龄对于指数类农业保险的满意度呈负向影响但影响不大,说明年龄越小的小农户对指数类农业保险的满意度越高,即年轻人对于新型农业保险的接受能力较强。教育水平对指数类农业保险的评价有负向影响,说明随着教育水平的提高,其对于农业保险提出的要求变高,农业保险满意度则较难提升。新型农业经营主体方面,性别和年龄对指数类农业保险的满意度没有显著影响,教育水平对指数类农业保险的满意度有负向影响,说明教育水平越高的新型农业经营主体对农业保险的满意度越低,与小农户相同,教育水平高的农户对于农业保险的理解能力更强,相应地,在比较农业保险优劣时不会单单比较有和没有时的差异,还会比较指数类保险与其他农业保险的优劣,教育水平越高的农户对于指数类农业保险会提出越高的要求。

（2）生产因素

对于小农户而言,从事农业生产的时间、农业收入对满意度的影响不显著,农业劳动力对农业保险满意度有正向影响,经营面积虽然显著但系数为0,没有影响。农业劳动力对农业保险满意度的影响显著为正,说明随着家庭中农业生产者人数的增加,其对于指数类农业保险的保障需求越大,因此指数类保险可能更适用于主要从事农业生产的小农户。对于新型农业经营主体而言,农业生产时间与特色农业保险的满意度呈正相关关系,说明随着农业生产时间的增加,新型农业经营主体对指数类农业保险的认可度有所提高,说明长期从事农业生产的人对风险的认知度较高,更加需要获得保障,而其他生产因素的影响不显著。

（3）受灾情况

受灾情况对于小农户和新型农业经营主体的保险满意度影响不显著,说明指数类农业保险对自然风险的保障未起到预期作用。受灾次数对小农户和新型农业经营主体对指数类保险满意度的影响显著为负,说明随着受灾次数的增加,农户对于指数类保险的满意度降低。两者共同说明了目前指数类保险在运行上存在一定问题,一是在受灾严重时,指数类保险所固有的基差风险被扩大,指数类保险根据监测数据所获得的指数数据可能和实际受损数据存在差异,最终导致赔付差异,影响了指数类保险的满意度。二是指数类保险赔付启动标准的设定存在问题,部分农户可能存在实际受损但未达到赔付点从而无法获得赔偿的情况,最终导致虽然受灾次数较多但实际赔付次数未达预期,进而影响了指数类保险的满意度。

（4）保险知识宣传和农业技术培训方面

防灾知识与保险知识的宣传显著提高了小农户和新型农业经营主体对指数类保险的满意度,说明通过政府和保险公司的宣传与普及可以提升农户对指数类农业保险的认知水平,使其真正了解保险的性质,从而提高对农业保险的满意度。农业技能培训对指数类农业保险的满意度有显著正向影响,说明农户参加农业技能培训的频率越高,其农业生产知识越丰富,对农业风险的认知度越高,对农业保险的满意度越高。同时从系数大小看出,保险知识的宣传对提高小农户的农业保险满意度影响更大,而农业技能培训则更多地提高新型农业经营主体的满意度,因此,在知识宣传和培训方面可以更有侧重。

(5)信贷方面

农业保险对小农户和新型农业经营主体获得贷款的帮助影响系数显著为正,说明农业保险对农户获得贷款的帮助越大,农户对农业保险的满意度越高,同时农业保险对小农户获得银行信贷的帮助相对更大。通过"银行+保险"的金融支持方式可以有效提高农业生产者的积极性,银保联合十分有必要。

(6)政府救济

小农户方面,在大灾情况下接受过政府救济的小农户对于农业保险的满意度明显更高,说明受灾后政府的救济和补贴能够帮助小农户恢复农业生产,政府和保险公司合作有助于有效做好灾后保障工作,因此,政府救济和补贴是十分必要的。没有接受过政府救济对小农户的农业保险满意度影响不显著。但对于新型农业经营主体而言,接受过政府救济对农业保险满意度没有影响,而没有接受过政府救济会降低对农业保险的满意度,这说明在大灾过后,政府对新型农业经营主体的救济与农业保险合作,共同保障生产是十分有必要的,但是政府救济和补贴本身存在一定问题,导致政府的救济效率不高,没有达到新型农业经营主体的保障期望。

(7)地区

小农户方面,和苏南相比,苏中地区和苏北地区系数显著为负,说明苏中、苏北地区的农业保险显著低于苏南地区且苏北地区系数更小,说明苏北地区满意度更低。新型农业经营主体方面,苏中地区系数显著为正,说明苏中地区的新型农业经营主体对特色农业保险的满意度高于苏南地区,苏北地区系数为负,说明苏北地区的农业保险满意度低于苏南地区。由此看出,苏北地区的农业保险运行效果有待优化。

三、高效设施类农业保险的实证结果与分析

1.需求响应的影响因素分析

在高效设施类农业保险需求影响因素分析中,小农户的 17 个变量中,有 10 个变量的 p 值小于 0.1,通过显著性检验,分别是教育、农业生产时间、农业收入、经营面积、受灾次数、保险与防灾知识宣传、农业技能培训频率、受过政府救济的虚拟变量、地区虚拟变量。本章使用 LR 检验对模型进行整体检验,p 值为 0,整体显著,说明模型较为合适。新型农业经营主体的 17 个变量中,有 14 个变量的 p 值小于(等于)0.1,分别是农业劳动力、农业生产时间、农业收入、经营面积、受灾次数、受灾影响、保险与防灾知识宣传、农业技能培训频率、农业保险对贷款的帮助、贷款难易度、政府救济的虚拟变量和地区虚拟变量。本章使用 LR 检验对模型进行整体检验,p 值为 0,整体显著,说明模型较为合适。具体见表 6-10。

表 6-10　农户对高效设施农业保险参与意愿响应的回归结果

变量		小农户			新型农业经营主体		
		系数	标准误	p 值	系数	标准误	p 值
性别		0.089	0.153	0.562	−0.048	0.148	0.748
年龄		0.000	0.005	0.942	−0.005	0.005	0.306
教育		0.322	0.081	0.000	−0.040	0.067	0.549
农业劳动力		−0.012	0.058	0.842	0.071	0.043	0.100
农业生产时间		0.637	0.067	0.000	0.423	0.062	0.000
农业收入		0.005	0.003	0.085	0.002	0.001	0.029
经营面积		0.003	0.001	0.011	0.001	0.000	0.000
受灾次数		−0.192	0.044	0.000	−0.093	0.037	0.012
受灾影响		0.010	0.042	0.812	−0.083	0.036	0.020
防灾宣传		0.161	0.049	0.001	0.110	0.044	0.011
技能培训		0.361	0.059	0.000	0.241	0.060	0.000
农业保险对贷款帮助		0.088	0.066	0.184	−0.311	0.056	0.000
贷款难易度		−0.013	0.070	0.853	−0.135	0.064	0.036
政府救济	有救济	0.593	0.122	0.000	0.262	0.113	0.021
	无救济	−0.042	0.116	0.715	−0.304	0.110	0.006

续表

变量		小农户			新型农业经营主体		
		系数	标准误	p 值	系数	标准误	p 值
地区	苏中	0.732	0.108	0.000	0.459	0.098	0.000
	苏北	0.921	0.130	0.000	0.362	0.112	0.001
常数		−3.213	0.438	0.000	0.205	0.425	0.629
LR 检验		363.010		0.000	247.700		0.000

(1)家庭因素

从实证结果看,对于小农户而言,性别和年龄不是影响农户参与高效设施类农业保险的显著影响因素,而受教育程度对小农户参与高效设施类农业保险的意愿具有正向影响,说明小农户的受教育水平越高,接受新鲜事物的能力越强,越希望参与高效设施类农业保险。但是对于新型农业经营主体而言,性别、年龄、教育对参与意愿的影响均不显著,说明家庭情况并不是影响新型农业经营主体的主要因素。

(2)农业生产因素

实证结果显示,对于小农户而言,农业劳动力对小农户的高效设施类农业保险参与意愿影响不显著。小农户家庭大部分劳动力外出务工,而小农户本身从事高效设施类农业生产的比例就不高,因此其对保险的需求没有影响。农业生产时间对于小农户的高效设施类农业保险的需求影响显著为正,说明从事农业生产时间越长,小农户的农业生产经验越丰富,其对风险越敏感,越倾向于参加高效设施类农业保险。农业收入对参与高效设施类农业保险的影响显著为正,说明随着小农户收入的提高,其对于风险的保障意识增强,其对未来可能发生的灾害导致收入减少的规避心理增强,从而更加倾向于参加保险。农业经营面积对高效设施类农业保险的参与意愿的影响显著为正,说明随着土地经营面积的不断扩大,小农户对于风险保障的需求变高,对于高效设施类农业保险的参与意愿会变强。对于新型农业经营主体而言,农业生产因素对其参与高效设施类农业保险的意愿有显著影响。农业劳动力对高效设施类农业保险参与意愿的影响显著为正,说明农业生产中的劳动力越多,其所付出的人力成本越高,其保证农业收入的愿望越强,就越需要高效设施类农业保险的保障。农业生产时间对新型农业经营主体参与意愿的影响为正,说明新型农业经营主体随着从事农业生产时间的增加,风险意识也在不断增强,对农业生产的保障工作更重视,农业生产经验可以帮助农户更容易接受新兴保险产品。农业收入对新型农业经营主体参保意愿的影响为正,说明随着农业收入的增加,新型农业经营主体对农业保险的需求越来越大,其对于未来收入的稳定性越来越看重。经营面积对新型农业经营主体参保意愿的影响显著为正,说明经营面积越大,受灾受损的发生概率、受损程度、发生成本等越高,其对于损失的保障需求越大,新型农业经营主体越希望参与高效设施类农业保险。

（3）受灾情况

从实证结果来看,对小农户而言,受灾次数对参与高效设施类农业保险意愿的影响显著为负,随着受灾次数的增加,小农户的参保意愿反而降低,说明高效设施类农业保险对于小农户保证水平有待提高,同时也说明小农户的风险意识感知存在滞后性,即由于农业保险所保障的是未来灾害的风险,当期不愿意购买说明农户对于未来风险的认知不够。受灾影响程度对小农户参与高效设施类农业保险意愿影响不显著,说明农户对于自然灾害风险感知不足。对于新型农业经营主体而言,受灾次数越多,受灾情况越严重（影响系数均为负）,其对高效设施类农业保险的参与意愿越弱,说明虽然高效设施类农业保险为农业生产提供了一定保障,但是仍存在一定问题,尤其是诸如大棚、地表、作物等查勘定损的方式,以及受损保障范围等需要改进。

（4）保险认知与风险保障方面

实证结果显示,保险知识和防灾知识的宣传对于小农户、新型农业经营主体高效设施类农业保险参与意愿的影响显著为正,说明对农户的宣传起到了明显作用,农业生产者对于保险知识和风险的认知越清楚,越认识到保险的必要性以及新型保险的优势,高效设施类农业保险参与度越高。农业技能培训对小农户和新型农业经营主体参与意愿具有正向影响,说明增加对农业生产者的农业技能培训可以帮助其正确认知农业生产中存在的风险,尤其是对于高效设施类农业保险的认知,从而增强参与意愿。

（5）银行信贷方面

从实证结果来看,高效设施类农业保险对银行信贷帮助程度和贷款难易度对于小农户而言影响不显著,说明高效设施类农业保险与银行之间的合作对于小农户而言并不具有明显的吸引力。由于小农户从事高效设施类农业生产的比重不高,因此对经营不具规模的小农户来讲,扩大生产的意愿并不强烈,贷款需求不大。对于新型农业经营主体而言,高效设施类农业保险对贷款帮助越大,反而参与高效设施类农业保险的意愿越弱,说明目前高效设施类农业保险并不能有效支持农业贷款,银保合作有待改进,而从贷款难度来看,贷款容易反而削弱了新型农业经营主体的参保意愿,贷款难度提升反而参保意愿增强,两方面都说明目前保险并不能与银行信贷形成有效的互助。原因在于高效设施类农业保险保费一般较高且补贴较少,新型农业经营主体获取资金并非单靠银行信贷,当其参与高效设施类农业保险和获得信贷支持的成本高于其收益的时候,如高效设施类农业保险虽然帮助其降低了贷款门槛,但获得的资金无法满足其生产需求,购买保险的保费和贷款利息付出与扩大、稳定农业生产的收益不成正比时,其对于高效设施类农业保险的参与意愿就会明显减弱,因此如何设置"银保联合"机制,将影响农户对农业保险的需求。

(6)政府救济

实证结果显示,与没有受灾的情况相比,在受灾后,接受过政府补贴、救济的小农户和新型农业经营主体会更加倾向于参与高效设施类农业保险,且对小农户的影响更大,说明政府补贴是十分有必要的,政府救济对于农户稳定生产,尤其是大灾后的生产恢复起到了至关重要的作用。新型农业经营主体中接受过政府救济的生产者的参与意愿要显著强于未受救济的生产者。未接受过政府救济对小农户高效设施类农业保险的参与意愿影响不显著。

(7)地区

小农户方面,以苏南地区为基准,苏中和苏北地区的参与意愿明显强于苏南地区,且苏北地区强于苏中地区。新型农业经营主体方面,苏中地区和苏北地区系数显著为正,说明苏中、苏北地区的新型农业经营主体参与高效设施类农业保险的意愿强于苏南地区,同时苏中地区参与意愿略强于苏北地区。

2.满意度的影响因素分析

针对高效设施类农业保险的满意度影响因素,本章分别使用了 MLE 和两步法估计。整体来看,2 种回归方法均通过了 Wald 检验,在整体上显著,但是两步法中估计的逆米尔斯比率(Lambda 值)不显著,说明样本可能不存在选择偏误,不适合使用两步法。而在 MLE 中,Rho 值通过了显著性检验,说明两者存在一定关系,因此 MLE 的估计方法较为准确。在小农户的 16 个变量中,有 11 个变量 p 值小于 0.1,通过显著性检验,分别是性别、年龄、教育、农业生产时间、经营面积、保险与防灾知识宣传、技能培训频率、农业保险对贷款的帮助、受到政府救济的虚拟变量和地区虚拟变量。新型农业经营主体的 16 个变量中,有 9 个变量 p 值小于 0.1,通过显著性检验,分别是教育、农业生产时间、保险与防灾知识宣传、技能培训频率、农业保险对贷款的帮助、政府救济的虚拟变量和地区虚拟变量。具体见表 6-11。

表 6-11　农户对高效设施农业保险评价的回归结果

变量	MLE				二步法估计			
	小农户		新型农业经营主体		小农户		新型农业经营主体	
	系数	p 值	系数	p 值	系数	p 值	系数	p 值
性别	0.069	0.071	−0.014	0.713	0.085	0.031	−0.013	0.726
年龄	−0.006	0.000	−0.001	0.260	−0.006	0.000	−0.001	0.354
教育	−0.075	0.000	−0.069	0.000	−0.082	0.000	−0.070	0.000
农业劳动力	0.021	0.108	0.009	0.381	0.012	0.388	0.005	0.613
农业生产时间	0.042	0.032	0.126	0.000	0.027	0.310	0.099	0.000
农业收入	0.000	0.367	0.000	0.763	0.000	0.747	0.000	0.858
经营面积	0.000	0.000	0.000	0.246	0.000	0.010	0.000	0.787
受灾次数	−0.001	0.888	−0.013	0.228	0.000	0.993	−0.006	0.589
受灾影响	−0.015	0.118	−0.014	0.147	−0.024	0.014	−0.010	0.313
防灾宣传	0.068	0.000	0.031	0.006	0.070	0.000	0.025	0.029
技能培训	0.042	0.007	0.097	0.000	0.033	0.087	0.078	0.000
农业保险对贷款帮助	0.115	0.000	0.065	0.000	0.115	0.000	0.084	0.000
政府救济 有救济	0.045	0.096	−0.055	0.046	0.013	0.667	−0.069	0.014
政府救济 无救济	−0.020	0.494	−0.228	0.000	−0.063	0.037	−0.209	0.000
地区 苏中	−0.058	0.046	0.061	0.027	−0.065	0.070	0.036	0.255
地区 苏北	−0.185	0.000	−0.116	0.000	−0.190	0.000	−0.140	0.000
常数	2.092	0.000	1.778	0.000	2.221	0.000	1.916	0.000
Wlad	315.340	0.000	320.340	0.000	280.700	0.000	256.070	0.000
LR(Rho=0)	3.250	0.072	31.770	0.000	—	—	—	—
Lambda	—	—	—	—	−0.092	0.360	0.209	0.146

(1)家庭因素

实证结果显示,小农户方面,性别对于高效设施类农业保险满意度的影响显著为正,说明男性对于高效设施类农业保险的评价更高。年龄对于高效设施类农业保险的满意度有负向影响但影响不大,说明年龄越小的小农户对高效设施类农业保险的评价越高,即年轻人接受新鲜事物的能力较强。受教育程度对高效设施类农业保险的评价有负向影响,说明随着教育水平的提高,其对于农业保险的要求更高,相应地,对农业保险评价标准变高。新型农业经营主体方面,性别和年龄对高效设施类农业保险的满意度没有显著影响,受教育程度对高效设施类农业保险的满意度有负向影响,说明教育水平越高的新型农业经营主体对农业保险的评价越低。与小农户相同,教育水平高的农户对农业保险的理解能力更强,同时规模经营对农业保险的保障能力要求更高,故教育水平越高的农户对于农业保险会提出越高的要求。

(2)生产因素

对于小农户而言,农业劳动力和农业收入对高效设施类农业保险满意度的影响不显著,经营面积的影响虽然显著但系数为0,没有影响。农业生产时间对高效设施类农业保险满意度的影响为正,说明随着农户从事农业生产的时间增加,其对农业风险日益敏感,更需要风险分散工具,从而使之对农业保险的评价变高。对于新型农业经营主体而言,农业生产时间与其对高效设施类农业保险的满意度呈正相关关系,说明随着农业生产时间的增加,新型农业经营主体对高效设施类农业保险的认可度越高。以上说明长期从事农业生产的人对于风险的认知度较高,更需要获得保障,高效设施类农业保险为其提供了风险分散方式,其对于高效设施类农业保险的满意度更高。

(3)受灾情况

无论是小农户还是新型农业经营主体,受灾次数和受灾影响程度对其高效设施类农业保险满意度的影响均不显著。一是说明从事高效设施类农业的农业生产者对风险敏感度不够。二是说明当前高效设施类农业保险可能存在保障不足、理赔偏差等问题,导致受灾农户即使参保也无法完全依靠保险恢复生产,则无论受灾如何严重也无法提高对高效设施类农业保险的评价。三是可能存在保险品种缺失的问题,导致农业品无对应保险而在受灾后无法得到保障。

(4)保险知识宣传和农业技术培训方面

防灾知识与保险知识的宣传能显著提高小农户和新型农业经营主体对高效设施类农业保险的评价,说明政府和保险公司的宣传、普及可以提高对农业保险的评价。农业技能培训对小农户和新型农业经营主体对于高效设施类农业保险的评价有显著正向影响,说明农户参加农业技能培训的频率越高,其农业生产知识越丰富,对满意度农业风险的认知度越高,对农业保险的评价越高。从系数大小来看,小农户受政府和保险公司宣传教育的影响更大,而新型农业经营主体则受技能培训的影响更大,因此,在知识宣传上可以更侧重小农户,对新型农业经营主体则应更侧重技能培训。

（5）信贷方面

高效设施类农业保险对小农户和新型农业经营主体的贷款帮助影响系数显著为正,说明高效设施类农业保险对农户贷款的帮助越大,农户对高效设施类农业保险的评价越高,对高效设施类农业保险越满意。同时,高效设施类农业保险对于银行信贷的帮助对小农户的影响相对更大。因此,"银行＋保险"的金融支持方式可以有效提高农业生产者的积极性,银保联合的推出十分有必要。

（6）政府救济

小农户方面,在大灾情况下接受过政府救济的小农户对于高效设施类农业保险的满意度明显更高,说明受灾后政府的救济和补贴能够帮助小农户恢复农业生产,政府和保险公司的合作有助于有效做好灾后保障工作,因此,政府救济和补贴是十分必要的。没接受过政府救济对于农户对高效设施类农业保险的评价影响不显著。但对于新型农业经营主体而言,接受过政府救济和没有接受过政府救济对其高效设施类农业保险满意度的影响为负,但是未接受过政府救济的负向影响要大于接受过政府救济的负向影响。一是说明在受灾情况下,高效设施类新型农业经营主体依旧需要政府救济,尤其是在大灾情况下,高效设施类农业保险需要以政府平台作为依托,才能有效发挥保障作用。二是虽然政府救济十分必要,但是政府救济和补贴并没有满足农户的需求,效率不足,其具体表现在补贴资金下放不及时、补贴不到位、补贴目标偏移、补偿额度未达预期等问题上。

（7）地区

小农户方面,和苏南地区相比,苏中和苏北地区系数显著为负,说明苏中、苏北地区对高效设施类农业保险评价低于苏南地区,且苏北地区系数更小,说明苏北地区满意度比苏中地区低。新型农业经营主体方面,苏中地区系数显著为正,说明苏中地区的新型农业经营主体对高效设施类农业保险的评价高于苏南地区,苏北地区系数为负,说明苏北地区的高效设施类农业保险评价低于苏南地区。由此看出,苏北地区的高效设施类农业保险运行效果有待提高。

四、创新型农业保险的总体实证结果与分析

1. 需求响应的影响因素分析

在创新型农业保险需求影响因素分析中，小农户的 17 个变量中，有 13 个变量 p 值小于 0.1，通过显著性检验，分别是教育、农业劳动力、农业生产时间、经营面积、受灾次数、受灾影响、农业技能培训频率、农业保险对贷款的帮助、贷款难易度、政府救济和地区虚拟变量。本章对模型的整体检验使用 LR 检验，p 值为 0，整体显著，说明模型较为合适。新型农业经营主体的 17 个变量中，有 11 个变量 p 值小于 0.1，分别是性别、年龄、教育、农业生产时间、受灾次数、受灾影响、农业保险对贷款的帮助、政府救济的虚拟变量和地区虚拟变量，对模型的整体检验使用 LR 检验，p 值为 0，整体显著，说明模型较为合适。具体见表 6-12。

表 6-12　农户对创新型农业保险参与意愿响应的回归结果

变量		小农户			新型农业经营主体		
		系数	标准误	p 值	系数	标准误	p 值
性别		−0.042	0.092	0.645	0.213	0.104	0.041
年龄		−0.003	0.003	0.249	0.006	0.003	0.044
教育		0.130	0.049	0.008	0.178	0.049	0.000
农业劳动力		0.162	0.036	0.000	0.024	0.028	0.395
农业生产时间		−0.081	0.047	0.086	0.096	0.044	0.030
农业收入		0.000	0.000	0.633	0.001	0.001	0.193
经营面积		0.000	0.000	0.065	0.000	0.000	0.108
受灾次数		−0.073	0.026	0.005	0.124	0.031	0.000
受灾影响		−0.165	0.023	0.000	−0.093	0.025	0.000
防灾宣传		−0.021	0.029	0.454	0.040	0.031	0.196
技能培训		0.144	0.037	0.000	0.060	0.043	0.166
农业保险对贷款帮助		0.355	0.040	0.000	0.332	0.039	0.000
贷款难易度		0.109	0.041	0.007	−0.002	0.044	0.972
政府救济	有救济	0.611	0.066	0.000	0.424	0.072	0.000
	无救济	0.122	0.066	0.062	−0.268	0.068	0.000

续表

变量		小农户			新型农业经营主体		
		系数	标准误	p 值	系数	标准误	p 值
地区	苏中	0.690	0.065	0.000	0.432	0.068	0.000
	苏北	0.593	0.068	0.000	0.674	0.081	0.000
常数		−0.868	0.272	0.001	−1.722	0.291	0.000
LR 检验		599.910		0.000	424.620		0.000

（1）家庭因素

从实证结果看，对于小农户而言，性别和年龄不是其参与创新型农业保险的显著影响因素，而受教育程度对小农户的创新型农业保险参与意愿具有正向影响，说明小农户的受教育程度越高，接受新鲜事物的能力越强，越希望参与创新型农业保险。同时对于新型农业经营主体而言，性别、年龄、教育对参与意愿的影响显著为正，说明男性农业生产者更容易接受创新型农业保险；随着年龄的增大、农业生产经验的丰富和对风险感知的加强，其对于创新型农业保险的需求也变大；受教育程度越高，其接受新鲜事物的能力越强，对创新型农业保险的需求越大。

（2）农业生产因素

实证结果显示，对于小农户而言，农业劳动力数量对于创新型农业保险的参与意愿有显著正向影响，说明农业劳动力越多，小农户越倾向于参加创新型农业保险。农业劳动时间对创新型农业保险的参与意愿有显著负向影响，随着从事农业劳动时间的增加，对于创新型农业保险的参与意愿反而降低，说明小农户在长期的农业生产经营中对自身的风险管理水平存在盲目自信，也从侧面反映了风险管理意识的不足，且这种不足与经验丰富程度呈现一定关系。再者，可能由于小农户本身经营规模较小，依靠自身管理能够进行风险控制，传统保险提供了足够保障，不需要创新型农业保险。农业收入对创新型农业保险的参与意愿没有显著影响，说明对小农户而言，农业收入已经不是其主要家庭收入来源。经营面积的影响虽然通过了检验，但是系数为0，说明小农户的经营面积和参保意愿无关。对于新型农业经营主体而言，农业劳动力、农业收入、农业经营面积3个生产类因素对创新型农业保险的参与意愿影响均不显著。而农业生产时间对创新型农业保险的参与意愿具有显著正向影响，说明随着生产时间和农业生产经验的增加，其对于保障农业生产的要求更高，对于风险更加敏感，同时接受能力更强，对于创新型农业保险的需求更大。

（3）受灾情况

从实证结果来看，对小农户而言，受灾次数和受灾影响程度对小农户参与创新型农业保险意愿的影响显著为负，说明受灾次数越多，灾害对农业生产的影响越大，其参与创新型农业保险的意愿就越弱。有理论分析认为，这种问题的原因一是小农户对于创新型农业保险的认知尚缺乏，由于小农户经营面积相对较小，同时参与创新型农业保险的成本高，而其保障与传统保险相比又并不更多，在权衡下小农户参与更多的是传统保险；二是创新型农业保险大部分没有政府补贴，而传统农业保险的补贴比例较高，甚至部分地区不需要小农户付保费，而受灾后又能享受政府救助，因此对小农户而言创新型农业保险没有足够吸引力；三是小农户的风险认知存在明显滞后性，导致其风险意识只有在受灾后才会变强。对于新型农业经营主体而言，受灾次数对参与创新型农业保险意愿的影响显著为正，说明受灾次数越多，越能激发新型农业经营主体的参保意愿，其对创新型农业保险的需求越大。但是受灾影响程度对参与意愿影响显著为负，即灾害对农业生产者造成损失越严重，其对创新型农业保险的需求越小，说明目前创新型农业保险仍存在一定问题，尤其是在受灾严重的情况下，精准定损、保障程度等并未满足农业经营主体的需求。

（4）保险认知与风险保障方面

实证结果显示，保险知识和防灾知识的宣传对于新型农业经营主体参与创新型农业保险意愿的影响显著为正，但是对小农户的影响不显著。调研发现，由于新型农业经营主体主要从事适度规模经营，面对的自然风险和市场风险比较大，因此江苏省各地在进行创新型农业保险产品试点时，主要是为新型农业经营主体量身定制相关产品，宣传的对象也主要是新型农业经营主体。随着创新型农业保险由试点到全面推广，相关的保险知识、防灾知识的宣传以及险种的介绍一定会广泛推广到全体农户中去，相信小农户的参与意愿也一定会增强的。

（5）银行信贷方面

从实证结果来看，创新型农业保险对贷款的帮助程度的影响系数为正，这意味着其增强了农业生产者参与创新型农业保险的意愿，说明创新型农业保险对贷款的帮助越大，无论是小农户还是新型农业经营主体，都更愿意参加创新型农业保险，说明"农业保险＋银行信贷"的金融支持农业生产的模式是有推行必要的，通过保险稳定生产、扩大信贷规模，有利于农户创收，但是具体如何操作,"银保联合"的机制有待进一步设计。贷款难易度对于小农户参与创新型农业保险意愿的影响显著为正,说明贷款越容易,越有利于小农户参与创新型农业保险,说明降低贷款门槛在一定程度上提高了小农户参保的积极性,但是需要注意的是它所提高的是希望从事农业生产的小农户的积极性。对于新型农业经营主体而言,影响系数不显著,说明贷款难易度本身不能影响新型农业经营主体的参保意愿。新型农业经营主体对于资金需求和参保有两方面权衡,一是借贷方式的考虑,一般来讲,自筹或找人借款是新型农业经营主体的首选资金筹集方式,其次是银行信贷,且大部分资金以自筹为主,那么当银行贷款门槛较高使之无法达到借贷要求,或者贷款资金无法满足生产需求时,其自然会寻找其他筹集资金的方式,而非寻找降低银行信贷门槛的方法。二是创新型农业保险和传统农业保险的选择问题,贷款容易并不意味着其会选择参与创新型农业保险。针对传统农业保险与创新型农业保险,大部分新型农业经营主体对同一农产品不会进行两次投保,即使农业生产者对于创新型农业保险有一定了解,其选择保险产品还是基于成本-收益权衡的决策结果,因此贷款难易并不一定会影响新型农业经营主体对创新型农业保险的需求。

(6)政府救济

实证结果显示,与没有受灾的情况相比,在受灾后接受过政府补贴和救济的小农户和新型农业经营主体的参保意愿要明显强于未接受过救济者,说明政府补贴是十分有必要的,政府救济对于农户稳定生产,尤其是大灾后的生产恢复起到了至关重要的作用。从新型农业经营主体未接受过政府救济一项看,其影响系数为负,说明没有接受过救济的新型农业经营主体不愿意参与创新型农业保险,侧面强调了创新型农业保险与政府合作的必要性。

(7)地区

小农户方面,以苏南地区为基准,苏中和苏北地区小农户的参与意愿明显强于苏南地区,且苏中地区强于苏北地区。新型农业经营主体方面,苏中地区和苏北地区系数显著为正,说明苏中、苏北地区的新型农业经营主体参与创新型农业保险的意愿强于苏南地区,同时苏北地区参与意愿强于苏中地区。

2.满意度的影响因素分析

针对创新型农业保险的满意度影响因素,本章分别使用了 MLE 和两步法估计,整体来看,2 种回归方法均通过 Wald 检验,在整体上显著,但是两步法中的逆米尔斯比率(Lambda 值)不显著,说明样本可能不存在选择偏误,不适合使用两步法。而在 MLE 中,Rho 值通过了显著性检验,说明两者存在一定关系,因此 MLE 的估计方法较为准确。在小农户的 16 个变量中,有 12 个变量 p 值小于 0.1,通过显著性检验,分别是性别、年龄、农业劳动力、经营面积、受灾次数、受灾影响、保险和防灾知识宣传、技能培训频率、农业保险对贷款的帮助、受到政府救济的虚拟变量和地区虚拟变量。新型农业经营主体的 16 个变量中,有 9 个变量 p 值小于 0.1,通过显著性检验,分别是农业劳动力、农业生产时间、保险与防灾知识宣传、技能培训频率、农业保险对贷款的帮助、政府救济的虚拟变量和地区虚拟变量。具体见表 6-13。

表 6-13　农户对创新型农业保险评价的回归结果

变量		MLE				两步法估计			
		小农户		新型农业经营主体		小农户		新型农业经营主体	
		系数	p 值	系数	p 值	系数	p 值	系数	p 值
性别		−0.075	0.030	−0.038	0.370	−0.077	0.014	−0.079	0.071
年龄		−0.003	0.007	0.001	0.230	−0.003	0.010	0.001	0.481
教育		0.004	0.816	−0.020	0.288	−0.024	0.213	−0.048	0.034
农业劳动力		0.045	0.000	0.019	0.074	0.028	0.047	0.017	0.081
农业生产时间		0.021	0.208	0.092	0.000	0.030	0.057	0.084	0.000
农业收入		0.000	0.889	0.000	0.932	0.000	0.714	0.000	0.697
经营面积		0.000	0.001	0.000	0.273	0.000	0.003	0.000	0.356
受灾次数		−0.063	0.000	−0.002	0.881	−0.049	0.000	−0.016	0.234
受灾影响		−0.019	0.035	−0.007	0.439	0.012	0.363	0.006	0.586
防灾宣传		0.085	0.000	0.026	0.017	0.097	0.000	0.022	0.026
技能培训		0.077	0.000	0.089	0.000	0.052	0.001	0.073	0.000
农业保险对贷款帮助		0.207	0.000	0.179	0.000	0.156	0.000	0.141	0.000
政府救济	有救济	0.212	0.000	0.047	0.081	0.125	0.003	−0.003	0.933
	无救济	−0.018	0.518	−0.242	0.000	−0.033	0.195	−0.201	0.000
地区	苏中	0.048	0.093	0.148	0.000	−0.075	0.153	0.094	0.041
	苏北	−0.069	0.020	0.068	0.032	−0.182	0.000	−0.022	0.720
常数		1.334	0.000	1.142	0.000	1.686	0.000	1.577	0.000
Wlad		810.960	0.000	519.210	0.000	547.900	0.000	312.620	0.000

续表

| 变量 | MLE | | | | 两步法估计 | | | |
| | 小农户 | | 新型农业经营主体 | | 小农户 | | 新型农业经营主体 | |
	系数	p 值	系数	p 值	系数	p 值	系数	p 值
LR(Rho=0)	79.130	0.000	128.280	0.000	—	—	—	—
Lambda	—	—	—	—	0.130	0.347	0.183	0.347

（1）家庭因素

实证结果显示，小农户方面，性别对于创新型农业保险满意度的影响显著为负，说明男性对于创新型农业保险的评价不高。年龄对于创新型农业保险的满意度有负向影响但影响不大，说明年龄越小的小农户对创新型农业保险评价越高，即年轻人接受新鲜事物的能力较强，对创新型农业保险的认可度较高。教育水平对创新型农业保险满意度的影响不显著，这可能与小农户教育水平普遍偏低有关。对于新型农业经营主体而言，家庭因素的3个变量对创新型农业保险的满意度均没有显著影响，说明家庭因素并不是新型农业经营主体创新型农业保险满意度的主要影响因素。

（2）生产因素

对于小农户而言，农业生产时间和农业收入对创新型农业保险的评价影响不显著，经营面积虽然影响显著但系数为0，没有影响。农业劳动力对创新型农业保险满意度的影响为正，说明小农户家庭从事农业生产的人数越多，其对于创新型农业保险的评价越高。具体而言，若家中大部分劳动力从事农业生产，那么以农业生产为主要收入的家庭必须有一个保障其收入的工具，从而对创新型农业保险的评价会上升。对于新型农业经营主体而言，农业生产时间和农业劳动力对创新型农业保险的满意度有正向影响，说明随着新型农业经营主体农业劳动力的增加，其对于创新型农业保险的需求增大，创新型农业保险的保障更适合于规模型农业生产。随着劳动生产时间的增加，新型农业经营主体对创新型农业保险的满意度提高，说明对于长期从事农业生产的人而言，农业实际生产经验越丰富，对风险保障的需求越大。

（3）受灾情况

对小农户而言，受灾次数和灾害对农业生产的影响程度对创新型农业保险满意度的影响为负，即受灾次数越多，灾害对农户的影响越严重，创新型农业保险的满意度越低，说明创新型农业保险对小农户的保障不足。对小农户而言,创新型农业保险与传统保险相比无显著差异,具体来讲,由于创新型农业保险相对于传统保险有较高的费率同时补贴没有传统保险多,而小农户本身经营规模较小,虽然灾害对自身生活、生产造成较大影响,但是创新型保险实际提供的保障与传统保险差异不大,成本较高,因此,创新型农业保险并不适合小农户。对新型农业经营主体而言,受灾次数和受灾影响对创新型农业保险的满意度没有显著影响,原因在于:一是创新型农业保险目前险种不够,没有覆盖到新型农业经营主体的农产品品种或者没有满足其保障需求。二是部分新型农业经营主体对风险的感知不够,这并非风险意识不足的问题,对于新型农业经营主体而言,农业保险是十分必要的,大部分新型农业经营主体均参与农业保险,故新型农业经营主体在选择保险险种时会进行成本-收益权衡,由此看来,由于创新型农业保险相较传统保险可以提供更多保障,而受管理成本限制,参与创新型农业保险后新型农业经营主体可能会适当减小事前风险管理力度,最终使得受灾情况更严重,因而对新型农业经营主体而言,创新型农业保险并未体现其创新之处。

(4)保险知识宣传和农业技术培训方面

防灾知识与保险知识的宣传显著促进小农户、新型农业经营主体提高对创新型农业保险的评价,说明政府和保险公司的宣传、普及可以提高创新型农业保险的接受度。农业技能培训对小农户和新型农业经营主体对创新型农业保险的满意度有显著正向影响,说明农户参加农业技能培训的频率越高,其农业生产知识越丰富,对农业风险的认知度越高,对创新型农业保险的评价越高。从系数大小来看,小农户受政府和保险公司宣传教育的影响更大,而新型农业经营主体则受技能培训的影响更大,因此,在知识宣传时可以更侧重小农户,对新型农业经营主体则侧重技能培训。

(5)信贷方面

创新型农业保险对小农户和新型农业经营主体的贷款帮助影响系数显著为正,说明创新型农业保险对农户贷款的帮助越大,农户对创新型农业保险的评价越高,对创新型农业保险越满意,同时创新型农业保险对小农户银行信贷的帮助的影响相对更大。因此,"银行+保险"的金融支持方式可以有效提高农业生产者的积极性,银保联合的推出十分有必要。

(6)政府救济

小农户方面,在大灾情况下接受过政府救济的小农户对于创新型农业保险的满意度明显较高,说明受灾后政府的救济和补贴能够帮助小农户恢复农业生产,对于新型农业保险也需要引入政策性,只有政府和保险公司合作才可以有效做好灾后保障工作。对于新型农业经营主体而言,受到救济对新型农业经营主体对创新型农业保险的满意度影响为正,未接受过政府救济的影响显著为负,说明对新型农业经营主体而言,灾后恢复生产依然需要政府的帮助,接受过政府救济者的农业保险满意度有显著提升,但未接受过政府救济者的农业保险满意度出现了下降,说明单靠创新型农业保险的保障无法有效保护农户的生产和生活,受灾越严重,越需要"政府＋保险""补贴救济＋保险保障"的方式来帮助农户。

(7)地区

对小农户而言,和苏南地区相比,苏中地区系数为正,苏北地区系数显著为负,说明苏中地区对创新型农业保险的满意度更高,苏北地区对创新型农业保险满意度最低。新型农业经营主体方面,苏中和苏北地区系数显著为正,说明苏中、苏北地区的创新型农业经营主体对创新型农业保险的评价高于苏南地区,而苏中地区系数大于苏北地区,说明苏中地区的满意度更高。

第五节　本章小结

本章通过 Heckman 模型分别对目前江苏地区特色农产农业保险、指数类农业保险、高效设施类农业保险的创新需求相应进行了分析,同时对于现行的三类创新型农业保险的运行状况进行了分析并进行了影响因素的研究。研究结论如下。

1.农户的生产经营风险对农户的需求有正向影响

创新型农业保险主要包括地方特色类保险、指数类农业保险、高效设施类农业保险。地方特色保险和指数类农业保险可以满足农户不同的需求,例如价格指数保险和收入保险可以满足农户的经营,地方特色保险可以满足专业性农户的需求。

2.保险知识宣传和农业技能培训有利于增强农户的投保意愿

保险知识和农业知识的宣传能显著提高小农户对特色农业保险的评价,说明通过政府和保险公司的宣传、普及可以提高小农户对农业保险的认知水平,有助于小农户真正了解保险的性质,从而提高对农业保险的评价。同时说明,小农户参加保险知识和农业知识宣传的频率越高,其农业生产知识越丰富,对农业风险的认知度越高,对农业保险的评价越高。对于新型农业经营主体而言,由于其在农业生产方面的专业性更强,本身对农业保险具有一定认识,因此农业保险和风险宣传对其影响不显著,但是农业技能培训的影响显著为正,说明其参加农业培训的频率越高,农业生产技能知识越丰富,越有利于提高其对农业保险的评价。

3. 新型农业经营主体的生产方式使其更倾向于投保创新型农业保险

新型农业经营主体集约化、专业化的生产方式使得其面临着更多的生产经营风险,也拥有更多的资金需求。指数类保险中的价格指数保险和收入保险可以为新型农业经营主体提供更多的风险保障,地方特色农业保险可以满足新型农业经营主体专业化经营的需求。

4. 农户对于创新型农业保险的需求具有地区差异性

苏中和苏北地区的农户对于创新型农业保险的需求普遍大于苏南地区农户,这是因为苏中和苏北地区的新型农业经营主体在销售渠道、资源等方面不如经济发达地区的新型农业经营主体,管理能力和生产经验也相对落后,对于风险保障的需求更大,因此不同地区农户的需求存在着明显的差异。

从结果来看,无论是哪种创新型农业保险,小农户与新型农业经营主体由于性质差异都表现出对农业保险的不同需求,家庭因素、生产因素、灾害因素、信贷因素、救济因素对不同农业保险、不同性质的农户产生了不同影响,因此对于有效刺激农业保险的需求、提高创新型农业保险的运行效果,需要对症下药,避免"一刀切"。各个影响因素都并非单向影响农户的参与意愿和保险评价,而是从正反两方面综合作用。无论对于何种经营主体,创新型农业保险的推行十分有必要,其在赔付、勘损方面相比于传统农业保险具有更大优势,但是在实行过程中,依然存在一定问题,解决这些问题将有利于创新型农业保险的有效运行。

第七章 农户和新型农业经营主体对商业性农业保险产品创新需求响应分析

第一节 理论分析

当前政策性农业保险已经无法满足农户的风险保障需求,因此需要创新型商业农业保险来填补缺口。但是,不同于政策性农业保险,对于商业性农业保险而言:首先,其不再享受政府补贴,意味着在获得更多保障的同时需要全额负担更高的保费;其次,商业性与政策性性质之间的不同使得其运行模式势必存在差异,商业性农业保险是作为独立于政策性农业保险单独存在还是依附于政策性农业保险作为补充的问题仍需研究;最后,对于农户而言,商业性农业保险与政策性农业保险彼此是替代品还是互补品,不同农户对此有不同认知。因此,虽然农户对于风险保障的需求不断增大,但是是否存在对商业性农业保险的真实需求依旧有待讨论,故对于创新型商业性农业保险,本章通过联系政策性农业保险总结出以下几点影响因素。

一、保险产品与服务因素

农业商业附加险和涉农贷款保证保险作为创新型商业性农业保险的两大品种,是为给农户提供额外保障而设置的商业性险种,因此,对于农户而言,创新型商业性农业保险的需求受到政策性农业保险运行效果的影响,由于目前各种创新型商业性保险均处于试点阶段,可获取的资料有限,故联系政策性农业保险将有助于对商业性农业保险的运行进行更好的研究。而对于创新型商业性农业保险的需求与政策性农业保险之间的关系,这与农户对于商业性与政策性保险性质的认知有关,同时本章认为,商业性农业保险与政策性农业保险之间同时存在支持效应和替代效应。

保险产品方面,农业保险保费的高低对创新型商业性农业保险的需求存在影响,农户对创新型商业性农业保险是否存在需求,取决于当前农业保险运行效果、收益成本比、资金限制、风险补偿需求满足度情况等方面。各方面因素共同决定了农业保险的支持效应与替代效应。具体而言,假定在当前农业保险维持现状不变的情况下（即不进行产品、服务创新的前提下），第一，农业保险运行好，当前农业保险可以满足风险保障需求，农户没有获得额外保障的需求，则其不存在对商业性农业保险的需求，此时农业保险的产品和服务对此没有影响。第二，农业保险运行状态良好，但农户对政府风险补偿度满足意向多，在资金不受限的情况下，农户对于资金更高风险补偿的需求会激励其参与商业性农业保险，以获取更多补偿。第三，农业保险运行状态良好，风险补偿度不足，但由于资金限制农户无法选择更多保险，此时潜在需求无法转化为有效需求，基于收益成本比考量，目光长远的农户会基于长期潜在风险进行决策，短视的农户会基于当前农业保险成本支出与经营收入对比进行决策。第四，农业保险运行效果较差情况下，农户会基于对政策性农业保险与商业性农业保险的认知差异进行决策，农户会减小对补充性质的商业性农业保险的有效需求，而增大对替代性质的商业性农业保险的需求。

保险服务方面，农业保险的查勘定损、理赔工作的运行情况也影响着创新型商业性农业保险的需求。对于保险服务而言，优秀的农业保险服务会提升农户对于农业保险的评价，那么对于创新型商业性农业保险而言，由于商业性农业保险由保险公司自主运作，缺少政府参与，若商业性农业保险在农户付出更高成本的情况下无法提供更好的服务，即在没有政府参与情况下，农户不会积极参与商业性农业保险。目前来讲，由于各个保险公司主要负责农业保险的人员相对稀缺，其表现在：部分保险公司虽然有农业保险部门，但实际负责的人员就几个；基层保险人员不足，往往需要村干部兼任；农业保险队伍专业性不强。实际上，没有政府参与，商业性农业保险的服务水平很难提高。因此由于商业性农业保险与政策性农业保险的差异，随着农业保险服务不断完善，保险服务对作为替代品的创新型商业性农业保险可能存在需求刺激的反作用，对作为补充商品的创新型商业性农业保险可能具有一定激励作用。

二、农户特征

农户自身特性影响着其对于创新型商业性农业保险的需求，生活特征诸如性别、年龄、教育、家庭人口等从内在影响着农户的思维方式和决策行为，尤其在农村社会，男女性别的差异造就了农业生产明显的分工，性别特点对行为方式、思维逻辑有着不同影响。年龄是一种社会经验的间接表现，年龄大意味着社会经验相对丰富，但也意味着思维保守。教育水平是农户学习、理解、接受事物的条件之一,对于农户而言,教育水平高者往往拥有较高的素质。家庭人数以及家庭农业从业者往往影响着家庭的主要收入来源,以农业为主要收入的人势必需要农业风险保障。在生产因素方面,生产经验、生产规模、生产方式等影响着农户对于商业性农业保险的参与决策,生产经验较多的农户对农业生产的风险较为敏感,但同时对于自身经验以及抗风险能力的过度信任可能会使其轻视风险。生产规模大的农户抗风险能力相对较强,但受灾后的损失也相对较大。另外,农户是否真正需要商业性农业保险,还是由农户在长期生活生产中形成的风险偏好决定的。

三、网点设置

服务网点的设置对农户参与创新型商业性农业保险的意愿影响复杂,并非设置越近、越方便就越好。第一,目前农业保险的参保往往由保险公司工作人员和地方协保员共同完成,对于小农户,由协保员上门协助完成参保,新型农业经营主体由地方保险工作人员上门一对一签约。第二,受灾理赔往往是保险工作人员亲赴现场,赔偿款直接入账,不需要农户亲自前往保险网点。第三,部分农户对于保险网点的位置实际并不清楚。因此,保险网点作为服务站点并非仅是农户办理保险业务的平台,实际还是解决农户与保险公司交流问题、保险公司出保工作的基层站点。网点设置存在两方面影响:一方面,距离越近,则办理业务越方便,刺激了保险需求;另一方面,若保险网点距离较远,受交通成本影响,为了节省在途成本,农户会倾向于一次办理尽量多的业务。

四、宣传工作

对创新型商业性农业保险的宣传有利于农户更加清楚地认识商业性农业保险的性质,即为其提供额外保障。对于新型农业保险而言,受到信息、交通等各方面影响,对于农户尤其是小农户而言,很难获取最新信息动态,因此政府和保险公司的宣传就十分必要。

五、农业保险与信贷

农业保险对信贷的支持、信贷与农业保险的合作不仅可以对农业生产进行保护,也提升了农户扩大生产的积极性。保单质押能够适当降低银行贷款门槛,涉农贷款保证保险为农户贷款提供了信用保障,与之共担风险。而参与商业性农业保险的农户往往是希望获得更多保障或期望扩大生产的农户,因此运行好农业保险与银行贷款的"银保平台"能够有效促进商业性农业保险的推行。

六、互联网保险

对互联网保险产品的了解有利于帮助农户接触新鲜事物,提高农户对新型农业保险的接受能力。

第二节 模型构建与变量设定

一、模型构建

对于需求响应的分析,由于被解释变量是 0-1 变量,故本章选取二元选择模型,同时由于选取的变量基本符合正态分布,因此在单独分析商业附加险和涉农贷款保证保险时选用 Probit 模型进行分析。而对于创新型商业性农业保险的需求响应,主要涉及上述两类产品,因此选用 Biprobit 模型,原因在于 Biprobit 模型在估计时会考虑不同方程之间干扰项的相关性,通过修正 2 个模型干扰项协方差矩阵来提高估计效率。Biprobit 模型既能解决险种需求的内生性问题,又能解决模型所固有的遗漏问题,为识别农户对商业性农业保险需求的影响因素提供了合适的方法。本章构建模型如下:

$$y_1 = \alpha_i + x_i^1 \beta + \varepsilon_i,$$
$$y_2 = \eta_i + x_i^2 \gamma + \mu_i,$$
$$(\varepsilon_i, \mu_i) \sim N(0, \Omega).$$

其中,$\Omega = \begin{pmatrix} \sigma_\varepsilon^2 & \rho\sigma_\varepsilon \\ \rho\sigma_\varepsilon & 1 \end{pmatrix}$,$y$ 为 0-1 变量(被解释变量),x 为解释变量,随机扰动项服从二元正态分布。

二、数据说明与变量设定

1. 数据来源

本章数据来源于中国人民财产保险股份有限公司江苏分公司与南京农业大学合作的实地调查问卷,样本涉及江苏省南京、无锡、常州、泰州、南通、扬州、盐城、淮安、连云港 9 个市、45 个县(区)共 6603 个样本,其中南京 577 个,常州 456 个,无锡 273 个,泰州 1299 个,南通 988 个,扬州 1113 个,盐城

782 个,淮安 539 个,连云港 576 个。小农户 3392 个,新型农业经营主体 3091 个,非农受访者 120 个。问卷内容涉及农业经营主体的家庭信息、经营信息、保险信息、风险信息、融资信息、补贴信息、互联网信息等,对于样本信息缺失量低于 10% 的数据使用多重插补法予以填补。

2.变量设定与说明

(1)保险产品与服务

保费:农业保险保费越低,对于小农户而言,受资金、规模限制,收益成本比变高,而当前保险所提供的保障已足够满足需求,因此其并不倾向于参加附加类农业保险。对于新型农业经营主体,其关注点并不在于保费多少,而在于所提供的保障,因此,若保费降低意味着保障降低,那么其倾向于参加附加险获取额外保障。但是对于涉农贷款保证保险来说,保费降低意味着资金更充裕,为保障贷款需求以及考虑还款风险,保费的降低后新型农业经营主体会加强对涉农贷款保证保险的参与。

损失补偿度:对于商业性附加险而言,保障程度提高有助于提高当前农业风险保障的需求满足度,一方面为获得额外保障的农户会将附加险视作补充产品,增加其需求,另一方面农业有效保障情况下农户不会付出更多成本购买额外保险。对于涉农贷款保证保险来讲,保障程度的提高使得其农业生产在收益上获得了保障,有意愿扩大生产规模的农户会通过信贷渠道获取生产资金,那么其对资金安全就会有保障需求,进而倾向于购买涉农贷款保证保险。对于没有扩大规模意愿的农户,保障水平提高意味着资金安全性的提高,其偿还能力越强,就越没有参与涉农贷款保证保险的积极性。

保险与灾害对应程度(偏差):农业保险与风险的对应情况越好,说明农户越能够获得保障,农户对于保险越信任,其对于商业附加险和涉农贷款保证保险的需求越大。

参保程序:对于小农户而言,由于由地方协保员协助参保,且参保过程相对简单,因此其对参保程序的复杂程度并不存在明显感知。对于商业性附加农业保险而言,农业保险参保程序越简单,农户对于农业保险的整体评价相对越高,越能间接刺激商业性附加保险的潜在需求。对于新型农业经营主体而言,参保过程是由地方保险人员一对一服务,从参保规模、品种范围、费用、理赔标准等各方面厘定,参保步骤相对较多,因此农业保险参保程序的简化可能会刺激附加险的有效需求。而涉农贷款保证保险不同于农业生产类保险,其需求取决于农户将涉农贷款保证保险视作农业生产类保险的替代品还是补充品。

表 7-1 变量设定与说明

变量		说明	商业附加险的预测方向		涉农贷款保证保险的预测方向	
			小农户	新型农业经营主体	小农户	新型农业经营主体
被解释变量 参保意愿	商业附加险参加参与意愿	不愿意参加=0,愿意参加=1				
	涉农贷款保证保险参保意愿	不愿意参加=0,愿意参加=1				
解释变量 保险产品与服务	保费	很高=1,较高=2,一般=3,较低=4,很低=5	-	+	+	+
	损失补偿度	30%以下=1,30%～50%=2,50%～70%=3,70%～90%=4,90%以上=5	?	?	?	?
	偏差	对应=1,有部分偏差=2,偏差很大=3	-	-	-	-
	参保程序	复杂=1,一般=2,简单=3	+	+	?	?
	合同条款	不能理解=1,部分理解=2,完全理解=3	+	+	+	+
	材料数量	较多=1,一般=2,较少=3	?	?	?	?
	查勘定损速度	较慢=1,一般=2,较快=3	+	+	?	?
	赔款速度	较慢=1,一般=2,较快=3	+	+	+	+
	险种满足度	完全不能满足=1,满足很小部分=2,满足基本需要=3,满足大部分=4,完全满足=5	+	+	-	-
	大灾补偿度	几乎起不到作用=1,可以弥补小部分损失=2,弥补一半损失=3,弥补大多数损失=4,弥补几乎所有损失=5	+	+	?	?

续表

解释变量		变量	说明	商业附加险的预测方向		涉农贷款保证保险的预测方向	
				小农户	新型农业经营主体	小农户	新型农业经营主体
家庭与生产信息		性别	女=0,男=1	+	+	+	+
		年龄		+	+	+	+
		受教育程度	小学及以下=1,中学=2,本科(大专)=3,本科以上=4	?	?	?	?
		家庭劳动力		?	?	?	?
		农业劳动力数量		+	+	+	+
		农业生产时间	1年及以下=1,2~5年=2,5年以上=3	?	?	?	?
		总收入		+	+	+	+
		长期雇工人数	无=1,1~5人=2,6~10人=3,10人以上=4	+	+	+	+
	网点便利程度	服务中心离家距离	1公里以内=1,1~5公里=2,6~10公里=3,11~15公里=4,15公里以上=5	-	-	-	-
		最近网点	距离太远=1,距离有点远=2,一般=3,距离较近=4,距离很近=5	?	?	?	?
	宣传工作	防灾宣传	从未宣传=1,宣传较少=2,宣传频率一般=3,宣传较多=4,经常宣传=5	+	+	+	+
	农业保险与信贷支持	农业保险对贷款帮助	帮助不大=1,有一点帮助=2,帮助很大=3	+	+	+	+
	新型互联网产品	是否了解互联网保险	没听说过=1,听说过但不了解=2,比较了解=3	+	+	+	+

合同条款:易于理解的合同条款会提升农户的信任程度,进而会刺激商业性农业保险的需求。

材料数量:受损需要上报的材料多少对商业性农业保险具有两方面影响:一方面,提交材料较多使得农户认为材料审核过程复杂,可能会耽误救灾时间;另一方面,提交受灾材料越多意味着资料越全面,可信度越高,也越有可能获得理赔。

查勘定损速度:查勘定损速度越快,效率越高,农户越能够及时获得保障,越有利于刺激对商业附加险以及涉农贷款保证保险的需求。

赔款速度:赔款速度越快,越能有效支持农业生产,农户对于农业保险的评价越高,对于商业性农业保险的需求就越大。

险种满足度:对于政策性农业保险险种范围不足的问题,商业性农业保险可以进行弥补。当前政策性农业保险对于农业生产的满足度越低,农户越倾向于选择商业性保险进行保障。

大灾补偿度:商业附加险的大灾补偿度越高,农户越有可能获得更多保障,则其对商业附加险的需求就越大。对于涉农贷款保证保险而言,并不能确定其如何影响需求:一方面,保障程度的提高弥补了大灾损失,间接提高了农户还款能力,对涉农贷款保证保险的需求进行了反刺激;另一方面,对于那些受灾严重、无力偿还贷款的农户,涉农贷款保证保险又为他们的信用提供了保障,刺激了正向需求。

(2)家庭与生产信息

性别:一般来讲,男性承担着更多的农业劳动工作,因此对于农业生产更加熟悉,对于创新型商业性农业保险的接受程度更高。

年龄:年龄越大的农户从事农业生产的经验相对越丰富,对农业风险越敏感,对于风险补偿要求更高,对商业性农业保险需求越大。

受教育程度:第一,受教育程度越高者,对于创新型农业保险品种的接受度越大。第二,受教育程度高的农户的自主思考能力更强,认知能力更强,对于创新型农业保险会从更多方面考虑。第三,受教育程度高的农户可能会存在过度自信心理。因此,受教育程度并非简单单向影响商业性农业保险的需求。

家庭劳动力:家庭劳动力对于商业性农业保险需求的影响取决于家庭中劳动力从事工作的性质,对于以农业收入为主要经济来源的家庭存在正向影响,对于不以农业收入为主要来源的家庭可能存在负向影响。

农业劳动力数量:农业劳动力越多,越需要农业生产的风险保障,对商业性农业保险需求越大。

农业生产时间：一方面，从事农业生产时间越长的农户生产经验越多，对风险越敏感，对农业保险额外保障的需求越大。另一方面，生产时间长的农户自身抗风险能力相对较高，是否参与商业性农业保险取决于其成本-收益考虑。

收入：总收入越高的农户收入保障的意识越强，越倾向于购买商业性农业保险获取额外保障。

长期雇工人数：雇佣人数越多，成本越高，农业生产中的意外损失越大，越倾向于购买商业性农业保险。

（3）网点便利程度

服务中心离家距离：一般认为，服务中心离家越近，服务越及时，越有利于商业性农业保险的业务办理。

最近网点：一方面，若农业保险业务办理网点近，更方便办理，则其更倾向于参与保险。另一方面，距离越远，为节省交通成本和时间成本，前往后会倾向于办理更多业务。

（4）宣传工作：防灾宣传

政府和保险公司防灾宣传越多，农户对于新型商业性农业保险的认知越清晰，越有利于其参与商业性农业保险。

（5）农业保险与信贷支持：农业保险对贷款帮助

农业保险对信贷帮助越大，越有利于帮助农户从事农业生产，进而农户对于商业性农业保险的需求越大。

（6）新型互联网产品：是否了解互联网保险

农户增进对互联网产品的了解，一方面说明信息获取途径较好，另一方面说明接受新鲜事物较快，更倾向于参与创新型商业性农业保险。

第三节　描述性统计分析

一、商业性农业保险的创新需求响应分析

对于小农户而言，商业附加险参与度的均值为 0.54，说明小农户对于商业附加险的参与意愿一般，对涉农贷款保证保险的参与度均值为 0.50，不愿意与愿意比例为 1∶1；对于新型农业经营主体而言，商业附加险和涉农贷款保证保险的参与意愿各占一半。两者说明，创新型商业性农业保险

来目前只得到了部分农户的认可,其参保意愿并不强。具体见表 7-2。

表 7-2　商业性农业保险需求的描述性统计

变量	小农户					新型农业经营主体				
	样本量	均值	标准差	最小值	最大值	样本量	均值	标准差	最小值	最大值
商业附加险参与意愿	3392	0.54	0.50	0.00	1.00	3091	0.54	0.50	0.00	1.00
涉农贷款保证保险参与意愿	3392	0.50	0.50	0.00	1.00	3091	0.59	0.49	0.00	1.00

二、保险产品与服务

保费方面,小农户均值为 3.17,新型农业经营主体的均值为 3.10,说明农户认为其所交保费基本合理,并没有明显感觉保费过高。损失补偿度方面,小农户均值为 1.72,新型农业经营主体均值为 1.81,虽然新型农业经营主体得到的补偿略高于小农户,但是整体而言,损失补偿度较低,保险公司的赔付金额平均不到成本损失的 30%。在保险与灾害对应程度(偏差)中,小农户均值为 1.48,新型农业经营主体均值为 1.45,说明平均而言,当前保险险种与灾害较为对应,但存在小部分偏差。参保程序方面,小农户均值为 2.06,新型农业经营主体均值为 2.12,参保程序复杂程度整体一般,新型农业经营主体参保程序平均简单于小农户。合同条款方面,小农户均值为 2.13,新型农业经营主体均值为 2.29,说明大部分农户在保险工作人员解释下可以理解条款的主要内容。在材料数量方面,小农户均值为 1.93,新型农业经营主体均值为 1.99,说明受灾索赔需要的材料数量一般,农户基本可以接受。查勘定损速度方面,小农户均值为 2.29,新型农业经营主体均值为 2.36,说明查勘定损较为迅速,新型农业经营主体速度略快于小农户。赔款速度方面,小农户均值为 2.12,新型农业经营主体均值为 2.16,赔款速度一般。险种满足度方面,小农户均值为 2.76,新型农业经营主体均值为 2.76,说明平均来讲目前农业保险的保险品种只能满足一部分需要,甚至无法满足基本需要。大灾补偿度方面,小农户均值为 2.50,新型农业经营主体均值为 2.42,说明平均而言大灾情况下,补偿只能弥补一部分甚至不到一半的损失。具体见表 7-3。

表 7-3　保险产品与服务的描述性统计

变量	小农户					新型农业经营主体				
	样本量	均值	标准差	最小值	最大值	样本量	均值	标准差	最小值	最大值
保费	3392	3.17	0.80	1.00	5.00	3091	3.10	0.78	1.00	5.00
损失补偿度	3392	1.72	0.88	1.00	5.00	3091	1.81	0.96	1.00	5.00
偏差	3392	1.48	0.57	1.00	3.00	3091	1.45	0.56	1.00	3.00
参保程序	3392	2.06	0.61	1.00	3.00	3091	2.12	0.65	1.00	3.00
合同条款	3392	2.13	0.60	1.00	3.00	3091	2.29	0.62	1.00	3.00
材料数量	3392	1.93	0.59	1.00	3.00	3091	1.99	0.61	1.00	3.00
查勘定损速度	3392	2.29	0.78	1.00	4.00	3091	2.36	0.79	1.00	4.00
赔款速度	3392	2.12	0.74	1.00	3.00	3091	2.16	0.69	1.00	3.00
险种满足度	3392	2.76	0.99	1.00	5.00	3091	2.76	0.93	1.00	5.00
大灾补偿度	3392	2.50	0.85	1.00	5.00	3091	2.42	0.84	1.00	5.00

三、家庭与生产信息分析

性别方面,小农户均值为 0.92,新型农业经营主体均值为 0.94,说明从事农业生产的主要为男性。年龄方面,小农户的平均年龄为 52.68 岁,新型农业经营主体平均年龄为 49.31 岁,新型农业经营主体平均年龄略小于小农户。受教育程度方面,小农户均值为 1.77,新型农业经营主体均值为 1.97,说明新型农业经营主体的受教育程度平均高于小农户。劳动力数量方面,小农户均值为 2.81,新型农业经营主体均值为 2.84,农业劳动力数量方面,小农户均值为 1.86,新型农业经营主体均值为 2.18,说明相对来说新型农业经营主体家庭中从事农业生产方面工作的人数更多。农业生产时间方面,小农户均值为 2.70,新型农业经营主体均值为 2.58,说明平均来讲小农户从事农业生产时间相对较长。总收入方面,小农户均值为 18.48,新型农业经营主体均值为 58.84,从最小值看,当年存在亏损农户,且新型农业经营主体亏损额大于小农户。从长期雇工人数看,小农户均值为 1.29,新型农业经营主体均值为 2.01,新型农业经营主体雇佣人数较多。具体见表7-4。

表 7-4　家庭与生产信息的描述性统计

变量	小农户					新型农业经营主体				
	样本量	均值	标准差	最小值	最大值	样本量	均值	标准差	最小值	最大值
性别	3392	0.92	0.27	0.00	1.00	3091	0.94	0.24	0.00	1.00
年龄	3392	52.68	9.74	20.00	85.00	3091	49.31	9.26	22.00	91.00
教育	3392	1.77	0.58	1.00	4.00	3091	1.97	0.59	1.00	4.00
劳动力	3392	2.81	0.99	0.00	8.00	3091	2.84	1.02	0.00	9.00
农业劳动力	3392	1.86	0.75	0.00	7.00	3091	2.18	0.95	0.00	8.00
农业生产时间	3392	2.70	0.57	1.00	3.00	3091	2.58	0.59	1.00	3.00
总收入	3392	18.48	515.11	−17.00	300.00	3091	58.84	1272.67	−40.00	64000.00
长期雇工人数	3392	1.29	0.54	1.00	4.00	3091	2.01	0.92	1.00	4.00

四、保险公司与政府服务分析

从服务中心离家距离看,小农户的均值为 2.40,新型农业经营主体的均值为 2.49,平均来讲服务中心距离在 5 公里之内。最近网点方面,小农户均值为 2.96,新型农业经营主体均值为 3.10,说明平均而言距离一般,到网点需要一些时间。防灾宣传方面,小农户均值为 2.96,新型农业经营主体均值为 3.01,无明显差异,但总体来讲政府与保险公司的宣传一般。农业保险对贷款帮助方面,小农户均值为 1.86,新型农业经营主体均值为 1.87,农业保险对获得贷款虽有帮助但并不显著。在是否了解互联网保险方面,小农户均值为 1.66,新型农业经营主体均值为 1.67,说明农户对于新型的互联网保险虽然有听说但是了解不多。具体见表 7-5。

表 7-5　保险公司与政府服务信息的描述性统计

变量	小农户					新型农业经营主体				
	样本量	均值	标准差	最小值	最大值	样本量	均值	标准差	最小值	最大值
服务中心离家距离	3392	2.40	0.93	1.00	5.00	3091	2.49	0.99	1.00	5.00
最近网点	3392	2.96	1.07	1.00	5.00	3091	3.10	1.11	1.00	5.00
防灾宣传	3392	2.96	0.99	1.00	5.00	3091	3.01	0.97	1.00	5.00

变量	小农户					新型农业经营主体				
	样本量	均值	标准差	最小值	最大值	样本量	均值	标准差	最小值	最大值
农业保险对贷款帮助	3392	1.86	0.71	1.00	3.00	3091	1.87	0.71	1.00	3.00
是否了解互联网保险	3392	1.66	0.58	1.00	3.00	3091	1.67	0.61	1.00	3.00

第四节 实证结果与分析

一、种养殖业商业附加险产品创新需求影响因素分析

从回归结果来看,在商业附加险的影响因素中,对于小农户而言,所选取的 23 个解释变量中,有 20 个显著,3 个不显著,其中合同条款、性别和年龄变量不显著。对新型农业经营主体而言,23 个变量中,有 8 个变量不显著,分别是损失补偿度、参保程序、查勘定损速度、性别、教育、农业生产时间、服务中心离家距离、最近网点。将不显著变量剔除后,其他变量均显著通过检验。从 Wald χ^2 值可以看出,p 值小于 0.1,模型整体通过显著性检验。具体见表 7-6。

1. 保险产品与服务

保费对于小农户来讲对商业附加险的边际影响系数为 −0.019,说明保费越低,小农户越倾向于不参加商业附加险,对于商业附加险的需求减小。由于小农户农业生产经营规模较小,农业保险主险部分基本可以保障生产,故小农户更关注保费高低,因此,在保费下降后,实际承担的成本下降,其对商业附加险的需求并不旺盛。对于新型农业经营主体来讲,边际效应为0.051,说明降低保费有利于刺激新型农业经营主体对商业附加险的需求。对于新型农业经营主体而言,基本保险的保障无法满足其需求,因此降低保费后其有剩余资金为自己投入更多的保障,更倾向于参加商业附加险。

损失补偿度对于小农户商业附加险需求的影响为正,边际效应为0.024,说明补偿额度越高,给予小农户保障越多,小农户越倾向于参加商业附加险。对于新型农业经营主体而言,影响不显著,说明当前商业附加险的保障无法满足新型农业经营主体的保障需求。

表7-6 种养殖业商业附加险产品创新需求意愿分析

变量	小农户						新型农业经营主体					
	系数	p值	边际效应	系数	p值	边际效应	系数	p值	边际效应	系数	p值	边际效应
保费	−0.058	0.061	−0.020	−0.055	0.072	−0.019	0.143	0.000	0.052	0.141	0.000	0.051
损失补偿度	0.072	0.018	0.025	0.071	0.019	0.024	−0.015	0.598	−0.005	—	—	—
偏差	−0.213	0.000	−0.073	−0.209	0.000	−0.072	−0.235	0.000	−0.085	−0.226	0.000	−0.082
参保程序	0.090	0.045	0.031	0.083	0.060	0.029	−0.039	0.421	−0.014	—	—	—
合同条款	−0.040	0.349	−0.014	—	—	—	0.120	0.005	0.044	0.106	0.011	0.039
材料数量	−0.100	0.029	−0.034	−0.100	0.029	−0.034	−0.256	0.000	−0.093	−0.297	0.000	−0.108
查勘定损速度	−0.068	0.064	−0.024	−0.069	0.062	−0.024	−0.058	0.132	−0.021	—	—	—
赔款速度	0.176	0.000	0.061	0.177	0.000	0.061	0.156	0.000	0.057	0.126	0.001	0.046
险种满足度	−0.227	0.000	−0.078	−0.231	0.000	−0.079	−0.133	0.000	−0.048	−0.146	0.000	−0.053
大灾补偿度	0.199	0.000	0.068	0.198	0.000	0.068	0.150	0.000	0.054	0.140	0.000	0.051
性别	−0.089	0.295	−0.031	—	—	—	0.005	0.964	0.002	—	—	—
年龄	0.002	0.397	0.001	—	—	—	0.005	0.051	0.002	0.006	0.015	0.002
教育程度	−0.092	0.044	−0.032	−0.106	0.011	−0.036	−0.044	0.334	−0.016	—	—	—
劳动力	0.045	0.061	0.015	0.045	0.059	0.016	−0.066	0.013	−0.024	−0.067	0.012	−0.024

续表

变量	小农 系数	p 值	边际效应	小农 系数	p 值	边际效应	新型农业经营主体 系数	p 值	边际效应	新型农业经营主体 系数	p 值	边际效应
农业劳动力数量	0.072	0.030	0.025	0.071	0.033	0.024	0.094	0.001	0.034	0.097	0.001	0.035
农业生产时间	-0.120	0.006	-0.041	-0.114	0.007	-0.039	-0.057	0.177	-0.021	—	—	—
总收入	0.000	0.001	0.000	0.000	0.001	0.000	0.000	0.082	0.000	0.000	0.026	0.000
长期雇工人数	0.434	0.000	0.149	0.430	0.000	0.148	0.046	0.093	0.017	0.044	0.108	0.016
服务中心离家距离	0.081	0.002	0.028	0.081	0.002	0.028	-0.018	0.471	-0.006	—	—	—
最近网点	-0.049	0.043	-0.017	-0.050	0.041	-0.017	-0.015	0.516	-0.006	—	—	—
防灾宣传	0.128	0.000	0.044	0.127	0.000	0.044	0.074	0.007	0.027	0.066	0.012	0.024
农业保险对贷款帮助	0.314	0.000	0.108	0.314	0.000	0.108	0.206	0.000	0.075	0.207	0.000	0.075
是否了解互联网保险	0.166	0.000	0.057	0.160	0.001	0.055	0.206	0.000	0.075	0.218	0.000	0.079
苏中	0.205	0.001	0.071	0.206	0.001	0.071	0.070	0.291	0.026	0.085	0.194	0.031
苏北	0.009	0.895	0.003	0.004	0.958	0.001	0.161	0.033	0.058	0.163	0.029	0.059
常数	-1.265	0.000	—	-1.267	0.000	—	-0.916	0.005	—	-1.293	0.000	—
Wald χ²	524.590	0.000	—	524.490	0.000	—	313.520	0.000	—	307.760	0.000	—

偏差对于农户的影响显著为负,说明保险险种与灾害风险种类对应程度越高,保障效果越好,农户越倾向于参加商业附加险,以此获得更高、更准确的保障。

参保程序方面,对于小农户而言,边际效应为 0.029,说明参保程序越简单,小农户对于商业附加险的需求越大,却倾向于参加商业附加险,因此简化参保程序有利于促进农户参与商业附加险。对于新型农业经营主体而言,参保程序复杂与否没有显著影响,说明对于有需求的新型农业经营主体而言,参保程序并非主要因素。

合同条款对小农户的需求没有显著影响,由于小农户的参保合同由地方协保员参与完成,步骤简单且仅需进行登记即可,因此其对于条款内容并不需要彻底明了。但对于新型农业经营主体而言,边际系数为正,边际效应为 0.039,说明条款可理解性越高,其参与商业附加险的意愿越强,因为对于规模经营的农户而言,其受损补偿程序需要严格按照条款内容实行,为避免出现保险纠纷,保险公司在参保过程中需要对保险条款进行明确解释,保证程序有效。

材料数量对小农户和新型农业经营主体的影响均为负,说明提交的材料越多,其越倾向于参与商业附加险。这虽与传统观点中,材料准备较多、步骤相对复杂、时间成本高会降低参与需求的观点相悖,但从另一个角度讲,在农户受灾后保险公司需要根据实际勘损结果和农户提交的材料确定赔偿,为了增加获赔可能以及获得尽可能多的赔偿,农户倾向于准备更多材料予以证明,且农户的农业生产资料均有备份,时间成本相对较低。故其准备材料越多,获得赔偿的概率越大,越能够获得更多补偿,对于商业附加险的需求越大。

查勘定损速度小农户的影响为负,这和预期的方向相反,查勘定损效果越快,小农户反而越不愿意参与商业附加险,原因可能是农业保险的主险部分已经可以满足小农户的需求,查勘定损速度的加快使得小农户对于商业附加险对农业保险主险的补充需求减少。对新型农业经营主体而言,查勘定损速度对商业附加险参与意愿没有显著影响。

赔款速度对商业附加险需求的影响显著为正,说明赔款速度越快,农户对于商业附加险的参与意愿越高,作为补充保险,商业附加险的赔款速度越快,对于农户灾后恢复生产的帮助越及时,就越有利于刺激农户参与商业附加险,且这种刺激对小农户的效果略强于新型农业经营主体。

险种满足度无论对于小农户还是新型农业经营主体而言,影响系数都为负,说明农业保险险种若满足度不高,农户会倾向于参与具有更高保障水平、覆盖面更广的商业性保险。此时,商业附加险并不是作为农业保险的附加保险存在,农户所选择的是一种可以替代当前农业保险的产品,以获取更加完善的保障。因此当农业保险险种无法满足农户保障需求时,商业性险种承担着这种额外保障需求。

大灾补偿度对小农户和新型农业经营主体的商业附加险参与意愿影响都显著为正,说明大灾后收到的补偿越多,弥补损失的效果越好,越有利于刺激商业附加险的需求,商业附加险对那些渴望获得额外保障的农户吸引力越大。

2. 家庭与生产信息

第一,性别对于小农户和新型农业经营主体的影响不显著。第二,年龄对于新型农业经营主体需求的影响显著为正但效应不大,年龄较大的新型农业经营主体对于商业附加险的需求更大。第三,受教育程度对小农户需求的影响显著为负,受教育程度越高的小农户反而对商业附加险的需求越小,原因在于受教育程度高的小农户对于商业附加险与农业保险之间的关系认知会基于成本-收益的考量,小农户的经营面积本身不大且并非以农业生产为主,其对于商业附加险的需求并不大。第四,劳动力数量对小农户商业附加险需求的影响显著为正,说明家中的劳动力越多,希望获得的保障越多。但是对于新型农业经营主体而言,影响为负,说明家庭中具有劳动能力的人越多,对于商业附加险的需求越小,这与传统认知相背离,原因可能在于,一是雇佣成本的降低意味着农业风险的降低,二是家庭劳动力多的新型农业经营主体的收入来源更加多元化,对于商业附加险需求不大。第五,农业劳动力数量越多,对于小农户和新型农业经营主体而言参与商业附加险的意愿更强烈,因为从事农业劳动力的人数多意味着其需要承担更高的意外风险,收入过于局限于农业生产会使得单一风险增加。第六,农业生产时间对于小农户商业附加险参与意愿的影响为负,说明从事农业生产时间长的小农户会基于经验对商业附加险更加多方面考量,提出更多要求,因此,越是经验丰富的小农户越难将其潜在需求化为有效需求。第七,长期雇工人数对商业附加险需求的影响为正,说明雇工越多,需求越大,雇佣人数的增加提高了农业生产成本,由于农业保险补偿不包含人力成本,因此雇工越多意味着发生意外时的损失越大,因此越希望参加附加险种。

3. 网点便利程度

从回归结果看出,对小农户而言,服务中心离家距离的影响系数显著为正,说明距离越远,对商业附加险的需求越大。最近网点的影响系数显著为负,说明网点越远,商业附加险的需求越大。上述 2 个系数和预测方向与传统理解相反,对此的解释是,相对于传统农业保险,商业附加险的服务作为补充产品并非小农户所必需的,因此距离越远的情况下,为节省路途成本,需要商业附加险的服务的小农户会倾向于一次办理更多业务。而对于新型农业经营主体而言,两者的影响并不显著,说明距离对其商业附加险需求没有影响,只要存在需求,无论距离远近其都会选择办理。

4. 宣传工作

保险与防灾知识宣传频率对于商业附加险需求的影响显著为正,说明政府和保险公司对于保险知识、防灾知识的宣传越多,农户对于保险的必要性了解越深,对防灾重要性、风险的感知越强,其对提供更多保障的商业附加险的需求越大。

5. 农业保险与信贷支持

农业保险的贷款帮助对商业附加险需求的影响显著为正,说明农业保险对贷款的帮助越大,农户对于商业附加险的需求越大。农业保险与银行信贷的合作可以在支持农业生产的同时分散农业风险,农业保险与商业附加险可以作为银行贷款审核标准,以保单质押形式降低贷款门槛,使农户贷款可获性更高,进而促进农业生产的积极性,同时有利于促进农户参与商业附加险。

6. 新型互联网产品

对互联网保险的了解程度对农户需求影响显著为正,说明对于互联网保险越了解的农户对商业附加险的需求越大。目前,互联网保险在农村地区的普及尚有难度,尤其是对于新型的互联网产品,农户信任度不够。了解互联网产品的农户对于新鲜事物的接受程度相对更高,自主认知能力更强,更加能够理解商业附加险的含义,其需求就越大。

7. 地区

由地区虚拟变量看出:小农户中,苏中和苏北地区的需求显著大于苏南地区,且苏中地区需求更大;对于新型农业经营主体来讲,苏北地区需求最大,其次是苏中地区,然后是苏南地区。

二、涉农贷款保证保险产品创新需求影响因素分析

在涉农贷款保证保险的需求影响因素中,对于小农户而言,所选取的23个解释变量中,有13个显著,8个不显著,其中损失补偿度、参保程序、合同条款、查勘定损速度、大灾补偿度、性别、年龄、受教育程度不显著。对新型农业经营主体而言,23个变量中,有11个变量不显著,分别是合同条款、材料数量、查勘定损速度、赔款速度、险种满足度、大灾补偿度、性别、劳动力数量、总收入、最近网点、防灾宣传。将不显著变量剔除后,其他变量均显著通过检验。从 Wald χ^2 值可以看出,p 值小于 0.1,模型整体通过显著性检验。具体见表 7-7。

1. 保险产品与服务

保费对于小农户和新型农业经营主体的涉农贷款保证保险需求的影响为正,说明保费越低,涉农贷款保证保险的需求越大。对小农户而言,保费低意味着在有限资金情况下可以获得更多剩余资金,还款能力弱的小农户对于信用风险的分担欲望就越大。对新型农业经营主体而言:一方面,保费低可能是由于补贴等降低了保费进而缓解了资金约束,另一方面,保费较低的险种的保障程度较低,那么灾害后的信用风险增加,涉农贷款保证保险的需求增大。

损失补偿度对小农户的涉农贷款保证保险需求没有显著影响,对于新型农业经营主体的影响显著为负。一般来讲,受灾后的新型农业经营主体损失更大,补偿度较低无法弥补农业生产损失,进而增加了贷款违约风险,因此,在损失补偿度较低的现状下,涉农贷款保证保险可以有效分担信用风险,新型农业经营主体对其需求更大。

偏差对于小农户和新型农业经营主体的影响显著为负,说明保险险种越对应,其对涉农贷款保证保险的需求越大。一般来讲,只有农业保险险种和灾害对应时,农户才能获得更准确的保障。当风险获得有效保障后,农户扩大生产的积极性被调动,需要信贷资金支持,信用风险也需要借助保险进行分担,对涉农贷款保证保险的需求增大。而从系数本身来看,偏差对于新型农业经营主体的影响相对更大一些。

表 7-7 涉农贷款保证保险产品创新需求意愿分析

变量	小农						新型农业经营主体					
	系数	p 值	边际效应	系数	p 值	边际效应	系数	p 值	边际效应	系数	p 值	边际效应
保费	0.048	0.126	0.016	0.056	0.063	0.018	0.071	0.025	0.025	0.067	0.031	0.024
损失补偿度	0.032	0.305	0.010	—	—	—	−0.085	0.003	−0.030	−0.084	0.001	−0.030
偏差	−0.111	0.017	−0.036	−0.105	0.022	−0.034	−0.125	0.006	−0.044	−0.117	0.009	−0.042
参保程序	−0.036	0.434	−0.012	—	—	—	−0.176	0.000	−0.062	−0.205	0.000	−0.073
合同条款	−0.034	0.434	−0.011	—	—	—	0.036	0.393	0.013	—	—	—
材料数量	−0.120	0.011	−0.039	−0.128	0.003	−0.042	−0.053	0.290	−0.019	—	—	—
查勘定损速度	0.030	0.430	0.010	—	—	—	−0.029	0.471	−0.010	—	—	—
赔款速度	0.207	0.000	0.068	0.217	0.000	0.071	0.050	0.237	0.018	—	—	—
险种满意度	−0.110	0.000	−0.036	−0.115	0.000	−0.038	−0.024	0.409	−0.009	—	—	—
大灾补偿度	−0.017	0.617	−0.005	—	—	—	−0.008	0.806	−0.003	—	—	—
性别	−0.044	0.622	−0.014	—	—	—	−0.017	0.859	−0.006	—	—	—
年龄	0.008	0.005	0.003	—	—	—	0.009	0.002	0.003	0.009	0.002	0.003
受教育程度	0.093	0.046	0.030	—	—	—	0.089	0.049	0.031	0.090	0.045	0.032

续表

变量	小农						新型农业经营主体					
	系数	p值	边际效应	系数	p值	边际效应	系数	p值	边际效应	系数	p值	边际效应
劳动力	0.058	0.022	0.019	0.057	0.023	0.019	-0.038	0.169	-0.013	—	—	—
农业劳动力数量	0.082	0.017	0.027	0.080	0.019	0.026	0.061	0.042	0.022	0.042	0.095	0.015
农业生产时间	-0.196	0.000	-0.064	-0.180	0.000	-0.059	-0.101	0.020	-0.036	-0.108	0.011	-0.038
总收入	0.000	0.035	0.000	0.000	0.056	0.000	0.001	0.144	0.000	—	—	—
长期雇工人数	0.404	0.000	0.132	0.402	0.000	0.132	0.119	0.000	0.042	0.128	0.000	0.045
服务中心离家距离	-0.060	0.028	-0.020	-0.060	0.028	-0.020	-0.097	0.000	-0.034	-0.091	0.000	-0.032
最近网点	-0.150	0.000	-0.049	-0.153	0.000	-0.050	-0.012	0.605	-0.004	—	—	—
防灾宣传	0.101	0.000	0.033	0.104	0.000	0.034	-0.023	0.409	-0.008	—	—	—
农业保险对贷款帮助	0.555	0.000	0.181	0.556	0.000	0.182	0.406	0.000	0.144	0.411	0.000	0.146
是否了解互联网保险	0.104	0.018	0.034	0.095	0.030	0.031	0.138	0.001	0.049	0.135	0.001	0.048
苏中	0.460	0.000	0.152	0.459	0.000	0.152	0.176	0.008	0.063	0.159	0.013	0.057
苏北	0.395	0.000	0.130	0.383	0.000	0.127	0.285	0.000	0.102	0.291	0.000	0.104
常数	-1.924	0.000	—	-1.501	0.000	—	-0.632	0.052	—	-0.807	0.005	—
Wald χ^2	678.130	0.000	—	665.290	0.000	—	324.820	0.000	—	317.590	0.000	—

参保程序对小农户的涉农贷款保证保险需求影响不显著,但对新型农业经营主体的影响显著为负,说明参保程序越复杂,其对涉农贷款保证保险的需求越大。这与传统认知似乎相悖,此处认为,由于涉农贷款保证保险的参保程序是纯商业化的参保步骤,与政策性农业保险的参保步骤略有差异,故新型农业经营主体会对政策性农业保险的参保程序与政策性涉农贷款保证保险的参保程序进行对比,此时涉农贷款保证保险和政策性农业保险之间的替代效应会强于补充效应。故政策性农业保险的参保程序越复杂,对于涉农贷款保证保险的需求反而相对越大。

赔款速度对小农户的涉农贷款保证保险需求影响为正,对新型农业经营主体影响不显著。赔款速度越快,小农户越能积极应对灾后农业生产恢复工作,且对小农户的保障工作有利于刺激其扩大生产,进而增大对信用风险的保障需求。

险种满足度对于小农户的涉农贷款保证保险需求的影响显著为负,对新型农业经营主体影响不显著,说明当前农业保险险种保障程度相对较低,无形之中增加了还款风险,进而增大了涉农贷款保障保险的需求。

综上所述,政策性农业保险对涉农贷款保证保险需求的影响存在两方面路径。一方面,运行良好的政策性农业保险对农户的农业生产保障具有激励农户扩大生产的作用,进而刺激了其信贷需求,信贷资金的增加直接导致信贷风险的增加,为保障还款,农户会积极参与涉农贷款保证保险。另一方面,在政策性农业保险目前存在一定问题的情况下,农业生产无法得到保障,损失过大会影响农户的还款,无形中增加了信贷风险,进而增大了涉农贷款保证保险的需求。

2.家庭与生产信息

性别对农户涉农贷款保证保险的需求没有显著影响。年龄对新型农业经营主体的影响显著为正,说明年龄越大的新型农业经营主体对涉农贷款保证保险的需求越大,年龄的增大使得其对于贷款风险的认识更深,进而增大了需求。受教育程度对新型农业经营主体的影响显著为正,说明随着受教育程度的提高,农户的风险意识增强,同时对类似涉农贷款保证保险的新型保险产品的接受能力增强,需求相对较大。劳动力方面,家庭中从事农业的劳动力越多,农业生产的劳动风险相应增加,同时高比例农业劳动力使得收入主要依靠农业,使之对于农业生产有较大资金需求,进而增加了信贷风险,其对于涉农贷款保证保险的需求随之增大。农业生产时间对小农户和新型农业经营主体的影响显著为负,小农户的边际效应为-0.059,新型农业经营主体边际效应为−0.038,说明从事农业生产时间越长的农户越不愿意参与涉农贷款保证保险。对此的解释是,虽然对于长期从事农业生产的农户而言,丰富的农业经验让其对风险更加敏感,但同时对自身抗风险能力的过度信任反而令其削弱了风险意识,经验不丰富的农户更倾向于保守生产,因此无论风险大小其都会为自己进行风险保障,故生产年限长的农户相对来说对于涉农贷款保证保险的需求反而较小。长期雇工人数对涉农贷款保证保险需求的影响为正,说明雇佣人数越多,用工风险越大,劳动力成本越高,由于用工损失并不在政策性农业保险承保范围内,因此用工风险增加意味着信贷资金风险增加,使得对于涉农贷款保证保险的需求增大。

3. 网点便利程度

服务中心离家距离对涉农贷款保证保险需求的影响系数为负,说明服务中心距离农户家越近,涉农贷款保证保险的需求越大。但是办理农业保险的业务网点较远对小农户而言反而刺激了涉农贷款保证保险的需求,与传统观念相反,对此的理解是涉农贷款保证保险对小农户而言并非必需,在需要前往网点办理农业保险业务时,为节省路途成本,小农户会倾向于在网点办理较多保险业务。而网点距离对新型农业经营主体的影响不显著则说明了对于新型农业经营主体而言,只要存在需求,网点距离并非是否参与涉农贷款保证保险的主要影响因素。

4. 宣传工作

政府和保险公司对保险知识的宣传会使得农户更加清楚地认知风险以及防范风险的必要性。对于小农户而言,风险意识的增强会增强其对于还款风险的认知,农业风险的客观存在性势必影响着信贷风险的大小,而保险知识宣传也会促进农户自我信用的提升,进而增大其对涉农贷款保证保险的需求。对于新型农业经营主体来讲,由于农业生产专业化以及其本身对资金需求量较大,因此不需要过多宣传其便能意识到信贷风险,宣传工作并不显著影响其对于涉农贷款保证保险的需求。

5. 农业保险与信贷支持

实证结果显示,农业保险对贷款的帮助对于涉农贷款保证保险需求的影响系数为正,说明农业保险对贷款的帮助越大,涉农贷款保证保险的需求越大。无论对小农户还是新型农业经营主体来讲,农业保险和银行信贷的联合可以有效帮助农户积极从事农业生产。保单质押等方式放宽了银行贷款限制的同时,涉农贷款保证保险帮助农户分散信用风险,因此

"银保联合"产品可以有效支持农业生产,帮助农户在农业生产前期弥补资金需求缺口。

6.新型互联网产品

实证表明,互联网保险了解程度的影响系数为正,说明对互联网保险了解程度越高的农户,接受新鲜事物的能力越强,越倾向于参与涉农贷款保证保险。因此,向农户普及互联网产品和服务,可以帮助农户拓宽保险产品和信息的获取渠道,方便农户,但是由于农户对互联网存在普遍的不信任感,加强互联网安全性和可信性是向农户推广互联网保险的基础。

7.地区

对于小农户来讲,涉农贷款保证保险的需求在苏中和苏北地区显著大于苏南地区,且苏中地区的需求大于苏北地区。对于新型农业经营主体来讲,苏中地区和苏北地区的需求大于苏南地区,同时苏北地区的需求大于苏中地区。

三、商业性农业保险产品创新需求影响因素分析

本章使用 Biprobit 模型对商业性农业保险产品需求影响因素进行分析,使用稳健性(robust)回归得到结果。对小农户而言,模型整体的 Wald χ^2 值为 1020.770,p 值为 0,通过了整体检验,两模型 Rho 值为 0.462,具有一定相关性,对其进行检验,p 值为 0,说明模型适合。在商业附加险需求的影响因素中,所选取的 23 个变量中有 20 个变量显著,3 个变量不显著,分别是合同条款、性别、年龄。涉农贷款保证保险需求的影响因素中,有 8 个变量不显著,分别是保费、损失补偿度、参保程序、合同条款、查勘定损速度、大灾补偿度、性别、总收入。对新型农业经营主体而言,模型整体的 Wald χ^2 值为 530.760,p 值为 0.000,通过了整体检验,两模型 Rho 值为 0.477,具有一定相关性,p 值为 0.000,说明模型适合。商业附加险需求的影响因素中,23 个变量中有 8 个变量不显著,分别是损失补偿度、查勘定损速度、性别、受教育程度、农业生产时间、总收入、服务中心离家距离、最近网点。涉农贷款保证保险需求的影响因素中,不显著的变量有合同条款、材料数量、查勘定损速度、赔款速度、险种满足度、大灾补偿度、性别、劳动力、最近网点、防灾宣传 10 个。具体见表 7-8。

表 7-8 商业性农业保险产品创新需求意愿响应分析

变量	小农户				新型农业经营主体			
	商业附加险参与意愿	p 值	涉农贷款保证保险参与意愿	p 值	商业附加险参与意愿	p 值	涉农贷款保证保险参与意愿	p 值
保费	−0.055	0.076	0.048	0.128	0.084	0.008	0.070	0.026
损失补偿度	0.074	0.014	0.032	0.290	−0.025	0.378	−0.089	0.002
偏差	−0.205	0.000	−0.107	0.020	−0.258	0.000	−0.124	0.006
参保程序	0.090	0.042	−0.037	0.406	−0.088	0.066	−0.175	0.000
合同条款	−0.036	0.400	−0.029	0.500	0.164	0.000	0.038	0.373
材料数量	−0.104	0.024	−0.124	0.009	−0.207	0.000	−0.056	0.264
查勘定损速度	−0.067	0.073	0.023	0.541	−0.050	0.199	−0.030	0.442
赔款速度	0.176	0.000	0.213	0.000	0.137	0.001	0.057	0.177
险种满足度	−0.224	0.000	−0.106	0.000	−0.143	0.000	−0.025	0.398
大灾补偿度	0.201	0.000	−0.014	0.670	0.161	0.000	−0.006	0.850
性别	−0.092	0.276	−0.043	0.628	−0.020	0.840	−0.018	0.854
年龄	0.002	0.410	0.008	0.005	0.005	0.066	0.009	0.002
受教育程度	−0.088	0.052	0.095	0.040	−0.047	0.299	0.086	0.054
劳动力	0.049	0.042	0.060	0.020	−0.052	0.054	−0.039	0.157
农业劳动力数量	0.072	0.029	0.083	0.016	0.067	0.022	0.062	0.042
农业生产时间	−0.116	0.008	−0.195	0.000	−0.041	0.337	−0.103	0.016
总收入	0.000	0.001	0.000	0.878	0.000	0.482	0.001	0.100
长期雇工人数	0.430	0.000	0.398	0.000	0.060	0.030	0.117	0.000
服务中心离家距离	0.078	0.003	−0.057	0.038	−0.034	0.174	−0.094	0.000
最近网点	−0.052	0.029	−0.145	0.000	−0.032	0.180	−0.009	0.703
防灾宣传	0.128	0.000	0.100	0.000	0.072	0.008	−0.022	0.419
农业保险对贷款帮助	0.318	0.000	0.551	0.000	0.217	0.000	0.405	0.000

续表

变量	小农户				新型农业经营主体			
	商业附加险参与意愿	p 值	涉农贷款保证保险参与意愿	p 值	商业附加险参与意愿	p 值	涉农贷款保证保险参与意愿	p 值
是否了解互联网保险	0.163	0.000	0.098	0.025	0.221	0.000	0.138	0.001
苏中	0.201	0.002	0.442	0.000	0.012	0.851	0.177	0.007
苏北	0.004	0.959	0.376	0.000	0.099	0.180	0.287	0.000
常数	−1.301		−1.938	0.000	−0.689	0.032	−0.637	0.049
Wald χ^2	1020.770	0.000	—	—	530.760	0.000	—	—
Rho	0.462	—	—	—	0.477	—	—	—
Wald (Rho=0)	234.614	0.000	—	—	252.104	0.000	—	—

通过 Biprobit 模型分析的结果显示出了与表 7-6 和表 7-7 不同的结果，但是基本方向一致。

1. 保险产品与服务

保费对小农户的商业附加险需求的影响系数为负，说明保费越低，对于附加险需求越小；而对新型农业经营主体而言，保费对商业附加险和涉农贷款保证保险需求的影响均为正，边际系数分别是 0.084 和 0.070，说明保费越低，新型农业经营主体对商业附加险和涉农贷款保证保险的需求就越大。损失补偿度对于小农户的商业附加险需求的影响显著为正，对新型农业经营主体的涉农贷款保证保险需求的影响显著为负，说明保障水平高，刺激了小农户对商业附加险的需求，但是对新型农业经营主体的涉农贷款保证保险需求具有反作用。可以看出，小农户关注的更多是保费高低，由于受到更多的资金约束，小农户并非将商业农业保险作为政策性农业保险的补充品而是作为替代品，因此在当前小农户生产规模不大、成本不高的前提下，政策性农业保险可以基本保障小农户的农业生产，故保费是影响小农户决策行为的主要因素。而对新型农业经营主体而言，其多以农业生产为主要收入且经营规模大，当前政策性农业保险并不能提供足够保障，需要将商业性保险作为风险补偿的补充品，故更看重农业保险的保障水平，保障水平决定了其未来的农业成本和农业风险，从而影响了其对商业性农业保险的需求。

偏差对新型商业农业保险需求的影响显著为负，说明险种与灾害越是对应,农户对于商业性农业保险的需求越大。只有险种与灾害对应,农业保险才能提供有效保障,才可以刺激农户参保。参保程序方面,小农户和新型农业经营主体的商业性农业保险需求的影响相反。参保程序的复杂程度对小农户的商业附加险需求影响为正,说明参保程序越简单,小农户的需求越大。而对于新型农业经营主体而言,影响系数却为负,原因可能在于新型商业农业保险和政策性农业保险的参保程序不同,政策性农业保险的参保程序若给农户带来了负担,则其相对更加倾向于参加商业性农业保险,此时政策性农业保险与商业性农业保险之间并非互补关系而是替代关系。合同条款仅对于新型农业经营主体的商业附加险参与意愿具有正向影响,说明合同条款越容易理解,越能刺激新型农业经营主体对商业附加险的需求。材料数量对需求的影响为负,说明受灾时所递交的材料越多,反而越能刺激商业性农业保险的需求,对此的解释是虽然材料较少会方便农户,但材料递交数量较多可能对受灾审核更有利,从而可以更容易、更快获得补偿,因此为尽可能获得补偿,农户会倾向于准备较多材料。查勘定损速度对商业性农业保险的影响除了小农户的商业附加险外均不显著,说明查勘定损速度目前并非商业性农业保险需求的主要影响因素。赔款速度对于创新型商业化农业保险需求的影响显著为正(新型农业经营主体的涉农贷款保证保险除外),说明赔款速度越快,农业损失越快得到补偿,越能刺激商业农业保险的需求。险种满足度对新型商业农业保险需求的影响显著为负,说明若农业保险险种不能满足当前农户需求时,农户会将商业性农业保险作为传统保险的替代品,转而寻求商业性农业保险的保障。大灾补偿度对于涉农贷款保证保险需求的影响不显著,对商业附加险需求的影响显著为正,说明大灾时的补偿程度较高,农户对于农业保险的补偿效果相对较满意,会刺激作为补偿补充的商业附加险的需求。

2.家庭与生产信息

性别的影响并不显著。年龄对于小农户的商业附加险需求影响不显著,但对涉农贷款保证保险和新型农业经营主体商业农业保险需求的影响显著为正,说明年龄越大的农户对于商业性农业保险的需求越大。受教育程度对小农户的商业附加险需求的影响为负,但对涉农贷款保证保险需求的影响显著为正。受教育程度更高的小农户可能对自身农业生产和抗风险能力更加自信,加上生产规模小,故其对于农业保险所提供的额外补偿需求较小,但是受教育程度低的小农户受实际生产经验的限制,可能对风险范围更加敏感。至于涉农贷款保证保险,尤其是对有贷款风险的农户来讲,受教育程度高的农户具有较强扩大生产规模的意愿以及信贷风险认知能力,同时拥有更好的信用,因此,受教育程度对涉农贷款保证保险需求的影响为正。劳动力人口对小农户商业性农业保险需求的影响显著为正,说明家庭劳动力人口越多的小农户越倾向于参与商业性农业保险,而对新型农业经营主体商业附加险需求的影响为负,即家庭劳动力越少,对于商业附加险需求越大。原因在于小农户农业生产规模有限,不需要过多农业劳动力,故从事农业生产时更倾向于使用家庭成员而非雇佣,而新型农业经营主体则需要承担更高的人力成本,因此其农业生产需要更大成本保障。造成这种差异的主要原因是农业规模和劳动力的差异性,小农户有限的规模不足以支持家庭成员生活,因此需要农业保险,新型农业经营主体则是由于雇佣需要承担更高人力成本而需要保障。这种解释在农业劳动力数量和长期雇工人数的影响中也得以体现:农业劳动力数量对于小农户和新型农业经营主体商业性农业保险需求的影响显著为正,说明了家中从事农业生产人数越多,则需要更多的农业保险保障;同时,长期雇工数对商业性农业保险需求的影响为正,说明雇佣人数越多,农业生产的成本和用工风险越大,越需要商业附加险的保障。农业生产时间对于小农户的商业性农业保险需求的影响显著为负,即农业生产时间长的小农户反而对商业附加险和涉农贷款保证保险的需求不大,其对新型农业经营主体的涉农贷款保证保险需求影响为负。对于长期从事农业生产的农户来讲,虽然对农业知识的掌握更多,对风险感知更强,但长期从事农业生产的经验可能使其对于自身风险抵抗能力盲目自信,尤其是小农户本身受生产规模限制,不愿意负担更多保费、寻求更多保障,因此农业生产时间受过度经验自信影响大于风险感知,进而使得生产时间长的农户反而减小了商业性农业保险的需求。

3. 网点便利程度

服务中心离家距离这个变量与小农户商业附加险参与意愿显著正相关,与涉农贷款保证保险参与意愿负相关,与新型农业经营主体参与意愿都是负相关。从最近网点这个变量看,小农户和新型农业经营主体对两个险种的参与意愿都不显著。由于农业保险更多是政策性农业保险,商业性农业保险险种比较少,需求不大,因此农户们对于商业性农业保险产品的需求意愿主要不取决于网点设置。

4. 宣传工作

农业保险知识和防灾知识的宣传对商业性农业保险需求的影响显著为

正,说明政府和保险公司宣传频率越高,农户对于风险认知越清晰,对于新型保险产品的认识更全面,对于保障的需求越大,从而对商业性农业保险的需求越大。

5.农业保险与信贷支持

农业保险对银行贷款的帮助越大,就越能刺激农户的商业性农业保险需求。因此,推出"银保联合"产品,依靠金融合作的方式支持农业生产、分散农业风险是帮助农户保障收入的重要方法之一。小农户商业附加险需求的影响系数为0.318,涉农贷款保证保险需求的影响系数为0.551,新型农业经营主体商业附加险需求的影响系数为0.217,涉农贷款保证保险需求的影响系数为0.405,说明"银保联合"产品对小农户的影响更大,原因在于边际需求随规模递减,对于经营规模较小的农户,其有更大可能和更强意愿扩产创收,故农业保险对其信贷帮助的效果影响更强,同时对于"银保联合"产品的需求更大,故对涉农贷款保证保险的影响更大。

6.新型互联网产品

由于当前农业类互联网保险产品并不十分普及,因此本书的研究仍然处于认知方面。互联网农业保险产品的了解程度对商业性农业保险需求的影响为正,体现了互联网保险普及的重要性。新型商业性农业保险提供更加便捷的服务与咨询势必需要借助网络平台,同时那些接触互联网较早、对互联网产品了解较多的农户对新产品的接受程度更高。故在可以保证安全性的前提下,加强互联网的普及,推行互联网产品与服务,增强农户对互联网的信任,线下产品线上出售等方式可以有效帮助商业性农业保险的推广。

7.地区

对小农户的商业附加险需求而言,苏中地区需求显著大于苏南地区,苏北地区需求不显著;而小农户的涉农贷款保证保险的需求,苏中地区显著大于苏北地区,苏北地区显著大于苏南地区。新型农业经营主体的商业附加险需求方面,苏南、苏中、苏北三个地区之间没有显著差异;涉农贷款保证保险需求方面,苏北地区大于苏中地区,苏中地区大于苏南地区。

第五节　本章小结

本章使用Probit模型对目前主要两种创新型商业性农业保险——商业附加险和涉农贷款保证保险的需求响应及影响因素进行分析,然后运用

Biprobit 模型同时对 2 个商业性险种进行需求响应分析,研究结论如下。

1. 大灾补偿度对农户的产品需求有正向影响

大灾补偿度对小农户和新型农业经营主体的商业附加险参与意愿影响显著为正,说明大灾受到的补偿越多,弥补损失的效果越好,越有利于刺激商业附加险的需求,其对于那些渴望获得额外保障的农户吸引力越大。

2. 防灾知识的宣传有利于提高商业性农业保险的参保率

保险与防灾知识宣传频率对于商业附加险需求的影响显著为正,说明政府和保险公司对于保险知识、防灾知识的宣传越多,农户对于保险的必要性了解越深,对防灾重要性、风险的感知越强,其对提供更多保障的商业附加险的需求越大。

3. "银保联合"程度越高,越能刺激农户参与商业性农业保险

农业保险对贷款的帮助对商业性农业保险需求的影响显著为正,说明农业保险对贷款的帮助越大,农户对于商业性农业保险的需求越大。农业保险与银行信贷的合作可以在支持农业生产的同时分散农业风险,政策性农业保险与商业性农业保险可以作为银行贷款审核标准,以保单质押形式降低贷款门槛使农户贷款可获性更高,进而提高了农业生产的积极性,同时有利于农户参与附加险种。

4. 互联网对于商业性农业保险的参保率具有提升作用

对互联网的了解程度对农户的商业性农业保险需求影响显著为正,说明对于互联网越了解的农户对商业性农业保险的需求越大。目前互联网在农村地区的普及尚有难度,尤其是对于新型的互联网产品,农户信任度不够,至于了解互联网产品的农户,其对于新鲜事物接受度相对更高,自主认知能力越强,这样的农户更加能够理解商业性农业保险的含义,那么需要额外保障的农户对其需求就越大。

第八章 江苏省"联办共保"政策性农业保险进一步发展中遇到的新问题与原因分析

第一节 政策性农业保险体制方面的问题

一、政府的责任边界不明确

1.政府过多参与农业保险经营活动

"联办共保"模式下保险公司和政府共享保费、共担赔付责任,这在农业保险的发展初期起到了很好的扶持作用。受 20 世纪 90 年代农业保险业务的巨额亏损影响,各大保险公司对于参与农业保险经营持谨慎态度。为激励保险公司参与农业保险,江苏省采用了"联办共保"的经营模式,10 年中,江苏省农业保险有着突飞猛进的发展。但是随着农业保险的不断发展,"联办共保"的经营模式不再适应农业保险发展的需要,出现了一些问题。第一,政府过多地参与农业保险承保过程。按照《农业保险条例》,政府负责宣传推广、协助承保的工作,但有一些地区会出现政府强制投保的现象,政府给予了农户很大比例的保费补贴,但这种做法不利于农业保险市场机制的形成。让不需要保险的农户投保不仅损害了农户的利益,也造成了财政资金的浪费。第二,政府干预农业保险理赔。政府由于承担着 50% 的赔付责任,自然地在农业保险赔付时拥有话语权。有的地方连续几年无灾害,没有达到农业保险理赔的触发条件,政府认为保险公司从中获取了大量的利润,则会强制保险公司赔款。这样的做法破坏了保险公司的自主经营,保险公司在获取利润的同时也承担着风险,连续几年的盈利可能是应对未来某一灾害的资金积累,强制赔款会降低保险公司的风险抵御能力。第三,政府干预保险条款制定。一些地区政府会参与农业保险的条款制定过程,主要集中在地方特色险种和新型农业保险两类。一些政府会在没有进行科学论证的基础上,要求保险公司降低费率以促进该险种在本地的推广,哪怕该险种的风险相当高,这影响了保险公司内部机制的运行。一些保险公司为减少自身风险,只能降低保额以实现低保费的要求,这些保险产品有时候连物化成本都无法保障,几乎形同虚设,满足不了农户需求,农户的投保积极性也很低。而地方政府为了推行该类险种,则会强制农户参保,又造成了政府强制参保的问题,循环反复,造成恶性循环。政府对农业保险经营的过多参与,不仅起不到应有的效果,还将造成公共资源的严重浪费。农业保险的发展应交还给市场,政府在这方面给予政策支持,通过市场机制发挥政府作用。

2. 地方政府部门间的协调机制不完善

目前,农业保险的补贴机制能够到位,政府的补贴资金都能够及时地下拨。但是各部门之间的协调机制却并不完善,例如气象局、物价局等部门,保险公司不能够第一时间获取最新的气象数据和物价指数,这对农业保险产品的开发十分不利。江苏省的常州市和苏州市都在进行水稻收入保险的试点,但是水稻收获期价格的获取却十分困难。常州市水稻收入保险试点的前几年都未与江苏省物价局达成协议,保险合约中的水稻收获期价格只能根据最低收购价确定,保障的仍旧是成本而不是收入,并不能很好地发挥水稻收入保险的应有作用。苏州市水稻收入保险试点则至今还未获得物价局公布的水稻收获期价格,使得水稻收入保险在当地仍处于储备险种的地位。

二、农业保险的管理和协调机制不完善

1. 各部门之间的职责不明确

各部门间职责不明确是困扰政策性农业保险实施的重要问题,目前各地区都存在着这样的困扰。政府部门既怕自己"管太少",又怕自己"管太多",边界处的问题得不到很好的解决。例如农业保险的业务过程由银保监局负责监督,财政部对补贴资金有监管责任,农业部也有部分监管责任,这样就有重复监管和缺少监管同时存在的现象。这种现象还会造成一些日常工作问题得不到较好的解决,例如农业专家的咨询费问题:农业灾情的查勘定损工作专业性强,有时需要农业专家参与,虽然地方金融办每年都有文件提及可以为专家提供部分劳务报酬,但对于专家费用资金来源规定模糊。每年保险工作指导文件中对于理赔鉴定所需费用的支付,只要求"按照保险合同约定承担;保险合同没有约定的,由申请人承担",但这笔钱究竟应该由保险机构出,还是政府出,还是参保的农业经营主体出,或者是几方分摊,都没有做出明确的说明,因此专家的劳务报酬在执行中仍有限制条件。

规划较为笼统,并没有指定某几个政府部门,也没有规定各部门应负的责任,这也就造成了长期以来农业保险多头管理的现状。以省级为例,省金融办、财政厅、省农委、银保监局,多头管理,职责模糊。目前各地正在抓紧制定相关配套措施,以确保各项政策落实到位,但各部门间职责不明确的问题仍然需要相当长一段时间来解决。

2.基层农业保险部门的自主权受到限制

在农业保险的实施过程中,基层农业保险部门相对于上层保险部门更加了解农户对于农业保险的需求,同时也比较了解农业保险的运作情况,所以基层农业保险部门能够更有针对性地推广和实施农业保险业务。但是目前基层农业保险部门只能一切按照上级制定的规章制度经营和推广农业保险业务,从而造成农业保险运行与农户需求存在较大的矛盾。例如,协保员的补贴困难问题。为了更好地服务农户,基层保险工作人员均由了解当地农业的书记、村会计等公职人员兼任。根据地方每年农业保险工作指导文件精神,保险公司和当地政府可以为基层保险工作人员提供劳务费,但是从实际情况来看,由于相关政策规定比较模糊,缺少发放劳务费的具体规定,政府层面的劳务费很难落实到基层兼职工作人员手中,如南京市溧水地区按规定协保员每人会有 2000 元补助,由保险公司和政府各承担一半,但实际上,由于缺少具体规定,政府那部分很难拿到。地方协保员工作量大、协助辛苦,如果不对其进行物质激励,将挫伤协保员工作的积极性,不利于农业保险工作的开展。

3.农业保险没有针对不同地区、不同地块、不同情况进行差异化管理

第一,现有保险条款中同一保险标的下的不同标的类型的赔付标准差异较小。由于各地区实际情况不同,即使相邻地块,由于播种品种、播种时间、土地特质等问题也不适用相同标准,因此统一政策制定下的标准往往造成赔付差异,即农户 A 损失可能并没有农户 B 损失大,但实际拿到的赔偿额可能却更多。第二,在相同赔付标准情况下,可能由勘测误差导致理赔差异。如在风速测定方面,主要由气象站在几个定点进行测定,但实际情况是受灾田块因位置不同风速存在差异。又如干热风导致小麦早熟,比例很难确定。同时这类问题又往往可能有叠加因素作用,不能从实际情况中获取真实数据,操作难度很大,且具体受灾损失具有时滞性,而此类因素影响又往往只能在结果中得以体现。故往往这类保险很难有一个统一的标准,损失往往通过"理赔标准＋官方测定结果＋协商"确定。

这不仅需要下层保险公司、协保员在查勘定损工作中认真负责,还需要在中层保险设计、保险标准的差异化管理,甚至在上层政策制度上尽可能根据下层实际反馈情况进行设计。

三、政策性农业保险的补贴政策不完善

1.政府补贴比例不合理

很多地区新型农业保险的发展主要依靠政府财政补贴的大力支持,而很多地区的特色新型险种缺乏中央财政与地方财政补贴,保费由县级财政进行补贴,财政压力巨大,很多地区新型农业保险的平均保费补贴比例超过70%,仅靠县级财政补贴很难扩大试点范围。以江苏省武进区水稻收入保险为例,地方政府的保费补贴为80%。从试点地区的经验来看,新型农业保险完全依靠地方政府的补贴运行,试点工作无法进行深入研究和发展。此外,新型农业保险的试点地区多在经济发达地区,地方政府的财力充沛,有能力对保费进行补贴,但这样的经验却无法在欠发达地区进行推广,欠发达地区的地方财政本就吃紧,很难再挤出资金发展农业保险。这就形成了一个悖论,新型农业保险的试点地区为经济较发达地区,但经济发达地区的农业规模相对较小,而农业规模较大的地区多为欠发达地区,恰恰是最需要新型农业保险的地区却无法经营,这是新型农业保险难以推广的重要原因。

2.政府补贴结构不尽合理

当前政府对于新型农业保险的补贴主要集中在种植业的粮食作物、油料作物、棉花和养殖业的能繁母猪、奶牛等方面,对于农业融资、农产品加工、出口贸易、劳动力雇佣等环节的保险没有相应的支持,使得财政政策对农业产业发展链其他环节的政策支持略显不足,不利于基础农业产业持续稳定发展。

3.缺少对保险机构的经营补贴

缺少对保险机构的经营补贴是我国需要解决的问题,世界上农业保险发达的国家都会为保险公司提供经营补贴。以美国为例,美国联邦农作物保险公司向承办联邦农作物保险项目的私营保险公司提供一定比例的管理与运营费用补贴。此外,美国财政部会通过联邦农作物保险公司为私人保险公司提供再保险。在税收方面,美国政府也对农业保险公司实施了优惠政策,联邦政府、州政府及其他地方政府对农业保险免征一切税赋。这样有2个好处:一是进一步增加农业保险的补贴金额,政府给予保险公司的补贴

可以降低保险公司的经营成本,从而降低保费、增加险种的研发费用,让利于农户;二是可以很好地规避"黄箱"政策,随着农业保险的发展,WTO对农业保险的补贴管理也日趋严格,一些险种的保费补贴依旧会归入"黄箱",而经营补贴不会归入农业支持政策中,从而可以获得更多的"绿箱"政策的空间。

我国对于经营农业保险的机构有一定的税收优惠——"对保险公司为种植业、养殖业提供保险业务取得的保费收入,在计算应纳税所得额时,按90%计入收入总额"[①],并不是完全免除。这与其他国家比较相去较远,保险机构的经营负担仍然较重。例如,2007—2010年,农业保险的管理成本不算保费准备金提取,保险收支、税收等费用为10%左右,且近年来处于上升趋势。若根据2018年数据计算,如果赔付率超过65%,综合成本就超过100%,这会严重影响农业保险的正常经营(庹国柱、李慧,2019)。

四、监管效率较低,存在"监管真空"

1.缺乏统一的监管机构,地方政府未规定监管职责

根据《农业保险条例》,银保监会和财政部门有一定的监管职责。总则第四条规定"国务院保险监督管理机构对农业保险业务实施监督管理",第三十条则赋予了财政部门一定的管理权力:"违反本条例第二十三条规定,骗取保费补贴的,由财政部门依照《财政违法行为处罚处分条例》的有关规定予以处理;构成犯罪的,依法追究刑事责任。"[②]《农业保险条例》从顶层设计方面对农业保险的监管责任进行了分配。

但是由于《农业保险条例》并没有赋予省级及以下的政府监管职责,各地方部门都听令于自己的上级部门,省级及以下部门间的职责区分存在隔阂。地方银保监局听命于银保监会,地方财政部门听令于中央财政部门,地方上的两部门都按照上级的指令对农业保险业务进行监督,双方之间缺少交流,即便有交流也不能够及时地根据实际情况变化,而是要上报上级部门,2个上级部门沟通协调后为下级部门制定命令,下级部门得到上级部门批示后才能实施。这中间有着很多的时间成本和沟通成本,层层上报和层层下达中有些事情甚至会不了了之,也增加了上级部门的工作量,使得一些事情并不能得到快速、有效的解决,造成了监管效率低下的问题,有些问题

---

① 《财政部 税务总局关于延续支持农村金融发展有关税收政策的通知》(财税〔2017〕44号)第三条。
② 《农业保险条例》(2016年2月6日修正版)。

则长期出现"监管真空"的现象。

2. 基层部门缺少监管权力

在实际运行过程中,很多时候上级部门赋予了基层部门执行权却没有赋予其监管权,一些问题原本可以扼杀在摇篮里,却到后来愈演愈烈。例如2017年中央纪委监察部网站上公布的一起案例:沭阳县陇集镇农业经济技术服务中心原主任兼三农保险服务站站长胡八方骗取政策性农业保险理赔款。2011—2016年,胡八方利用职务便利,与他人合谋,弄虚作假,先后以不同单位名义投保政策性农业保险蔬菜大棚,骗取理赔款差额48.4745万元,其中胡八方分得21.2961万元,用于个人家庭开支。① 三农服务站站长利用职务之便骗取财政资金和理赔款长达6年,基层缺乏监管权力是这起事件发生的主要原因之一。

五、商业性农业保险和政策性农业保险采用相同的管理方法

商业性农业保险和政策性农业保险的性质不同,一个是在政府的扶持下实施,另一个则完全依靠保险公司自己运行,由商业性保险公司自负盈亏。政策性农业保险和商业性农业保险可以相互转化,部分政策性农业保险可以满足商业性保险的要求,则可以变为商业性农业保险,而商业性农业保险若具有准公共物品属性,运行成本大,则可以转变为政策性农业保险。政策性农业保险和商业性农业保险在业务目标、发展动力、营利能力、外部性和强制程度等方面存在很大差异。因此,商业性农业保险并不能和政策性农业保险采用相同的管理规则,但目前对于商业性农业保险和政策性农业保险的管理却并无区别。对于商业性农业保险,目前政府具有过分管理的倾向,这也在一定程度上阻碍了商业性农业保险的发展。有些地方政府为完成上级指标,增加地方特色险种数量,会将一些商业性农业保险发展成政策性农业保险,也会就政策性农业保险的要求对商业性农业保险进行一些改变,阻碍了该险种的市场化运作。

六、大灾风险分散机制不够完善

江苏省大灾风险分散机制对于再保险的实际运作情况并不理想,一些保险公司并不愿意购买再保险。政府也没有对保险机构的再保险费用进行

---

① 江苏省纪委.江苏省通报2起侵害群众利益的不正之风和腐败问题[EB/OL].(2017-09-14).http://www.ccdi.gov.cn/special/jdbg3/js_bgt/sffbwt_jdbg3/201709/t20170912_107022.html.

补贴。保险公司为了节约成本会选择风险自留，而不是再保险。保险公司抱着"赚了就继续干，赔了直接走"的心态，这样的情况不利于农业保险可持续发展。

第二节　政策性农业保险运行机制方面的问题

一、农业保险产品难以满足农业经营主体多样化的需求

目前江苏省农业保险已实现了"四个基本涵盖"：保险险种基本涵盖江苏省种养业主要品种；保险责任基本涵盖江苏省发生较为频繁和易造成较大损失的灾害风险；参保对象基本涵盖从事农业生产和农产品加工的各类主体；农业保险服务网络基本涵盖江苏省所有涉农乡镇。但是随着农村产业结构的升级，农业生产趋于规模化、专业化，各个地区的农业经营品种更加多样化、差异化，现有险种扩大依旧无法充分满足各个地区的不同需要；同时，近年来价格波动的加剧使得农业经营主体对市场风险越来越敏感，气象灾害的频发也让农户受损严重。因此在农业保险产品品种方面仍有开拓空间，主要是地方特色险种的覆盖，价格保险、产量保险甚至收入保险的开发，气象指数保险的引入。

1.地方特色险种目前仍有开发空间，需要扩大补贴覆盖面，扩大保障范围

江苏省地方特色品种多，各地保险需求大，但受到种养规模、区域狭小风险集聚、地方财力有限等因素的制约，目前已开办的险种仍有限，不少农户反映目前的险种不能满足需求，使农业生产受到了很大影响。如无锡市江阴地区，由于葡萄种植利润空间变小，部分新型农业经营主体期望转种猕猴桃，但由于没有相应保险产品提供风险保障，一直迟迟不敢种植。设施大棚保险只承保薄膜和框架结构，而其他附属设施诸如压膜线、卡簧、卡槽等均不属于承保范围，但新型农业经营主体反映，风险事件发生时附属设施损失巨大，希望能将其纳入保险保障范围。南京市溧水区的养猪大户希望考虑开办仔猪保险，将15公斤以下仔猪纳入保障范围。因此，需要将可以带来高产值的经济作物、地方特色农业产品特别是往年并未经营过的农产品纳入农业保险覆盖范围。

部分特色农业险种并没有补贴，农户需要全额缴纳保费，导致负担较大，保险工作较难进行。如淮安市洪泽县水产养殖户众多，养殖面积达几千

亩,投保需求很大。但目前除内塘螃蟹水文指数保险外,其他政策性农业保险品种如池塘淡水鱼、池塘淡水小龙虾、罗氏沼虾、南美白对虾等险种无配套的财政补贴,导致无法开展。

2. 农业经营主体对价格保险、产量保险、收入保险有较大需求

随着以开放农产品市场为主要内容的农业和农村改革进程的深入,农户的专业化、规模化水平不断提高,交易范围不断扩大,交易品种不断增加,农户面临的市场风险不断增大。同时由于农产品生产具有季节性,生产周期长,其供给调整远远滞后于市场的变化,市场价格波动所造成的风险基本上由农业生产者承担。农户对于市场风险极为敏感,价格波动对农户影响极大。而农户缺乏有效转嫁价格风险的机制,传统的农业保险只能规避一定的自然风险,而对价格风险无法起到防范作用,新型农业保险则仍处在起步阶段,种类单一。

2016 年调研时发现,农业经营主体(尤其是养殖业)对于市场风险极为敏感,价格波动对于生猪养殖、家禽类养殖影响巨大。以南京市的生猪养殖为例,平均来讲,养猪成本占比最大的是饲料成本,其次是人工、疫苗药物、水电维修损耗等,一头猪一生吃 620～650 斤饲料,可得 200～250 斤生猪,饲料平均价格为 1.5 元/斤,呈下降趋势(2014 年玉米 2700 元/吨,2016 年2000 元/吨。豆粕 2014 年 4800 元/吨,2016 年 2400～2900 元/吨)。也就是说,一头生猪的饲料成本为 930～975 元,加上人工成本 80～100 元,疫苗药品 100 元,其他损耗 100 元,一头生猪平均成本为 1210～1275 元。由于近几年价格波动剧烈且呈上涨趋势(2014 年 5.2 元/斤,2016 年 10.6 元/斤),出售一头猪的收入 2014 年是 1040～1300 元,2016 年是 2120～2650元。实际上,该经营者也表示生猪价格波动剧烈,其到 2015 年上半年一直是亏损,从 2015 下半年才开始收益。母猪的养殖成本更高(母猪一年吃饲料 1.1 吨约合 3000 元)。

3. 气象指数保险有待开发

近年来江苏省自然灾害频发,冻灾、台风、高温、暴雨等往往会造成农产品大规模损失,且大灾过后的理赔标准很难确定,查勘定损工作量大且较为困难。如 2015 年扬州市接连遭受"4·28"雹灾、"6·26"暴雨、"灿鸿"台风、"苏迪罗"台风等,同时还受到其他影响如病虫害、疫病等,如 2012 年盐城市、淮安市小麦赤霉病,2014 年南京市水稻稻瘟病等,给农户造成巨大损失,但很难根据保险理赔标准逐个查勘定损,抽样测损很容易造成赔偿差异

问题,即使是相邻地块也很难保证损失一样。气象指数保险与传统农业保险相比,在控制承保风险、克服市场失灵、降低经营成本方面更具有优越性,将气象指数保险作为农业保险的补充形式,将极大减少保险人员查勘定损工作量,同时会使结果更加客观真实,做到赔偿公平。同时就对各个农业经营主体的访问来看,对于那些经历过大灾的农户来讲,其对于气象指数保险的需求十分迫切。

二、"低保障、保物化"的政策性农业保险无法适应"高投入、高产出、高风险"的农业生产特点

近年来,"保生产、保物化成本、保自然灾害"这种"低保障"的运行方式极大地扩大了农业保险的覆盖面积,取得了显著效果,但是随着农业经营主体逐步由小农户转向家庭农场、种养大户、合作社、龙头企业等新型农业经营主体,这种"低保障、保成本"的方式已明显不太适合"高投入、高产出、高风险"的农业经营方式。江苏省主要种植业以油麦稻为主,其中以水稻、小麦居多,多轮种。但是近年来全国粮价走低加上耕种成本上升,稻麦种植利润空间越来越小,同时近几年灾害频发(以冰雹、台风、内涝、高温、病虫害居多),因此经营传统种植业的经营主体保本困难,"低保障"的农业保险政策无法弥补其成本损失。

以南京市某稻麦种植大户为例,种植 1 亩水稻成本大约为 1400 元,其中农机服务(种子)300 元,土地租金 700 元 1 年(按半年算 500 元,包括其他混种成本,跟地元有关),肥料 200 元,水电费机器磨损 20 元,用工 220 元,农药 70 元。种植 1 亩小麦成本大约为 700～900 元,其中种子 100 元,农机服务 120 元,除草 20 元,肥料 160 元,人工 150 元,租金 200 元。近几年国家粮食价格持续走低,如前年该农户水稻出售价格为 1.55 元/斤,去年为 1.28 元/斤,去年出售 25 万斤(还有 7 万斤未出售),该农户有 320 亩土地,除去自有农机具成本,实际每亩地所得利润很少甚至亏损。此时一旦碰到大灾,如去年水稻稻瘟病,则损失巨大,但保险赔偿金额却不足经济成本损失的 20%(不含地租、人工成本)。

由此可见,虽然目前政策性农业保险"保物化"的开展成果非常好,物化保障比例可达 80%以上,甚至可以达到 100%,但是人工与土地成本是不算在里面的,而这两类成本才是成本的大头,可占总成本的一半以上。因此,实际上目前"低保障、保物化"的农业保险保障机制并不能满足当前农户需求。

三、理赔标准不合理,随意性较大

不少农户反映理赔点偏高,希望降低保险起赔点。理赔点设定过高可能导致农户受灾后无法达到理赔标准,受到损失而无法得到补偿,理赔点过低则导致理赔案件过多,又可能影响保险公司的收益,不利于保险公司的持续经营,因此需要根据实际情况设定合理的理赔标准。

另外,对不同规模的农户设置同样的理赔点,显然不合理。以水稻种植为例:小规模农户没有土地流转成本,规模较小,10%以下的损失率得不到赔偿影响不大;规模农户首先受土地流转费用的影响,成本较高,其次规模较大,单次受损也比较严重,因此过高的起赔点可能使一些规模农户蒙受很大损失,而此时的保险费用,又加剧了农户的损失。

同时,虽然当前农业保险的内容与农户经常遇到的灾害种类基本能够对应,但仍有部分对农业生产影响较大的自然灾害不在保险责任中,部分条款比较苛刻,使得农业保险的作用无法得到实际发挥。例如梨种植保险规定了对受暴雨、洪水(政府行蓄洪除外)、内涝、风灾、雹灾、冻灾、旱灾影响,损失超过起赔点的农户予以赔偿。而根据农户反映,病虫灾害、花期短时低温、霜冻灾害使授粉率降低、产量下降等都不在保险责任中。同时,洪水、内涝、风灾、冻灾后的次生性灾害很多,也不在保险责任之中。条款中规定的冻灾指遇到0℃以下或温度长期持续在0℃以下的情况,果树生理机能受到破坏,叶落枝枯乃至全株死亡。实际上遭遇短期的低温后,虽然果树没有坏死,但梨子的产量、质量也受到很大影响。

四、保险精算技术与数据基准要求不适配

在"联办共保"模式下,政府的资金和人力都投入到"联办共保"经营中去,保险公司与相关政府部门的合作较少,导致数据不精准。以指数型保险为例,指数型保险产品除了防范自然风险外,更要防范市场风险和技术风险。保险合同中事先约定的目标价格是否科学合理,是否采集当地权威客观的物价数据以及是否选择最适当月份的期货合约,决定了指数型保险产品对保险事故的赔付精准水平和风险保障水平。一个合理的价格区间的计算在价格指数保险中显得尤为重要,目前价格主要来源于江苏省物价局公布的农产品价格数据,但是由于缺乏与相关部门的交流,该数据总是有一定的滞后性。因此,价格测算基准不精确及合约月份分布的缺陷使农产品价格指数保险在实际推行过程中存在定价风险。目前"联办共保"模式下江苏

省农业保险的精算水平较低,保险费率不是过高就是过低,难以做到费率公正公平,不能够满足农户的需求。

五、农业保险基层人力投入不足

理赔难、补偿慢的主要原因是查勘定损环节较为复杂。就目前农业保险理赔机制而言,虽然在部分地区引进了无人机、地理信息系统等新技术,但仍以传统的人工统计为主,虽在日常理赔查勘中可以做到挨家挨户定损,但是一旦碰到规模性灾害尤其是气象大灾或病害时,由于时空和人力限制,无法做到逐家合理定损,只能采取抽样鉴定和村镇填报相结合的方式,因此难免存在定损不客观公正的现象。

1. 查勘定损和理赔步骤较为烦琐

保险人员或协保员的查勘定损和理赔均按照标准化步骤进行,虽然这样有较强的规范性,但在遇到突发性情况时往往很难做到随机应变。如保险员查验死鸡,标准化程序步骤烦琐,需先将死鸡从冷库中搬出,进行清点,然后再放回冷库。理赔时要经过农民申报、村组核报、乡镇初审、县级查勘、市级核查、张榜公示、理赔兑付7个流程,需要一定时间,有些农户的配额甚至半年后才能拿到。在遭遇大灾情况下,查勘人员无法挨家挨户进行定损,传统的抽样定损方法也不适用大灾赔偿厘定(如水稻种植品种、种植时间不同,即使相邻的相同的土地,损失差异也很大,因此不能用平均损失来计算),这样很容易造成多赔少赔问题,故查勘定损和理赔步骤仍需改进。

2. 地方人力投入不足,协保员工作量大

目前农业保险是以村为单位统一参保并收取保费,而每村农业保险负责人员只有1~2名,多是村里的人如会计、主任等兼职,平时工作主要是收集农户报案信息等日常事务以及协助保险公司人员查勘定损等。这样做的好处是协保员为村里干部,更容易协调工作,引导农户支持政策实施,因此在政策性农业保险推广初期效果显著,但随着农业保险工作逐步开展,队伍专业化、完善工作激励机制等需要逐步凸显。

具体来讲,虽然在承保时期会增加临时工作人员,但是较大的承保和收费工作量与较少的工作人员数量仍然形成极大矛盾,而在受灾尤其是大灾发生时,协保员需协助保险人员查勘定损,往往工作量剧增,且此时对技术专业性的要求较高,协保员在短时期内较难胜任如此大量且复杂的工作。此时人力投入、专业化队伍、激励制度等需要亟须满足。

第三节　农户参与政策性农业保险方面的问题

一、农户对新型农业保险信任感不足

为了弥补传统农业保险在保障范围、查勘定损等方面的不足,保险公司推出的一系列创新型农业保险产品为农户提供了更丰富的选择。而在实际的推行过程中,农户对这些创新险种不理解,抵触心理很强,参保意愿较弱。农户对创新型农业保险信任感不足主要集中于 2 个方面:一是互联网保险,二是新型农业保险。

1. 对互联网保险不信任

对于互联网保险,一方面,农户普遍担心互联网的安全性。"信息假、骗子多"是农户拒绝互联网保险的主要原因,甚至对正规保险公司推出的新型互联网保险产品也往往持排斥态度,农户更愿意接受保险公司一对一的上门服务。另一方面,农户的受教育程度普遍不高,年龄偏大,对新鲜事物的接受能力较弱也是农户对互联网保险不信任的原因之一。

目前互联网保险还处在起步阶段,存在许多的问题:品种单一(基本上以理财产品为主),管理不规范,技术不成熟等。但通过互联网提供农业保险服务却是未来的发展方向之一,因为互联网保险并不是简单的以互联网渠道销售保险,而是一种整体运营模式的改变升级,是把宣传、支付、理赔等各个过程与互联网紧密结合,发展空间十分广阔,它能够最大限度地实现信息公开透明,提高运营效率,降低保险公司运营成本。

2. 对指数型新型农业保险认知不足

近年来,江苏省探索开发了一系列指数型农业保险,目前已有生猪价格指数保险、夏季保淡绿叶菜价格指数保险、苗鸡价格指数保险、内塘螃蟹水文指数保险、有机水稻产量保险等多个新型险种。指数型农业保险是农业保险中的新生事物,虽然在国外有比较成熟的理赔机制,但在国内业务还不成熟,农户对其缺乏了解,近半数的农户表示自己从未听说过这类保险。

虽然农户对指数型农业保险需求强烈,但是具体到查勘定损、标准确定上却又认知模糊。原因在于指数型农业保险数据性太强,农户接受能力有限。如高温指数等指数型农业保险需要专业人员进行勘测,而农户本身对

此没有实质性认知,其所能反映出的只有自身种养殖产品的大体损失情况,因此存在不信任感。

二、土地流转面临成本高、抵押难、补贴不合理等问题

目前土地流转主要有两种方式,一是种粮大户直接与当地小农户签订土地流转协议。这样做的好处是承租成本相对较低,但是面临的问题是承租地块散、承租时间短(一般为3~5年),以及小农户的信用问题,即小农户契约精神较差,签协议的意愿不强,倾向于口头协议,违约情况较多,土地说收回就收回。二是村里和小农户签订流转协议,由村统一流转土地,然后大户与村里再签订流转协议。这样做的好处是不必担心违约问题、承租时间长(可达10年)、田块整,但是承租成本相对较高(每亩多交50元或20%的管理费)。大部分情况下,大户选择与村里签订流转协议或者两者相结合的方式。根据流转现状,农户面临的土地问题主要有以下几种。

1. 土地成本高

不同地区、不同地块出于土地特质、流转方式等原因往往地租差异很大。总体来看,和小农户签订的流转协议(3~5年)便宜的一年400元/亩,和村里签订的协议相对较贵,一般是500~700元/亩(加收管理费50元),有些甚至更贵(800~1000元/亩),如淮安市洪泽地区土地流转成本最高达1373元/亩。较高的地租成本是目前大户的主要成本(占比大概50%)。同时有稻麦大户反映,稻麦等主要种植的补贴和高效设施农业的补贴差距较大,趋利性造成原本非农业经营主体开始从事高效农业生产(如种植苗木)以套取国家补贴,进而推动地价上升。

2. 土地抵押难

土地抵押可以作为大户融资的一种手段,但是目前可操作性较差。首先,土地本身对于银行而言受自身技术缺陷等无法经营。其次,土地以及地表附着物的估价存在难度。最后,在进行土地抵押时,银行一般要求农户交足5~10年租金以规避土地转租风险,这与大户短期资金需求本身存在矛盾。

3. 黑户风险

出于土地确权原因,部分农户缴税时瞒报土地实际面积,在部分流转小农户与大户共同种植情况下,导致新型农业经营主体获得的流转土地存在黑户风险,无法加入政策性保险,以洪泽县某一种植大户为例,其实际种植

面积达 600 亩,保障面积仅为 323 亩,剩余耕地无法获得保障。

4. 土地流转后的补贴问题

"种粮农民直接补贴、农作物良种补贴和农资综合补贴"的农业"三项补贴"已不适应当前的农业激励政策,可能会导致农业经营者积极性受损。直接补贴方面,如本章所提到的情况,如果所有补贴补给土地原有者(农户、土地流出方),可能会同时降低小农户与实际农田经营者的种植积极性。从小农户角度讲,受自身技术、设备限制,耕种作物收益性远不如外出务工,故一般小农户的做法是荒田拿补贴,"激励性补贴"俨然变成"收入性补贴"。而真正种粮的家庭农场、种养大户、合作社这些新型农业生产经营者却拿不到补贴,严重降低其生产积极性。如 2015 年南京市对于农户的政府直接补贴为平均 500 元/亩,其中耕地保护 300 元,粮食直接补贴为 120 元,其他 80元。因此小农户即使将土地租出去,或者情愿荒废然后自己外出打工仍可拿到 500 元补贴,而土地流入方作为土地实际生产经营者却拿不到补贴,这样严重降低土地流转双方的种植积极性。同时土地补贴核查方面可能有一定疏漏,如某户人家已死很多年却仍然拿到补贴。良种补贴方面,如南京市溧水区虽然政府鼓励种植优质作物,但实际上很少有农户种植优质作物,原因在于种植成本高但收购价格却和普通作物差异不大,因此良种补贴实际上根本拿不到。同时,目前"三项补贴"套补、骗补现象较多,严重影响农业生产的积极性。

三、农户保险意识淡薄

从各国保险发展历史来看,保险市场的发展归根到底取决于社会生产力发展水平和全民保险意识。虽然江苏省一直强调农业保险宣传工作,积极开展对农户的防灾、防损、防疫知识宣传,并取得了一定的成果,但是由于我国农村农户年龄普遍偏大、文化水平较低,仍存在着部分农户保险意识比较淡薄的问题,同时农户的风险态度呈现时滞性转变。在常年无大灾发生情况下,农业经营主体对风险的态度呈风险中性而非风险规避性,在自身未受到损失时往往无法意识到潜在风险的存在,不少农户产生了"保险没有作用"的感受,即使保费只有几块钱,农户也认为是一种成本浪费。而一旦发生灾害对其造成损失,农户的风险态度立即转变,但此时未投保的农户则无法得到赔偿,而农户此时才意识到保险的作用。但由于灾害具有偶然性、突发性、不确定性,故在未来一段时间内若没有灾害发生,农户风险意识又会减弱。

四、新型农业经营主体普遍融资困难

由于新型农业经营主体的初始投入较高,尤其是在大型农机设备、技术支持方面往往投入巨大,这类投入少则 100 万元,多则 800 万～1000 万元不等,即使政府有相关的农机具补贴政策(大型农机具补贴 30％),但相对于如此大规模的资金需求,经营者资金缺口依旧很大。而在融资方面,大部分新型农业经营主体选择自筹方式,向亲戚朋友借款居多,其次是向村里人借款,此时即使需要承担比银行更高的利率,新型农业经营主体也愿意。主要原因在于银行贷款门槛较高或缺乏担保、可抵押的物品(如土地、厂房、农机设备等很难作为抵押物),故即使向银行贷款,新型农业经营主体也多以信用贷款为主。同时银行贷款手续烦琐,到款相对自筹慢,又往往无法得到期望的贷款额(如某养殖龙头企业需要资金 800 万～1000 万元,但实际贷得资金仅 200 万元),短期内根本无法满足新型农业经营主体旺盛的流动性资金的需求。

部分地区已开始提供农业贷款的相关补助,给予新型农业经营主体一定贷款优惠,如南京市惠农贷,贷款利率为 4.250％,同时国家贴息一半,实际农户所承担利率仅为 2.125％,但也有部分地区农户反映银行贷款利率较高。同时虽然目前部分地区已有涉农贷款保证保险以及保单质押等,但是可操作性差,银行与新型农业经营主体双方参与性普遍不高。

五、道德风险突出

农业保险中道德风险是普遍存在又难以有效避免的一大风险。保险人和被保险人作为农业保险合同的双方当事人,经济利益关系没有紧密结合,难免出现道德风险。农户对保险的认识不充分、保险查勘定损程序存在漏洞给了农户可乘之机、有关部门监管不严都可能造成道德风险问题。

1.农户的风险意识在投保后减弱

农户在投保后对风险的敏感度降低,风险意识差,疏于管理。以小麦赤霉病为例,若在小麦扬花期处置得当,那么损失会减小很多。但实际上在投保后,部分农户在灾前防损方面有所放松,并没有积极地去保产,尤其是在农药等成本投入较多时,在风险管理方面投入就偏少。这与政策性农业保险促进农业生产的初衷有所偏离。

2.可能出现虚报损失骗保现象

农业保险中的骗赔情况往往很严重,而且农业保险中的风险控制难度

大,监督成本高。大灾发生后,由于受灾面积巨大,涉及农业经营主体众多,保险公司不可能挨家挨户查勘定损,多采用抽样调查的方式。首先由农户自主上报,然后由村统一反馈给保险公司,最后保险公司根据信息,在该村根据受灾严重程度分为轻、中、重 3 个等级,每一等级根据农户上报受损程度进行随机抽样(3 个左右),然后去查勘定损,一旦发现虚报、错报则重新抽样定损。故对于存在侥幸心理的农户而言,其倾向于多报损失,如果查出来则重新报损没有损失,而一旦没有查出来,则可多拿赔偿。

第九章 国内外实践经验
与外部环境的客观需求

江苏省政策性农业保险"联办共保"模式在一定程度上解决了农业保险"供需双冷"的难题,最大限度保障了小农户和新型农业经营主体的利益。但在运行中还存在一些问题,不适应未来高质量发展需要,因此需要改善外部环境和构建内部机制。

第一节 国外农业保险实践经验

一、美国的实践经验

美国政府从 1922 年开始探索农业保险,通过不断修改完善农业保险立法,调整管理和运行保障机制,已建立起相对完善的农业保险机制。首先,美国上层有统一的农业保险管理机构——美国农业部风险管理局(RMA)和联邦农作物保险公司(FCIC),两块牌子,一套人马,主要负责制定农业保险政策、提供农业再保险、管理农业保险补贴以及开始新农业保险品种等,但不直接参与农业保险经营业务。其次,中层是商业性保险公司,主要承担农业保险的销售、理赔服务,并负责质量管理、承担风险和向风险管理局提供相关数据和统计资料等。最后,下层是农户合作组织,主要负责收集反馈农户诉求,代表农户利益,如美国农场局联合会(AFBF),以及为农户提供信息与技术推广服务的非营利合作组织。

从目前来看,美国农业保险机制发展相对成熟,当前美国农业保险的发展特点主要有:①高补贴比例与广覆盖面。政府不仅对主要作物保险予以补贴,对符合规定的区域性特色产品保险也会进行财政补贴,同时补贴比例逐年提高。同时目前美国的趋势是逐步取消直接补贴,减少提供食品券,提高补贴额度,扩大覆盖面以及增加间接支持,且补贴不仅局限于农户,对农业保险公司,政府对其管理和运营费用进行保费收入 18.5% 的补贴,补贴额与保险公司的业务量挂钩。②保障以收入保障为主。价格(收入)类保险在美国占据相当高的比例,通过期货市场的价格发现功能与农业保险政策相结合,把市场风险纳入了风险责任,弥补了传统保险与产量保险的不足。③差异化设计。针对不同区域特点、不同作物、不同需求层次设计不同保险产品,基础保险(如巨灾保险)强制参保(即必须参保否则不能享受某些优惠政策),差异化保险会根据不同需求进行相应设计,如气象保险、地块保险等,可选择自愿参保。④农业再保险支持。联邦农作物保险公司依据《标准再保险协议》,在一定范围内向经营农业保险的私营保险公司提供成本相对低廉的比例和非比例再保险保障。

二、日本的实践经验

一般称日本保险模式为"共济合作"制度,即以政府为主导,建立"政府＋农业保险组织联合会＋保险合作社"三级机构,构成"共济＋保险＋再保险"三级保障体系。政府主要负责立法、监管、协调,同时为农户、保险合作社及农业保险组织联合会提供保险补贴。农户向共济组织(类似保险合作社)缴纳保费,共济组织再向农业保险共济联合会缴纳保费,农业保险组织联合会最后以再保险费形式将其上交到政府。如果农户需要保险金救济,则由政府向联合会提供再保险金,联合会向保险合作社提供保险金,最后再由共济组织向农户提供互助保险金。由此来看,日本农户并非直接参与保险,而是采取层级递进的方式进行风险逐级管理。

总体来看,日本的保险模式具有以下特点:①弱股分化。虽然目前国际主要趋势都是股份化商业保险模式或农业保险引入商业模式,但日本目前的机构设置商业化成分不明显,这是由于日本农业协同工会有发达且联系紧密的组织系统,依托这种紧密的联系逐步形成了相对独立稳固的保险系统。②政府职能定位明确。政府不直接参与保险经营,在整个保险系统中,主要负责向下分摊费用(补贴)和向上转移风险(再保险),以及监管保险整个运行过程,确保整个体制的运行透明。③致力于农民利益。将农民利益保障作为根本,农户可以进行监督、盈余保费纳入保险基金或返还农户而用于事业费、让农户主动参与查勘定损流程以避免纠纷等让农户利益得到最大保障。

三、欧洲的实践经验

欧洲主要以法国"民办公助"模式为主,即自上而下设立 3 个层级:顶层为中央互助保险机构,负责制定总体经营决策,并为地区保险公司提供再保险服务;中层为地区保险公司,自主进行农业保险与再保险业务,并通过上级再保险分散风险;底层为农业互助保险社,是农民互助性组织,通过防险和保险保障农户生产。政府不参与农业保险运行,仅提供完善的立法与监督以保障农业保险有效运行,同时为农业保险组织和农户提供补贴与扶持。

法国的保险模式主要有以下特点:①政府定位于立法与补贴。政府不参与农业保险经营,但重视立法与扶持,故提供完善的法律保障、高比例的补贴支持以及农业保险体系的监督与管理。②农业保险经营组织集团化。与日本不同,法国经营农业保险的组织可由各方入股,但不以营利为主要目的,经营业务多但分工明确,主要有农业互助保险公司、非农业互助保险公司、农民寿险公司和农业再保险公司4家分公司。

四、评述

虽然美国、日本、法国三国的农业保险模式由于自身农业生产特点设立了不同的农业保险机制,但仍具有一定共同之处:①高比例补贴。各国政府均为参与农业保险的各个主体(农户、保险公司、各种保险合作组织)提供高比例的财政支持。②完善的立法和管理。各国政府顶层均设有统一且独立的农业风险管理机构,且具有较完善的法律保证。政府并不直接参与农业保险的经营而主要负责协调与监管。③再保险体系。农业生产的高风险性要求农业保险有较完善的再保险制度,用以分散巨灾下保险公司的赔付风险,各国在保险机构及以上层面均提供农业再保险服务以保证二次分散农业风险。

第二节　国内农业保险实践模式

一、我国政策性农业保险制度

农业保险体制是根据政策性农业保险制度建立而成的,农业保险的体制体现出了政策性的特点,我国的政策性农业保险制度的发展经过了多个阶段。

1.政策性农业保险试点阶段(2007—2012年)

2007年,政策性农业保险还处于起步阶段,国家对于农业保险的体制规划也处于初级阶段,只规定了农业部门和财政部门负责政策性农业保险业务,具体负责哪些方面也未做规定。《中央财政农业保险保费补贴试点管理办法》(财金〔2007〕25号)是财政部主要针对内蒙古、吉林、江苏、湖南、新

疆和四川 6 个第一批试点省份印发的,是我国第一个关于政策性农业保险
制度的文件。《中央财政农业保险保费补贴试点管理办法》明确了"自主自
愿、市场运作、共同负担、稳步推进"的 4 项原则,政策性农业保险的参与主
体为农户、龙头企业、中介组织、农业保险经营机构、农业部门、各级财政等,
包括了农业保险的供给方(农业保险经营机构)、农业保险的需求方(农户和
龙头企业)、农业保险的协调方(中介组织、农业部门、各级财政),具体如图
9-1 所示。

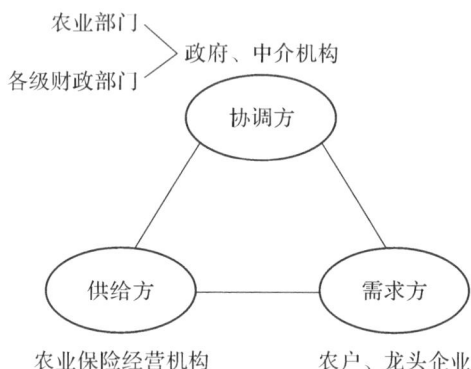

图 9-1 政策性农业保险制度设计(试点阶段)

国家对农业保险的运行机制并没有统一的要求,各地的运行机制都不
相同,具体模式由试点省份自主确定,农业保险经营机构可以采取自营、为
地方政府代办、与地方政府联办等模式开展业务。此阶段,政策性农业保险
的险种为中央确定的补贴险种,保险标的为种植面积大、关系国计民生、对
农业和农村经济社会发展有重要意义的农作物,包括玉米、水稻、大豆、小麦
和棉花。中央确定的补贴险种以"低保障、广覆盖"为原则确定保障水平。
《中央财政农业保险保费补贴试点管理办法》对于农业保险经营机构的资质
要求比较高,保险机构必须得到保险监督管理部门的批准并开展农业保险
业务 2 年以上且具备其他的一些资质才能够经营农业保险。此阶段政策性
农业保险的制度设计见表 9-1。

表 9-1 试点阶段政策性农业保险的制度

项目	内容
基本原则	自主自愿、市场运作、共同负担、稳步推进
补贴原则	中央确定的补贴险种的保险标的为种植面积大、关系国计民生、对农业和农村经济社会发展有重要意义的农作物,包括玉米、水稻、大豆、小麦和棉花

续表

项目	内容
负责部门	农业部门、财政部、省级财政部门
行为主体	农户、龙头企业、中介组织、农业保险经营机构、农业部门、各级财政等
经营模式	农业保险经营机构可以采取自营、为地方政府代办、与地方政府联办等模式开展业务;具体模式由试点省份自主确定
保费补贴	对于中央确定的补贴险种,在试点省份省级财政部门承担25%的保费后,财政部再承担25%的保费。其余部分由农户承担,或者由农户与龙头企业、省、市、县级财政部门共同承担,具体比例由试点省份自主确定
经营资质	①已得到保险监督管理部门批准,可以经营农业保险业务; ②具备相关业务经验,开展农业保险业务至少2年; ③机构网络设置健全,能够深入农村基层开展农业保险业务; ④具备一定的资金实力,能够承受农业保险业务的风险

注:根据2007年财政部印发的《中央财政农业保险保费补贴试点管理办法》(财金〔2007〕25号)整理而得。

2.政策性农业保险高速发展阶段(2013—2019年)

2013—2019年是我国政策性农业保险的快速发展阶段,农业保险正式从试点转变为全国实施。短短几年间,农业保险保费收入从2013年的306.6万亿增长到680.0亿元,保费规模于2016年超过日本,现位居全球第二。此阶段,政策性农业保险经过了3次改革,分别是2013年《农业保险条例》正式实施、2016年《农业保险条例》修改和2018年国务院机构改革。其中,2013年实施的《农业保险条例》为后来的政策性农业保险制度打下了基础,之后的变化都基于此条例的修改。此阶段的政策性农业保险制度见表9-2。

表9-2　高速发展阶段政策性农业保险的制度

项目	内容
基本原则	政府引导、市场运作、自主自愿、协同推进
补贴原则	关系国计民生和粮食、生态安全的主要大宗农产品,以及根据党中央、国务院有关文件精神确定的其他农产品
行为主体	农民或农业生产经营组织;国务院有关部门、机构和地方各级人民政府及其有关部门
负责部门	国务院保险监督管理机构、财政、农业、林业、发展改革、税务、民政、国土资源、气象等有关部门、机构
经营模式	国家支持发展多种形式的农业保险,健全政策性农业保险制度;各省级人民政府可以确定适合本地区实际的农业保险经营模式

续表

项目	内容
保费补贴	①种植业。在省级财政至少补贴25%的基础上,中央财政对中西部地区补贴40%,对东部地区补贴35%;对纳入补贴范围的新疆生产建设兵团、中央直属垦区、中国储备粮管理总公司、中国农业发展集团有限公司等(以下统称中央单位),中央财政补贴65%。 ②养殖业。在省级及省级以下财政(以下简称地方财政)至少补贴30%的基础上,中央财政对中西部地区补贴50%,对东部地区补贴40%;对中央单位,中央财政补贴80%。 ③森林。公益林在地方财政至少补贴40%的基础上,中央财政补贴50%;对大兴安岭林业集团公司,中央财政补贴90%。商品林在省级财政至少补贴25%的基础上,中央财政补贴30%;对大兴安岭林业集团公司,中央财政补贴55%。 ④藏区品种、天然橡胶。在省级财政至少补贴25%的基础上,中央财政补贴40%;对中央单位,中央财政补贴65%
经营资质	保险机构经营农业保险业务,应当符合下列条件,并经国务院保险监督管理机构依法批准: ①有完善的基层服务网络; ②有专门的农业保险经营部门并配备相应的专业人员; ③有完善的农业保险内控制度; ④有稳健的农业再保险和大灾风险安排以及风险应对预案; ⑤偿付能力符合国务院保险监督管理机构的规定; ⑥国务院保险监督管理机构规定的其他条件

注:根据2012年国务院颁布的《农业保险条例》(国务院令第629号)和2016年财政部印发的《中央财政农业保险保险费补贴管理办法》(财金〔2016〕123号)整理而得。

(1)2012年《农业保险条例》实施初期

2012年,国务院颁布了《农业保险条例》,并于次年3月1日开始实施。这是我国第一部关于农业保险的法规,使我国的农业保险正式从试点进入到全面推进且法规明确的正式实施阶段。《农业保险条例》规范化、制度化地规定了政策性农业保险的基本体制,明确了国务院保险监督管理机构对农业保险业务实施监督管理,明确了国家支持发展多种形式的农业保险,对符合规定的农业保险由财政部门给予保费补贴等,对农业保险经营依法给予税收优惠等。

《农业保险条例》明确了我国实行政策性农业保险的制度,其基本原则是"政府引导、市场运作、自主自愿、协同推进"。政府引导是指财政部门通过保险费补贴等政策支持、鼓励和引导农户、农业生产经营组织投保农业保险,推动农业保险市场化发展,增强农业抗风险能力;市场运作是指财政投入要与农业保险发展的市场规律相适应,以经办机构的商业化经营为依托,充分发挥市场机制作用,逐步构建市场化的农业生产风险保障体系;自主自愿是指农户、农业生产经营组织、经办机构、地方财政部门等各方的参与都要坚持自主自愿，在符合国家规定的基础上，申请中央财政农业保险保险费补贴；协同推进是指保险费补贴政策要与其他农村金融和支农惠农政策有机结合，财政、农业、林业、保险监管等有关单位积极协同配合，共同做好农业保险工作。

　　农业保险的负责部门为国务院财政、农业、林业、发展改革、税务、民政、国土资源、气象等有关部门、机构。国务院保险监督管理机构是政策性农业保险的主要管理机构，对农业保险业务实施监督管理。国务院财政、农业、林业、发展改革、税务、民政等有关部门按照各自的职责，负责农业保险推进、管理的相关工作，财政、保险监督管理、国土资源、农业、林业、气象等有关部门、机构则建立了农业保险相关信息的共享机制。[①] 具体见图9-2。

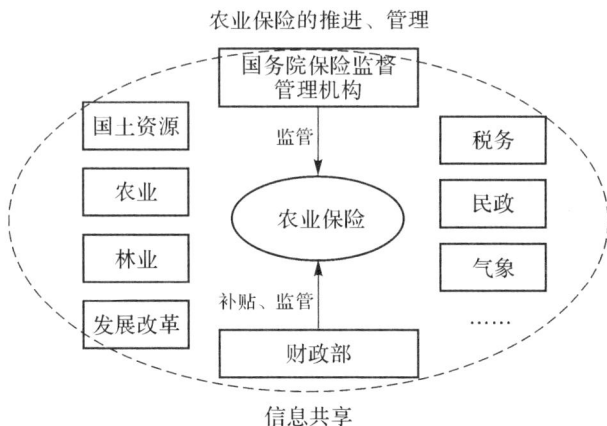

图 9-2　政策性农业保险制度设计（快速发展阶段）

（2）2016 年《农业保险条例》的修改阶段

　　2016 年国务院对部分行政法规进行了修改，其中包括《农业保险条例》，此次修改内容主要为农业保险的经营标准和经营规范。此后，农业保险可以由保险机构经营，并不需要再由国务院保险监督机构批准。符合《农业保险条例》规定的资质即可开展农业保险业务，降低了农业保险的准入门槛，让拥有资质的保险机构都能够参与到农业保险经营活动中来。

　　新修改的《农业保险条例》删去了原第十七条第一款中的"并经国务院保险监督管理机构依法批准"，第二款中的"未经依法批准"修改为"除保险机构外"。第二十六条第一款修改为："保险机构不符合本条例第十七条第一款规定条件经营农业保险业务的，由保险监督管理机构责令限期改正，停止接受新业务；逾期不改正或者造成严重后果的，处 10 万元以上 50 万元以

---

① 2012 年国务院颁布的《农业保险条例》（国务院令第 629 号）。

下的罚款,可以责令停业整顿或者吊销经营保险业务许可证。"删去第二十七条、第二十八条第一款中的"或者取消经营农业保险业务资格"。具体修改内容见图9-3。

表9-3 《农业保险条例》修改内容

2012年《农业保险条例》	修改内容	修改后的《农业保险条例》
保险机构经营农业保险业务,应当符合下列条件,并经国务院保险监督管理机构依法批准; 未经依法批准,任何单位和个人不得经营农业保险业务	删去了原第十七条第一款中的"并经国务院保险监督管理机构依法批准";第二款中的"未经依法批准"修改为"除保险机构外"	保险机构经营农业保险业务,应当符合下列条件;除保险机构外,任何单位和个人不得经营农业保险业务
保险机构未经批准经营农业保险业务的,由保险监督管理机构责令改正,没收违法所得,并处违法所得1倍以上5倍以下的罚款;没有违法所得或者违法所得不足10万元的,处10万元以上50万元以下的罚款;逾期不改正或者造成严重后果,责令停业整顿或者吊销经营保险业务许可证	第二十六条第一款修改为"保险机构不符合本条例第十七条第一款规定条件经营农业保险业务的,由保险监督管理机构责令限期改正,停止接受新业务;逾期不改正或者造成严重后果的,处10万元以上50万元以下的罚款,可以责令停业整顿或者吊销经营保险业务许可证"	保险机构不符合本条例第十七条第一款规定条件经营农业保险业务的,由保险监督管理机构责令限期改正,停止接受新业务;逾期不改正或者造成严重后果的,处10万元以上50万元以下的罚款,可以责令停业整顿或者吊销经营保险业务许可证
保险机构经营农业保险业务,有下列行为之一的,由保险监督管理机构责令改正,处10万元以上50万元以下的罚款;情节严重的,可以限制其业务范围、责令停止接受新业务或者取消经营农业保险业务资格; 保险机构经营农业保险业务,违反本条例规定,有下列行为之一的,由保险监督管理机构责令改正,处5万元以上30万元以下的罚款;情节严重的,可以限制其业务范围、责令停止接受新业务或者取消经营农业保险业务资格	删去第二十七条、第二十八条第一款中的"或者取消经营农业保险业务资格"	保险机构经营农业保险业务,有下列行为之一的,由保险监督管理机构责令改正,处10万元以上50万元以下的罚款;情节严重的,可以限制其业务范围、责令停止接受新业务; 保险机构经营农业保险业务,违反本条例规定,有下列行为之一的,由保险监督管理机构责令改正,处5万元以上30万元以下的罚款;情节严重的,可以限制其业务范围、责令停止接受新业务

注:根据2012年国务院颁布的《农业保险条例》(国务院令第629号)、2016年财政部印发的《中央财政农业保险保险费补贴管理办法》(财金〔2016〕123号)和《农业保险条例》(2016年2月6日修正版)整理而得。

（3）2018 年国务院机构改革

根据十九大和十九届三中全会的部署,2018 年党中央对国务院机构进行了改革。这是自上而下的顶层机制改革,涉及农业保险的相关部门名称、职能都发生了变化,因此农业保险的体制也随着国务院机构改革而进行了相应的变化。根据《农业保险条例》,涉及农业保险的国务院机构主要有国务院保险监督管理机构、财政、农业、林业、发展改革、税务、民政、国土资源、气象等,根据国务院机构改革方案,负责农业保险的国务院机构调整为财政部、农业农村部、自然资源部、银行保险监督管理委员会、国家林业和草原局、发展改革、税务、民政、气象等。国务院机构进行了重组调整,相应地,其职能范围也发生了变化。但新的部门负责农业保险的哪些职责和工作,并没有文件对其进行解释说明,也没有颁布具体的实施意见。该阶段政策性农业保险的总体布局变化不大,关于体制方面的变化主要是负责机构的变化。具体见图 9-3。

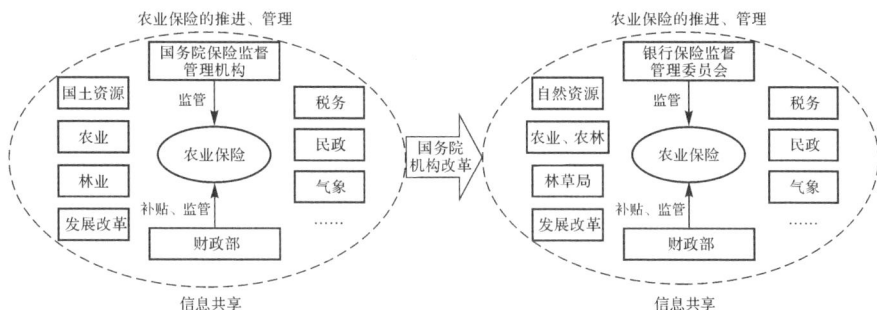

图 9-3　国务院机构改革下政策性农业保险体制变化

3. 政策性农业保险高质量发展阶段（2019 年之后）

《关于加快农业保险高质量发展的指导意见》对农业保险相关机构的职责进行了进一步明确:财政部会同中央农办、农业农村部、银保监会、国家林草局等部门成立农业保险工作小组,统筹规划、协同推进农业保险工作,有关部门要抓紧制定相关配套措施,确保各项政策落实到位。① 最新的规划在政府责任、政府与市场边界、规范农业保险市场等方面做出了新的具体要求,这是我国农业保险体制创新的重要体现。

农业保险高质量发展的原则依旧是"政府引导、市场运作、自主自愿、协同推进",但《关于加快农业保险高质量发展的指导意见》对其具体的含义做出了一些改变。政府引导是指更好发挥政府引导和推动作用,加大政策扶

———————————

① 《关于加快农业保险高质量发展的指导意见》（财金〔2019〕102 号）。

持力度,强化业务监管,规范市场秩序,为农业保险发展营造良好环境;市场运作是指与农业保险发展内在规律相适应,充分发挥市场在资源配置中的决定性作用,坚持以需求为导向,强化创新引领,发挥好保险机构在农业保险经营中的自主性和创造性;自主自愿是指充分尊重农民和农业生产经营组织意愿,不得强迫、限制其参加农业保险,结合实际探索符合不同地区特点的农业保险经营模式,充分调动农业保险各参与方的积极性;协同推进是指加强协同配合,统筹兼顾新型农业经营主体和小农户,既充分发挥农业保险经济补偿和风险管理功能,又注重融入农村社会治理,共同推进农业保险工作。[1] 具体见表 9-4。

表 9-4 高质量发展阶段政策性农业保险的制度

项目	内容
基本原则	政府引导、市场运作、自主自愿、协同推进
补贴原则	关系国计民生和粮食、生态安全的主要大宗农产品,以及根据党中央、国务院有关文件精神确定的其他农产品
行为主体	小农户和新型农业经营主体;国务院有关部门、机构和地方各级人民政府及其有关部门
负责部门	财政部会同中央农办、农业农村部、银保监会、国家林草局等部门成立农业保险工作小组,统筹规划、协同推进农业保险工作;有关部门要抓紧制定相关配套措施,确保各项政策落实到位
经营模式	结合实际探索符合不同地区特点的农业保险经营模式,充分调动农业保险各参与方的积极性
保费补贴	①种植业。在省级财政至少补贴 25% 的基础上,中央财政对中西部地区补贴 40%,对东部地区补贴 35%;对纳入补贴范围的新疆生产建设兵团、中央直属垦区、中国储备粮管理总公司、中国农业发展集团有限公司等(以下统称中央单位),中央财政补贴 65%。 ②养殖业。在省级及省级以下财政至少补贴 30% 的基础上,中央财政对中西部地区补贴 50%,对东部地区补贴 40%;对中央单位,中央财政补贴 80%。 ③森林。公益林在地方财政至少补贴 40% 的基础上,中央财政补贴 50%;对大兴安岭林业集团公司,中央财政补贴 90%。商品林在省级财政至少补贴 25% 的基础上,中央财政补贴 30%;对大兴安岭林业集团公司,中央财政补贴 55%。 ④藏区品种、天然橡胶。在省级财政至少补贴 25% 的基础上,中央财政补贴 40%;对中央单位,中央财政补贴 65%

---

[1] 《关于加快农业保险高质量发展的指导意见》(财金〔2019〕102 号)。

续表

项目	内容
经营资质	保险机构经营农业保险业务,应当符合下列条件,并经国务院保险监督管理机构依法批准: ①有完善的基层服务网络; ②有专门的农业保险经营部门并配备相应的专业人员; ③有完善的农业保险内控制度; ④有稳健的农业再保险和大灾风险安排以及风险应对预案; ⑤偿付能力符合国务院保险监督管理机构的规定; ⑥国务院保险监督管理机构规定的其他条件。

注:根据 2019 年财政部、农业农村部、银保监会、林草局联合印发的《关于加快农业保险高质量发展的指导意见》(财金〔2019〕102 号)和 2016 年财政部印发的《中央财政农业保险保险费补贴管理办法》(财金〔2016〕123 号)整理而得。

二、各地试点模式

从 2004 年起,由于国家高度重视农业农村农民问题,而农业保险又是其中的重要措施之一,全国各地都先后开始了农业保险的试点实践。经过十几年的发展,目前国内各地实行的比较成功的政策性农业保险模式主要有江苏省的"联办共保"模式、浙江省的"共保体"模式、上海市的"安信模式"、黑龙江省的"阳光相互保险模式"以及北京市的"代办"模式,表 9-5 揭示了这几种模式在经营方式、经办机构、参保方式、赔付责任、巨灾风险分散、财政补贴等方面的横向差异,有助于我们更好地比较江苏模式。

表 9-5　各地农业保险经营模式横向比较

项目	江苏省	浙江省	上海市	黑龙江省	北京市
经营方式	由商业保险公司与政府采取"联办共保"模式经营	由商业保险公司组成"共保体",采取"联合共保"方式经营	由上海安信农业保险公司采取专业化方式经营	以阳光农业相互保险公司为经营主体,采取相互制模式经营	由商业保险公司采取"代办"模式经营
经办机构	市县政府与保险公司(人保、中华联合、太平洋)	"共保体"由10家保险公司组成,确定其中1家公司为首席承保人	上海安信农业保险公司	阳光农业相互保险公司	安华、人保和中华联合
参保方式	自愿参保	自愿参保	统一承保	自愿参保	自愿参保

续表

项目	江苏省	浙江省	上海市	黑龙江省	北京市
赔付责任	保险机构与地方政府保费收入按照 5∶5 的比例分账管理,保险责任和赔付也按照 5∶5 的比例分摊,即保险公司承担 50%,政府部门承担 50%	如果赔付总额在当年保费 2 倍以内则由"共保体"独自承担,2~3 倍部分由"共保体"与政府各自承担 50% 来赔付,3~5 倍部分的赔付由"共保体"与政府按照 1∶2 比例分担	农业保险赔付率在 90% 以下的部分由保险公司承担;90%~150% 的部分由保险公司通过购买再保险的方式分散风险,财政给予 60% 或最高 800 万元的再保费补贴;当赔付率超过 150% 时,政府启动补偿机制负责补偿	公司依照财政部的相关规定,按保费收入的 25% 计提巨灾风险准备金用于平抑保险社综合赔付率超 120% 以后的损失赔付。按照相互制公司的特点,在公司无法承担赔付时,可以采取按比例削减保额的方式降低赔付标准	赔付率在 160% 以下的农业风险所造成的损失由保险公司独自承担损失补偿责任;赔付率超过 160% 的农业风险则实行由政府进行剩余赔付、保险公司赔付封顶的方法。其中赔付率在 300% 以上的由农业风险造成的损失,政府每年按照上一年农业增加值的 1‰ 提取巨灾风险准备金来保障;赔付率为 160%~300% 的巨灾风险通过政府直接购买再保险的方式转移
巨灾风险分散	大灾准备金由省、市和县三级构成。保险经办机构购买商业再保险自行解决	由"共保体"承担全额巨灾赔偿责任,发挥巨灾风险准备金机制作用	商业再保险和大灾风险准备金均由政府统筹	公司提取巨灾风险准备金,同时,向国内外多家再保险公司购买作物超赔再保险	商业再保险和大灾风险准备金由政府与保险机构共同承担

地区	江苏	浙江	上海	黑龙江	北京
财政补贴	确定一个最低补贴原则，省级财政分地区承担，差额部分由市、县级财政机动承担	中央、省级、县级财政在一般地区和欠发达或海岛地区差别比例分担	一方面对奶牛、水稻、生猪、家禽四大品种实行普惠基本险，按照保费的35%进行补贴，另一方面对蔬菜、油菜、瓜果、淡水养殖、水果等实行补充保险，按照保费的30%进行补贴。针对各区（县）财力情况不同的实际情况，市财政负责50%～80%的补贴，其余的补贴由区（县）负责	保费实行国家财政补贴20%、农户承担65%、黑龙江农垦总局补贴15%的三方共担的方式；阳光农业相互保险公司还可按规定享受免缴养殖业、种植业的营业税	区（县）自主确定本级财政累加保费补贴比例

第三节　外部环境的客观需求

一、农业保险高质量发展的客观要求

党的十九大报告指出，我国经济已由高速增长阶段转向高质量发展阶段，正处在转变发展方式、优化经济结构、转换增长动力、供给侧结构性改革的攻关期。新时代农业保险的主要矛盾，已经迭代转换为供给体系和质量效能不能满足农业现代化发展需求的结构性矛盾。在这对矛盾的不断运动和相互作用中，农业保险的性质、定位、方向都已经发生了新的变化。2019年《关于加快农业保险高质量发展的指导意见》划定了2022年和2030年2个阶段农业保险的发展任务时间表，在总结我国13年政策性农业保险经验和吸取发达国家经验基础上，从我国政治体制、经济和农业农村特点出发，为完成2个阶段任务制定了清晰的路线图，创设了具有中国特色的农业保险发展模式，为当前和今后一段时期如何办好农业保险提供了根本遵循和行动指南,为新时期农业保险的发展注入新的动力。

二、脱贫时代的普惠金融发展

发展普惠金融是我们党在进入全面建成小康社会决胜阶段和为打好脱贫攻坚战做出的重大战略决策。党的十八大以来,普惠金融在助力脱贫攻坚方面取得了一系列新成效,在数字技术快速普及的背景下也面临新的发展机遇和挑战。新时代,必须以习近平新时代中国特色社会主义经济思想为指引,贯彻新发展理念,进一步提升农村和贫困地区金融服务的广度与深度,提高金融服务的可得性、覆盖率和满意度,为消除贫困、改善民生、促进共同富裕、确保如期全面建成小康社会提供强有力的金融支撑。

2016 年中国保监会和国务院扶贫开发领导小组办公室联合发布的《关于做好保险业助推脱贫攻坚工作的意见》中提出总目标:"到 2020 年,基本建立与国家脱贫攻坚战相适应的保险服务体制机制,形成商业性、政策性、合作性等各类机构协调配合、共同参与的保险服务格局。努力实现贫困地区保险服务到村到户到人,对贫困人口'愿保尽保',贫困地区保险深度、保险密度接近全国平均水平,贫困人口生产生活得到现代保险全方位保障。"[①]

三、市场价格形成机制的完善及保险与期货市场的联动

期货市场是重要的风险转移工具,尤其是对于大宗商品而言,期货市场的价格发现功能、套期保值功能可以有效应用于农业保险中,美国的农业保险发展相当成熟,其中一大部分取决于其与农产品期货市场的联动。而目前我国无论农业大户还是保险公司,参与农产品期货市场的比例还较小。

美国的经验显示,农产品期货市场能够有效直接影响价格类保险的设计,一是期货市场的价格发现功能可以帮助价格类保险进行理赔标准的厘定。以期货市场近月期农产品平均结算价或播种期间平均期货价格和远月期农产品平均结算价或成熟期收获期的平均期货价格中较高者作为基准价,是价格类保险较为通用的方法。二是以期货作为一种分散市场风险的手段。期货市场的套期保值功能可以帮助农户和保险公司对冲农产品的市场风险,农户方面由于对期货市场不熟悉且无法达到准入标准,可以合作社方式或以保险公司为中介参与期货市场,而保险公司也可以通过期货市场

---

① 《关于做好保险业助推脱贫攻坚工作的意见》(保监发〔2016〕44 号)。

规避受灾后价格保险的巨额赔偿风险。但无论价格发现功能还是套期保值功能，都要求农产品期货市场有效，包括具有相关性较强的品种，参与者众多、流动性强、政策约束弱、市场化程度高等。而目前农产品期货市场尤其是小麦、水稻等主要种植作物的期贷市场并不满足相关条件，限制了真正价格类保险的设计，导致目前推出的价格类保险的价格标准存在争议。故完善期货市场、适当对农作物进行去政策化措施、完善市场价格形成机制是新型保险的推出条件。同时，采用场外交易诸如远期、期权等方式也可以对冲市场风险。

四、金融创新的支持与信用体系的构建

第一，农业生产不仅面临生产和市场风险，也存在信用风险。农业生产"高投入"的特点使得农户在生产前期有大量资金需求。"高风险"的特点让农户的资金需求往往以解决短期流动性问题为主，但对于有资金缺口的农户来说，贷款提供与农户需求往往存在一定矛盾，具体而言，农户信用资质参差不齐且信用信息较难获得，农户缺乏可抵押物，使得农户信用风险较高。银行贷款获得门槛高，而可提供较低门槛贷款的金融机构（如农商银行、信用社等）的利率较高，尤其在受灾情况下，短期资金需求与长期信贷风险矛盾加剧，受灾农户极易发生资金断裂。因此加强保险与银行的联合创新，涉农贷款保证保险、保单质押等新型"银保"产品的推出可以减少农户信用风险，支持农户积极从事农业生产。

第二，加强农村信用体系构建，有效防范农业保险信息不对称问题。小农户契约意识和道德意识弱，对保险本身的性质认知存在偏差，因此应加强宣传教育，提高农户道德水平，让农户对保险有正确的认知，同时构建农户投保信用体系，进行农户保险信用评级并记录在案，甚至可以与银行信用相联系，对于存在骗保、套保行为的农户应有一定惩罚措施，如提高保费额度、降低理赔金额、提高投保门槛或一段时间内禁止参保。对于信用较好及经营状况良好的农户，给予一定保险优惠或者奖励措施。

五、农业领域先进技术的应用

首先，在新技术应用方面，利用3S技术、无人机、信息联网等先进技术、装备对受灾地块进行勘察，同时在日常做到实时监控。其次，在农业与气象数据收集方面，急需完善气象观测点，气象数据、产量数据、市场数据的收集、统计、整理，农村基础设施建设等，建立农业信息数据库以保证数据准确

有效对农业保险赔付甚至是产量保险、气象保险等新型指数保险而言至关重要。最后,在第三方机构方面,引入第三方农业技术人员查勘,让农技人员和乡镇人员都参与到查勘定损工作中,寻找技术性较强的专业仲裁机构对灾害损失进行确定,保证赔偿确定的客观和透明。

第四节　内部机制的构建

一、清晰的政策性农业保险管理体系

目前,我国尚未建立起一个完善的农业风险管理和保险服务体系,虽然顶层有政府相关部门负责管理,中层保险公司有农业保险部,基层有农业保险相关服务分支点,但整个管理体系依旧不完善,体系碎片化明显,各层独立且没有良好的衔接,在向下执行和向上反馈时容易出现断层,同时人力投入不足、队伍专业化不够也是农业保险管理中的问题。因此,在顶层应设立统一的农业风险管理机构,负责整体方针决策、风险监控、信息与数据的收集和整理等,同时提供再保险服务。中层保险公司的农业保险部门则负责根据所属地区不同特性提供不同农业保险产品和服务,作为承接向下提供农业保险服务、向上进行信息和数据反馈,方向上由上层统一规定,执行上拥有一定自主权。基层相关部门主要应有以下几种职能结构:一是向农户提供技术与服务的机构。二是由农户自发形成的风险合作组织,站在农户利益角度上反馈农业生产信息,解决保险纠纷。三是保险公司基层机构,从事保险信息采集、查勘定损、材料准备等工作。基层工作往往需要大量的保险人员,培训专业保险人员、保证当地农户配合、调动地方协保员积极性等需要建立有效的激励制度。政府则应该负责监控、协调、维持整个体系正常运转,对于出现或可能出现的问题进行充分准备和防范,同时提供风险准备、财政支持等服务,也可参与到再保险中去。

二、有效的大灾风险分散机制

建立有效的农业保险再保险体系,不仅是对农业保险的支持、为农业风险提供二次分散的手段,同时促进了农业保险的可持续发展。农业风险再保险体系的建设应从政策法规、经营方式、风险准备等方面入手。政策法规方面,应出台《农业再保险规定》《农业再保险协议》等,对农业再保险各方的权责、保险产品内容(费率、补偿方式等)、保险基金设立等内容进行明确规

定。经营方式方面,一是农业再保险可由顶层(如中央农业风险管理机构或全国性农业再保险机构)统一设计,并向下推广,政府参与农业再保险的财政支持和运作,强调农业再保险的政策性。二是保险公司间可进行共保、互保,或利用商业再保险市场开办再保险业务,自主经营。也就是说,再保险体系应采用以政策性为主、以商业性为辅的结构。风险准备方面,建立巨灾风险准备金,分为保障准备金和自由准备金两级,顶层机构设立保障准备金,为抵御巨灾风险做兜底准备,保险公司在保障准备金基础上,可根据实际情况设立自由准备金,保障准备金池不可随意变动,自有准备金池可进行调整,盈余准备金不仅可以用来进行灾后恢复,也可进行灾前防损工作,保证损失降至最低。

三、适度引入商业化模式

当前政策性农业保险"低保障"问题的一个解决方法是引入商业竞争模式,在原有农业保险基础上推出商业附加险种,为有需求的农户提供额外的保障。商业性农业保险应本着自愿参与、市场运作的方式,由各地区保险公司自主设计推广,满足农户对保险产品、风险保障的需求。因此,适当引入商业机制,通过政策性农业保险保障新型农业经营主体的基本需求,并为具有较强支付能力的主体扩展政策性保险以外的选择空间,通过商业附加保险提供额外保障,扩大新型农业经营主体的选择空间。

四、高效的财政资金使用情况

第一,对农户的农业生产补贴。根据《关于全面推开农业"三项补贴"改革工作的通知》,尽快落实将农业"三项补贴"合并为农业支持保护补贴,补贴方向转变为加强耕地地力保护,促进粮食适度规模经营,让补贴落到实处,防止骗补、套补行为。加强土地监管与整合,将补贴重点逐步转向新型农业经营主体,实行"谁种粮多,优先支持谁"。考虑到补贴资金滥用行为,应适当降低现金直补比例,转而集中于贷款贴息、农机补贴、技术与服务推广补偿等方面,也可通过提供风险补偿、担保补助等间接方式提供补偿,做到补偿资金专项使用。考虑事前、事后按比例补贴,事前根据农户资金需求和资金用途予以补贴,事后根据当年农户生产种植养殖状况进行补贴。

第二,对农户的农业保险补贴。提高政策性农业保险保费补贴比例并进行差异化管理,适当向主要农业生产区、经济欠发达区偏移,适当提高中央补贴比例,减轻欠发达地区地方财政压力。同时,各地方财政可以根据各地区地方特色农业品种进行专项补贴,扩大补贴范围,然后将该部分补贴上报中央财政,在其审核后进行下放。

第三,对经营农业保险的保险机构的补贴。对经营农业保险的保险机构实行"绩效激励"补贴,不同于农户的直接补贴,对于经营农业保险的保险机构,一是对保险公司的农业保险经营管理费用进行适当补贴,补贴标准与业务量挂钩,降低农业保险成本,激励保险公司开展农业保险业务。二是为保险公司提供较低成本的农业保险再保险保障。三是对于农业保险经营较好的保险公司适当减免农业保险方面的税收,以此激励保险公司开展高质量的农业保险业务。

五、提高各级财政农业保险基金的管理效率

从市级、县级层面看,经过多年发展,各地农业保险基金已经有了一定积累,在应对大灾之余,有条件的地区可以积极争取调用一部分资金用于补贴本地区特色农业保险发展。从省级层面看,应进一步发挥好"间接"调控作用,同时进一步体现简政放权精神,在控制好省级财政补贴总额度的前提下,将现有的各地高效设施农业保险由按专项险种比例补贴尝试改为按地区(县级行政区)奖补,这样可更好、更快地调动各地发展县域特色高效设施农业保险的积极性,也更加能体现省级财政资金奖补分配的公平性。

六、加快推进农业保险互助组织的组建和探索

涉农相互保险组织与农民门当户对,有利于发挥其在农村的组织优势、技术优势和资源优势,低成本、广覆盖地开展有特色的同质化的农业保险服务,使之成为农业保险体系中的重要补充。事实上,江苏省目前开展的渔业互助合作保险和农机综合险就积累了这方面成功经验。保监会2015年就专门出台了《相互保险组织监管试行办法》,明确了准入条件,当前正是涉农相互保险组织发展的一个机遇期。

第十章 "联办共保"经营模式退出与农业保险市场化经营体制创新

第一节 农业保险市场化经营中政府与市场的合理边界

一、政策性农业保险的重要性

农业在我国国民经济中占有极其重要的位置。在我国,农业部门要解决14亿多人口的吃饭问题,粮食安全是我国治国理政的头等大事。自党的十八大以来,"饭碗论""底线论""红线论"等不断提出,形成了一系列具有重要意义的粮食安全理论创新与实践创新。党的十九大报告更是明确提出要"确保国家粮食安全,把中国人的饭碗牢牢端在自己手中"。特别是新形势下,粮食安全在治国安邦中的地位极端重要,在任何情况下都要把粮食安全放在经济工作的首位。否则,14亿多人口的粮食在别人手中,对中国这么大一个国家来说是极其危险的。农业的发展直接影响着国家的稳定和国际影响力。因此,政府十分重视各种支农政策的发展,农业保险有着稳定农户收入、促进农业再生产的作用,为农业的可持续发展提供有效保障,为农业现代化提供了有效的风险管理,是一项重要的农业支持手段。

农业保险的性质决定了政府必须参与农业保险活动。农业保险具有外部性和准公共物品的性质,若仅由市场调节,则不能实现资源的有效配置,会出现市场失灵的现象。农业保险的市场失灵主要表现为"供需双冷":一方面,保险公司由于过高的经营成本和赔付率等问题减少甚至不提供农业保险;另一方面,农户的低收入和农业保险的高费率也会造成需求的疲软,从而出现了"供给有限,需求不足"的尴尬局面。这是一种由农业保险的正外部性造成的资源配置失当,目前有效的解决办法是政府参与到农业保险中来,为供需双方提供一定的帮助。纵观各国的农业保险发展历程,政府的支持是一个国家农业保险发展的重要推动力量,我国政策性农业保险能够得到飞跃式的发展,背后也离不开政府的各项政策和服务。

由于我国农业生产的高度分散性,我国的农业保险交易成本高,农业保险制度对政府的依赖度较高。从 2007 年全国 6 个省份试点到 2021 年全国普遍实施已经 14 年了。14 年间,农业保险的实践从最初只有"4＋2"6 家专业农业保险公司和综合性财产保险公司进入农业保险试点行列,如今,已经有超过 30 家农业保险经营公司;市场上由中央财政支持的政策性农业保险产品从 2007 年的水稻、小麦、玉米、棉花和大豆 5 种,发展到 2018 年包括粮、棉、油料作物、糖料作物、森林、猪、奶牛等 16 类,再加上各省级财政支持的几千款特色农业保险产品。

我国农业保险制度经历了政府直接经营阶段、政府直接经营和多种经营主体并存阶段、政府较少干预下商业保险公司经营阶段以及政府主导作用下商业保险公司经营阶段 4 个阶段,通过比较历史数据可以发现,相对于完全的商业保险经营阶段,政府适度参与可以让农业保险发展得更好。2007—2020 年,我国每一年的中央一号文件都会对农业保险进行部署,累计共有 35 条内容提及农业保险。农业的重要程度也决定了农业保险的发展离不开政府的政策支持。

二、政府与市场的边界

从理论上看,政府和市场决策都是解决稀缺资源配置问题的制度安排,但二者的决策模式不同:政府是一种权威的、集中的决策模式,而市场则是一种普遍的、分散的决策模式。在实践中,资源配置的实现都是市场和政府互相结合的结果,而这种结合都是不完美的政府和不完善的市场之间的次优组合。讨论政府与市场的关系是为了在不完善事务中进行不完全选择。在农业保险发展中,也是不完美的政府和不完善的市场之间的相互结合,既要肯定市场实现效率的基础地位,也要注重政府的引导作用。

我国十几年的政策性农业保险的实践暴露出来的突出问题之一,就是政府和市场的界限不明确。相关的政策文件和法规对政府在农业保险制度中的定位、责任权限只有原则性的规定。带来的问题就是"缺位"和"越位"并存,各级政府及其相关部门无所适从,该做的不做,不该管的却管。例如:一些地方政府没有经过科学核算,就要求保险公司降低保险费用,哪怕该险种的风险十分大,这十分不利于保险机构的持续经营;一些地区连续几年并无自然风险,出于一定的需要,政府会对保险公司的赔付情况进行干预,要求保险公司在并未出险的情况下向农户支付赔款;还有地区在发生灾害后,政府直接对保险公司如何赔、赔多少进行干预,扭曲了农业保险的健康运行机制(庹国柱,2020)。

《关于加快农业保险高质量发展的指导意见》对这些问题有了比以往更加明确的指导意见,要求"明晰政府与市场边界。地方各级政府不参与农业保险的具体经营。在充分尊重保险机构产品开发、精算定价、承保理赔等经营自主权的基础上,通过给予必要的保费补贴、大灾赔付、提供信息数据等支持,调动市场主体积极性。基层政府部门和相关单位可以按照有关规定,协助办理农业保险业务"①。

政府在农业保险中的定位就是提供包括保险费补贴在内的一系列政策支持,并且通过财政、银保监会、农业农村和森林草原等各相关部门的协同配合,加大政策支持,加强保险业务监管,强化监督问责,营造良好的市场环境,鼓励和引导农户投保,做好农业保险工作。

总之,在现实经济生活中,政府和市场的有效边界会随着客观的经济发展进程而不断变迁,同时也会随着不同经济体的"国家禀赋"特征而呈现出显著差异。因此在农业保险发展进程中,政府与市场的行为边界是动态发展的,需要根据农业保险发展的不同阶段而调整,而且,考察政府与市场的行为边界时,还需要结合本国国情和社会制度特征,国外经验可资借鉴,但不能照搬照抄。政府与市场边界可参考图 10-1。

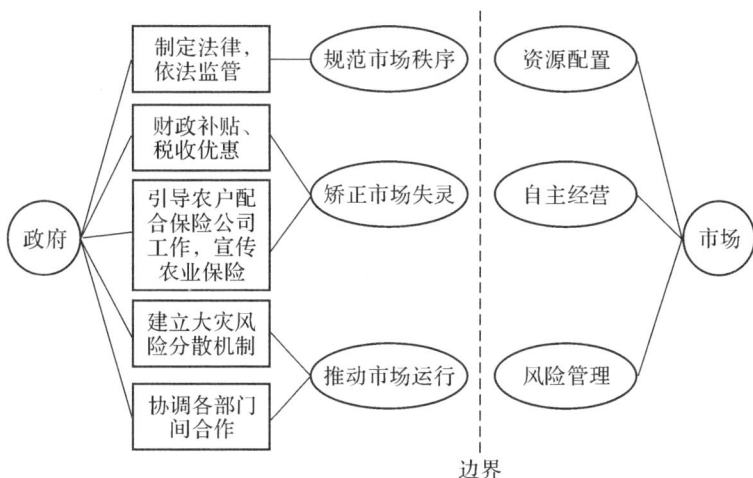

图 10-1 农业保险中政府与市场的边界

三、政府在农业保险市场经营中的引导作用

《农业保险条例》和《关于加快农业保险高质量发展的指导意见》都强调

---

① 《关于加快农业保险高质量发展的指导意见》(财金〔2019〕102 号)。

了政策性农业保险业务应遵循"政府引导、市场运作、自主自愿、协同推进"的基本原则。其中,"政府引导"就是"财政部门通过保险费补贴等政策支持,鼓励和引导农户、农业生产经营组织投保农业保险,推动农业保险市场化发展,增强农业抗风险能力",就是"更好地发挥政府引导和推动作用,通过加大政策扶持力度、强化业务监管,规范市场秩序,为农业保险发展营造良好的市场环境"。"协同推进"就是"与其他农村金融和支农惠农政策有机结合,财政、农业、林业、保险监管等有关单位积极协同配合,共同做好农业保险工作"。① 政府在农业保险中的作用见图 10-2。

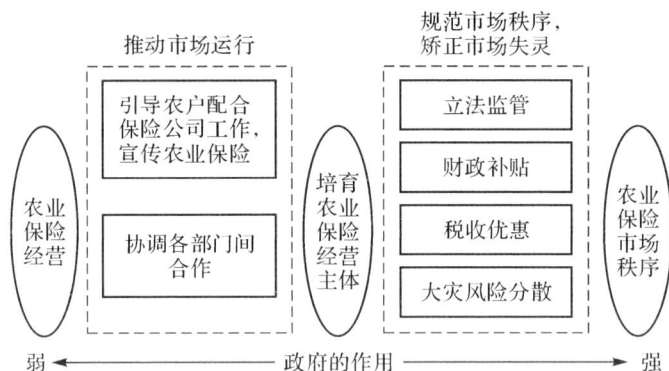

图 10-2　农业保险中政府的作用

四、市场在农业保险发展中的资源配置功能

"市场运作"就是要"与农业保险发展内在规律相适应,充分发挥市场在资源配置中的决定性作用,坚持以需求为导向,强化创新引领,发挥好保险机构在农业保险经营中的自主性和创造性"②。政府部门要尊重农户与经营机构双方的意愿,不可强求。要尊重市场经济规律,用市场化手段防范、分散风险,经营自主,盈亏自负。实践中,"政府引导"变成"不当干预"的现象时有发生;套取财政补贴资金、严重的"寻租"现象等,屡屡出现。这些问题既削弱了政策的作用,危害了农业保险市场环境,也影响了市场的运行效率,损害了农户的根本利益。因此,农业保险市场发展过程中,要尊重保险基本原理和市场基本规律,尊重保险公司的自主经营权,要充分运用大数法则分散风险,按照大数法则制定保险费率;要充分发挥市场的资源配置作

---

① 《中央财政农业保险保险费补贴管理办法》(财金〔2016〕123 号)。
② 《关于加快农业保险高质量发展的指导意见》(财金〔2019〕102 号)。

用,处理好政府和市场的关系,界定政府与市场的行为边界,明确政府的作用范围。

第二节 我国农业保险市场化经营进程中的体制创新

一、体制创新的必要性

体制是国家机关、企事业单位在机构设置、领导隶属关系和管理权限划分等方面的体系、制度、方法、形式等的总称。农业保险体制是国家机关、企事业单位关于农业保险的机构设置、领导隶属关系和管理权限划分。

由于我国农业保险管理"九龙治水"的特性,与农业保险相关的政府部门较多,但各部门的职责却很模糊,协同推进成难题,相互之间配合不当、扯皮推诿的现象较多,政府角色在农业保险方面的"缺位"十分明显。

例如,《农业保险条例》第四条要求:"国务院保险监督管理机构对农业保险业务实施监督管理。国务院财政、农业、林业、发展改革、税务、民政等有关部门按照各自的职责,负责农业保险推进、管理的相关工作。财政、保险监督管理、国土资源、农业、林业、气象等有关部门、机构应当建立农业保险相关信息的共享机制。"[①]但时至今日,各部门间的信息共享机制并没有很好地建立起来,各部门之间的信息传导不顺,导致出现监管机构统计数据不及时、不完全的现象,不利于政府监管,极易出现保险乱象,使得农业保险的运行效率较低。《农业保险条例》第五条要求:"县级以上地方人民政府统一领导、组织、协调本行政区域的农业保险工作,建立健全推进农业保险发展的工作机制。"但由于多头管理、扯皮推诿、各自为政,迄今为止很多地方政府并没有健全这一工作机制。

现阶段,很多地方政府既是农业保险经营的参与者,又是农业保险的监管者,这样的做法会造成监管效率的低下。由于我国小农户数量占农业经营主体的98%以上,农业保险交易成本非常高,若没有政府帮助,几乎不可能完成农业保险的直接交易。但在这种现实背景下,农业保险的监管问题十分突出。不仅会产生保险机构和中介机构"寻租"问题,也会发生政府直接干预农业保险经营活动的问题,甚至会有个别政府部门或者政府官员从中寻求非法利益的现象。

---

① 《农业保险条例》(2016年修订)(国务院令第666号修正)。

二、政策性农业保险的体制创新

1. 机构改革且职能分工更加明晰

《深化党和国家机构改革方案》中强调"适应新时代中国特色社会主义发展要求,以国家治理体系和治理能力现代化为导向,以推进党和国家机构职能优化协同高效为着力点,改革机构设置,优化职能配置,深化转职能、转方式、转作风,提高效率效能……为决胜全面建成小康社会、开启全面建设社会主义现代化国家新征程、实现中华民族伟大复兴的中国梦提供有力制度保障。"①改革后,除国务院办公厅外,国务院设置组成部门 26 个,其中包括农业农村部:"将农业部的职责,以及国家发展和改革委员会的农业投资项目、财政部的农业综合开发项目、国土资源部的农田整治项目、水利部的农田水利建设项目等管理职责整合,作为国务院组成部门","将农业部的渔船检验和监督管理职责划入交通运输部。不再保留农业部"。② 国务院其他机构也进行部分调整,包括"组建中国银行保险监督管理委员会","将中国银行业监督管理委员会和中国保险监督管理委员会的职责整合,作为国务院直属事业单位","将中国银行业监督管理委员会和中国保险监督管理委员会拟订银行业、保险业重要法律法规草案和审慎监管基本制度的职责划入中国人民银行。不再保留中国银行业监督管理委员会、中国保险监督管理委员会"。③ 另外,"组建国家林业和草原局","将国家林业局的职责,农业部的草原监督管理职责,以及国土资源部、住房和城乡建设部、水利部、农业部、国家海洋局等部门的自然保护区、风景名胜区、自然遗产、地质公园等管理职责整合,组建国家林业和草原局,由自然资源部管理。国家林业和草原局加挂国家公园管理局牌子","不再保留国家林业局"。④

2. 中央地方双层责任体制不断完善

国务院机构改革后,农业保险的责任机构也相应发生了变化,进而带来农业保险体制的变化。2019 年 9 月,财政部、农业农村部、银保监会、林草局 4 部门联合发布的《关于加快农业保险高质量发展的指导意见》中关于加快农业保险高质量发展做好组织实施工作的方面,重点强调了 3 个方面:"(1)强化协同配合。各地区、各有关部门要高度重视加快农业保险高质量

---

① 2018 年 3 月中共中央印发的《深化党和国家机构改革方案》。
② 2018 年 3 月中共中央印发的《深化党和国家机构改革方案》。
③ 2018 年 3 月中共中央印发的《深化党和国家机构改革方案》。
④ 2018 年 3 月中共中央印发的《深化党和国家机构改革方案》。

发展工作,加强沟通协调,形成工作合力。财政部会同中央农办、农业农村部、银保监会、国家林草局等部门成立农业保险工作小组,统筹规划、协同推进农业保险工作。有关部门要抓紧制定相关配套措施,确保各项政策落实到位。各省级党委和政府要组织制定工作方案,成立由财政部门牵头,农业农村、保险监管和林业草原等部门参与的农业保险工作小组,确定本地区农业保险财政支持政策和重点,统筹推进农业保险工作。(2)加大政策扶持。优化农业保险财政支持政策,探索完善农业保险补贴方式,加强农业保险与相关财政补贴政策的统筹衔接。中央财政农业保险保费补贴重点支持粮食生产功能区和重要农产品生产保护区以及深度贫困地区,并逐步向保障市场风险倾斜。对地方优势特色农产品保险,中央财政实施以奖代补予以支持。农业农村、林业草原等部门在制定行业规划和相关政策时,要注重引导和扶持农业保险发展,促进保险机构开展农业保险产品创新,鼓励和引导农户和农业生产经营组织参保,帮助保险机构有效识别防范农业风险。(3)营造良好市场环境。深化农业保险领域'放管服'改革,健全农业保险法规政策体系。研究设立农业保险宣传教育培训计划。发挥保险行业协会等自律组织作用。加大农业保险领域监督检查力度,建立常态化检查机制,充分利用银保监会派出机构资源,加强基层保险监管,严厉查处违法违规行为,对滥用职权、玩忽职守、徇私舞弊、查处不力的,严格追究有关部门和相关人员责任,构成犯罪的,坚决依法追究刑事责任。"[1]

农业保险体制分为中央和地方 2 个层面:中央层面,财政部会同中央农办、农业农村部、银保监会、国家林草局等部门成立农业保险工作小组,统筹规划、协同推进农业保险工作。地方层面,各省级党委和政府要组织制定工作方案,成立由财政部门牵头,农业农村、保险监管和林业草原等部门参与的农业保险工作小组,确定本地区农业保险财政支持政策和重点,统筹推进农业保险工作(见图 10-3)。

政策性农业保险制度决定了我国的农业保险体制,我国的农业保险体制又可能对政策性农业保险制度起着积极的促进作用。内外部环境变化是农业保险发展的主要因素,外部环境变化如农业保险高质量发展趋势、脱贫时代普惠金融的发展、市场价格形成机制的完善、期货市场的发展和农村金融领域的技术创新等,内部机制的构建如清晰的政策性农业保险管理体系、有效的大灾风险分散机制、高效的财政资金使用情况、完善的政策性农业保

---

[1] 《关于加快农业保险高质量发展的指导意见》(财金〔2019〕102 号)。

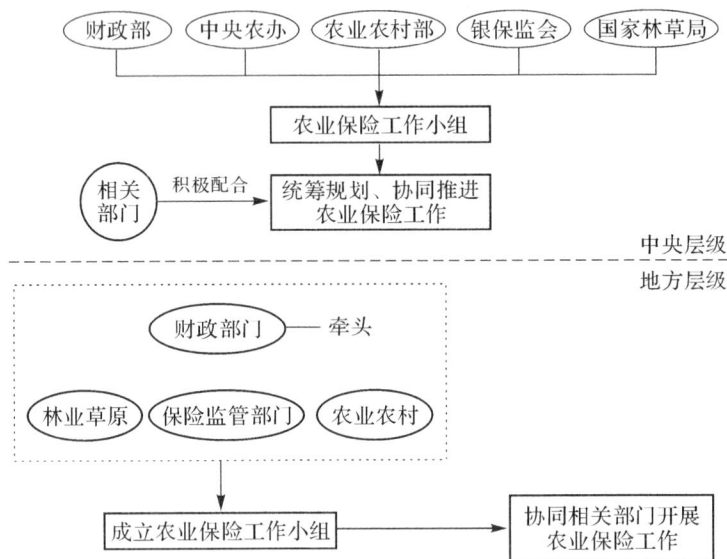

图 10-3　政策性农业保险高质量发展阶段制度设计

险竞争机制等,这些因素都会促成农业保险体制创新。

第三节　江苏省"联办共保"经营模式转型升级

一、地方政府和保险公司"联办共保"经营模式退出

为正式启动农业保险工作,保险业和江苏省相关地市级政府开始了农业保险试办模式的探索设计。2004 年 11 月,保险业和淮安市政府经反复论证,最终确定采取"低保额、适度保障"的原则,创新设计了"政策性保险、商业化运作,政府和保险公司联办共保"的模式,在全国率先开启了财政补贴型的政策性农业保险试点。该模式的具体做法是政府和保险公司组成责任共同体,双方按照一定比例(7∶3)承担风险责任,共同开展政策性农业保险业务,政府负责组织推动、收缴保费和沟通协调,保险公司牵头组织核保、精算与理赔工作。

2006 年,国务院、国家发改委、财政部、保监会及江苏省政府专门赴淮安对试点工作进行现场调研,对"联办共保"模式给予认可。

2007 年,江苏省被农业部、财政部和保监会列为全国 6 个政策性农业保险试点省份之一。

2008 年 5 月 22 日,江苏省政府办公厅下发了《关了做好 2008 年农业保

险试点工作的通知》(苏政办发〔2008〕38号),要求全省农业保险试点工作实行"联办共保"统一经营模式,即"各地根据实际以市为单位确定农业保险试点运行模式,各市范围内运行模式相对统一。考虑我省农业保险再保险安排与风险分散,建议采用地方政府与商业保险公司联办共保模式。同时,全省统一规范农业保险定损理赔处理办法、流程及标准。……实行农业保险保费补贴与保险运作模式挂钩。……采用'联办共保'模式的,政府负担的赔付责任应不高于60%,否则中央和省级财政不予补贴;鼓励农业保险经办机构开展自营保险,省级财政在正常保费补贴基础上另给予5%的保费补贴"①。该文件还同时要求"为逐步建立农业巨灾风险转移分担机制,增强我省农业保险抗风险能力,从2008年起,实行农业保险基金部分统筹办法,在省辖市建立巨灾风险准备金"②。

江苏省政府办公厅《关于进一步加大力度推进2011年全省农业保险工作发展的通知》中提出坚持"科学发展、统筹兼顾、政府扶持、市场运作、投保自愿"的原则,在巩固前期试点成果的基础上,"2011年,全省农业保险工作继续按照'联办共保'模式,以省辖市为单位开展。政府和保险公司的风险责任承担比例为5∶5。为加强风险管控,各市、县(市、区)要以农业保险工作领导小组名义与市、县(市、区)农业保险承办公司签订联办共保协议,原则上一个县(市、区)只能选择一家承办公司;变更承办公司的,应采取招标方式,在参与我省农业保险试点工作的保险公司中选择承办机构"。③

为有效调动地方政府和保险机构2个方面的积极性,江苏省自2007年起在试点地区开始了以"联办共保"为经营模式的农业保险实践,经过10多年来的不断探索和完善,江苏省的农业保险工作在防范化解农业生产风险、扩大农业保险覆盖面、提高农业保障水平、增加农民收入、提升保险机构经营管理水平等方面取得了显著成效,江苏省农业保险为江苏省农业快速发展保驾护航做出了历史性的贡献。一是农业保险全面覆盖和保障种养两业各类风险。2018年,江苏省农业保险实现保费收入及农业保险基金合计32.76亿元,为2006年的600多倍。农业保险为全省农业生产提供了约822.00亿元的风险保障,支付各类赔款24.91亿元,受惠农户达434万户次。水稻、小麦等主要种植品种参保6706万亩,承保面达到95%以上,能繁母猪参保190万头,实现100%承保。农业保险业务实现了"三个涵盖":保

① 《关于做好2008年农业保险试点工作的通知》(苏政办发〔2008〕38号)。
② 《关于做好2008年农业保险试点工作的通知》(苏政办发〔2008〕38号)。
③ 《关于进一步加大力度推进2011年全省农业保险工作发展的通知》(苏政办发〔2011〕29号)。

险险种涵盖种养两业主要品种;保险责任涵盖江苏省各类农业灾害风险;参保对象涵盖从事农业生产的各类主体。二是参保农户得到实惠。2014—2018年,累计向农户支付赔款106.64亿元,受惠农户达2296多万户次。三是中央财政补贴资金撬动江苏省各级地方财政的支农资金投入,农业保险惠农功能有效发挥。江苏省各级农业保险保费补贴比例从2007年的60%提高到2019年的76%。2014—2018年,中央财政对江苏给予保费补贴资金约为39.46亿元,江苏省地方各级财政配套资金达83.22亿元,为中央补贴资金的2.11倍,农民自己负担保费39.23亿元,仅约占总保费的24%。

但是运行中也暴露出一些问题。譬如地方政府既当"运动员",又当"裁判员",造成监管难题。地方政府既是农业保险经营的参与者,又是农业保险的监管者,这样的做法会造成监管效率的低下。

第一,政府或政府部门直接插手农业保险市场活动。有些地区农业保险的招投标工作形同虚设,破坏了农业保险市场的良性竞争,极易造成"寻租"等腐败现象。

第二,干预农业保险的承保理赔活动。一些地方政府为提高投保率,强制要求农户投保;有的地方政府为了达到上级部门的任务指标,直接照抄其他地区的经验,不考虑农户需求,生搬硬套;有的地方政府为了减少财政负担和经验成本,将该地区内保险保额定得十分低,有些连物化成本都无法满足,农业保险的作用名存实亡;还有地区干预保险公司的理赔活动,在未达到保险触发条件的情况下依然强制要求保险公司赔款。

第三,财政资金使用效率低。"联办共保"模式在后期会降低财政资金使用效率。在"联办共保"模式下,政府获得一半的保费收入并承担保险赔偿责任,这中间涉及资金的存取、核算、审计等多方面,需要消耗大量的人力、物力。而就目前保险公司的经营水平而言,农业保险完全可以由保险公司独立运行,不再需要政府参与运营。因此,在这种情况下,"联办共保"模式会降低财政资金的使用效率。政府可以节约合作运营的资金和人力,将更多的资金和人力运用在保费补贴、经营补贴、保险创新、再保险补贴等方面,以推动农业保险的发展。美国作为农业保险最发达的国家之一,构建了农民和保险公司双向财政补贴机制,实现了对农业保险的事前纯保费补贴、事中经营管理费用补贴与事后再保险支持的全过程保障,以实现财政补贴资金使用的公平与效率。

第四,与政府合作的模式不能充分发挥保险公司的主观能动性。保险公司在业务和产品创新方面的交易成本很高,释放农业保险的市场活力是大多数发达国家的选择。以美国农业保险为例,美国联邦作物保险计划由政府负责整体监管,保险公司负责实施(销售和维护保单),农民自愿参与,目前涵盖美国70%以上的作物面积(约130种作物品种)。2016年,18家私营保险公司、12500家保险代理商和5000名风险评估师参与了联邦作物保险交付系统,为大多数农业生产者提供了约120万份政策。其中,收入保障保险是农作物保险计划的主力军。数据显示,美国农业收入保险费占农业保险费总额的83%,农民参保率也超过80%。同时,美国农业保险体系运行效率高,运营成本低,有效保护了农民的利益。在这种模式下,一方面,政府计划和监督农业保险,并负责制定条款,提供保费补贴和再保险;另一方面,各方以市场导向的方式参与农业保险制度。美国农场可以从其首选的当地机构购买保险,以获得更具竞争力的本地化保险服务。特别是在以农业为主的美国西北部,农民在参与农业保险方面有了更多的选择。此外,这种竞争还确保了及时索赔和保费基于市场定价,使农户受惠。

由此可见,原有的政府与保险机构风险共担、利益共享的"联办共保"模式在实际运行中已出现边际收益递减,越来越不适应现代农业发展和乡村振兴的需要了。

实践证明,"联办共保"模式是适用于农业保险推进初期的一种运作模式。随着农业保险进入高质量发展阶段,原有模式暴露出的问题就越来越要求政府从"联办共保"体系中逐步减少份额并最终退出。《关于进一步完善农业保险经营模式的通知》明确指出:"从2019年1月1日起,江苏省农业保险经营模式由政府与保险机构'联办共保'转为政府指导下保险机构承保,地方政府不再分担保费收入和赔付责任。农民或者农业生产经营组织投保的农业保险标的属于财政给予保费补贴范围的,继续由财政部门按照政策规定给予保险费补贴。"[①]以这个文件为标志,政府从农业保险"共保体"中全面退出,农业保险业务由保险公司按市场化形式经办,这个文件也标志着江苏省政策性农业保险的"联办共保"经营模式正式退出了。

二、转型为"政府引导、保险机构自主经营"的农业保险市场化经营模式

《关于进一步完善农业保险经营模式的通知》强调了"以政府引导、市场运作、稳妥推进、规范操作、平稳过渡为原则,加快推进农业保险市场化经

---

① 《关于进一步完善农业保险经营模式的通知》(苏政办发〔2018〕92号)。

营,理顺职责关系,优化资源配置,完善管理机制,创新监督方式,确保农业保险健康可持续发展,为促进全省农业现代化,服务乡村振兴战略,建设强富美高新江苏做出新的贡献",并且提出目标任务,即"到2020年,建立健全以政府引导、保险机构市场运作模式为主体的保障充分、覆盖广泛、服务精准、持续发展的多层次农业保险体系,实现经营模式由'联办共保'向保险机构自主经营转变,市场资源配置进一步优化,保险服务绩效进一步提升,风险保障机制进一步完善,保险机构活力进一步激发,农户的满意度进一步提高"。①

在分工协同制度建设方面,"省政府进一步加强农业保险工作领导,充分发挥省级农业保险工作领导小组的统一领导和整体协调作用。省农业保险领导小组各成员应当按照农业保险责任分工,确保人员配置,加强政策研究。在加快农业保险业务模式的市场化进程中,省农业保险领导小组的有关成员单位应重点抓好目标任务。市、县(区)人民政府应加强统一领导,推进农业保险市场化运作"。"各省级(含)以上保险机构要围绕加快市场化经营的方向,加强统筹规划,加快资源投入,加大对系统内尤其是县(市、区)农业保险工作的指导、督促和检查。"②

江苏省《关于加快农业保险高质量发展的实施意见》在关于加强组织实施方面,更为明确地指出"各级党委政府及各有关部门应高度重视加快农业保险高质量发展工作。……省财政厅会同省农业农村厅、江苏银保监局、省地方金融监管局、省林业局等部门成立农业保险工作小组,统筹规划、协同推进全省农业保险工作。各市县党委、政府要组织制定工作方案,成立由财政部门牵头、相关业务部门参加的农业保险工作小组,确定本地区农业保险财政支持政策和重点,统筹推进农业保险工作。"③同时要求营造良好环境,"健全农业保险法规政策体系,优化农业保险财政支持政策,加强农业保险与相关财政补贴政策的统筹衔接。……将农业保险高质量发展工作推进情况纳入全省乡村振兴战略实施监测考核指标体系,进一步加大考核监督力度。有序开展绩效评价工作,评价结果作为地方农业保险扶持和保险机构招标等工作的重要参考。严厉查处打击农业保险工作中违法违规行为,对滥用职权、玩忽职守、徇私舞弊、查处不力的,严格追究有关部门和相关人员责任,涉嫌构成犯罪的,依法移送司法机关处理"④。

---

① 《关于进一步完善农业保险经营模式的通知》(苏政办发〔2018〕92号)。
② 《关于进一步完善农业保险经营模式的通知》(苏政办发〔2018〕92号)。
③ 《关于加快农业保险高质量发展的实施意见》(苏财金〔2020〕51号)。
④ 《关于加快农业保险高质量发展的实施意见》(苏财金〔2020〕51号)。

第十一章 "联办共保"经营模式退出
与农业保险市场化经营机制创新

第一节 农业保险市场化经营机制创新的可行性分析

政策性农业保险的制度决定着农业保险的体制,政策性农业保险的制度和农业保险的体制又决定着农业保险的运行机制。在我国,农业是国民经济的基础,粮食安全是治国理政的头等大事。党的十九大报告明确提出要"确保国家粮食安全,把中国人的饭碗牢牢端在自己手中",农业的重要性决定了我国对农业保险的重视程度和农业保险的政策性属性特征。农业保险具有准公共物品属性,农业保险的平稳高效运行离不开政府的支持,若缺少政府的扶持,会面临市场失灵的现象。而小农户占农业经营主体98%以上的国情又使农业保险具有较高的交易成本,这使得农业保险的政策属性更加明显。因此,农业的重要性、农业保险属性和我国农业生产情况决定着我国的农业保险体制从属于政策性农业保险制度。

农业保险运行机制服从于政策性农业保险制度和国家指定的农业保险体制,是农业保险体制的具体细化。机制的创新动力主要有2个方面:一是自上而下的创新,制度和体制的创新带动了机制的创新,机制需要通过改变来适应新的制度和体制;二是自下而上的创新,当原有的机制不再适应于整个制度和体制的发展时,就要对机制进行创新,机制的创新可能还会带动制度和体制的创新。因此,农业保险的机制创新也分为2个方面:一是自上而下的创新,根据农业保险体制的变化而进行的机制创新。例如江苏省取消了原先的"联办共保"模式,而转变为政府指导下的保险机构独立承保模式,政府不再分享农业保险保费或承担赔偿责任,而是把业务的主动权交给保险公司,不参加农业保险的具体经营。二是自下而上的创新,即根据运行现状进行创新。在基层运行的过程中会出现许多问题,农业保险机制需要根据这些问题进行创新,以提高农业保险运行的效率。政策性农业保险的运行现状反过来又会影响农业保险的内外部环境,从而影响农业保险的机制创新。事实上,政府引导积极构建服务不同类型农户的多层次、多主体、多产品的农业保险机制的创新不仅必要,而且可行。

一、符合 WTO"绿箱"政策

2019 年中央一号文件提出"调整改进'黄箱'政策,扩大'绿箱'政策适用范围"。由于农业的弱质性及其在国民经济中的基本地位,各国制定了各种农业政策来支持农业发展。根据 WTO 的《农业协定》,农业政策根据其传导机制是否扭曲市场机制分为两类。一类是扭曲市场的政策,双方必须承诺特许权,例如关税和非关税贸易保护、出口财政补贴和出口信贷、生产补贴根据"黄箱"和"蓝箱"政策。另一类政策不会扭曲或最低限度地扭曲市场机制,即"绿箱"政策,该类政策免于减少承诺。《农业协定》生效后,许多国家调整农业补贴制度,逐步转向生产者补贴和更多的"绿箱"政策支持,以减少对农产品的价格支持。与其他类型的农业补贴不同,农业保险补贴没有上限支出,WTO"绿箱"政策允许通过农业保险增加政府对农业的间接补贴。农业保险补贴属于"绿箱"政策范围,主要体现在收入保险和安全网计划以及自然灾害救济金中。WTO"绿箱"政策的其余项目,诸如一般农业服务中的虫害控制等措施,也可以与农业保险相结合,以支持农业保险的防灾和消耗部分,并由政府补贴。因此,许多 WTO 成员都在充分利用"绿箱"政策,通过法律、经济和行政手段为农业保险提供法律支持。[①] 通过农业保险实现农业支持政策,不必担心被国际社会指责"扭曲市场"。"绿箱"政策有效地解除了农业保险补贴的政策约束,成为很多国家支持农业保险政策体系的重要制度框架。

农业保险进行市场化改革后,政府可以将更多的资金运用在保费补贴、再保险补贴和收入保险的研发上面,尤其是收入保险研发。农产品收入保险作为一项创新支农手段,既是农业保险的未来发展方向,又是农产品价格形成机制改革的重要实现途径。因此,"联办共保"的退出具有可行性和必要性。

二、农业现代化的发展

农业现代化为"联办共保"的退出创造条件。随着农业现代化发展,农业生产趋于规模化、专业化,涌现出一批新型农业经营主体。集约型的增长方式使得其农业风险更为集中,损失更大,同时新型农业经营主体的收入更

---

① 王小平.农业保险应用足用好绿箱政策[EB/OL].(2013-3-12). http://www.cnfinance.cn/magzi/2013—03/12—16635.html.

高,对保费的支付能力更强。对于此类农户来说,政策性农业保险在险种、保障上都有所不足,需要利用商业性农业保险满足其需求。可以说农业现代化的发展刺激了农户的保险需求,大幅度增加了农户对农业保险的有效需求。

三、保险公司业务的技术经验

农业保险具有正外部性、公共物品的特征,需要一个多层次的农业保险体系来为之服务。外部环境的完善是一个方面,良好的外部环境是农业保险发展的重要推动力,完善的农业保险法律法规以法律的形式确立农业保险中政府、保险人、投保人、受益人的权利义务关系,规范农业保险的市场运作行为,有利于保护农业保险投保人的利益、保护保险公司、保证农业保险的覆盖面。扩大农业保险服务站的覆盖面、建立气象监测站以及利用 GIS(地理信息系统)、GPS(全球定位)、RS(遥感)等 3S 技术,可以提高农业保险服务效率。内部机制的构建是另一个方面,有效的内部机制为提高农户满意度提供可能。农业保险公司利用自身的经营经验开展多种农业保险业务,满足农户的不同需求;与相关农业互助合作组织开展合作,起到宣传推广作用。正是由于农业保险公司的经营优势,多层次的农业保险体系是可行的。

四、保险产品的创新

创新保险产品,可以满足不同农户的不同风险管理水平要求,还可以扩大保险覆盖面,创造更多收益。江苏省内地区之间农业自然条件、经济发展水平、农业生产结构、灾害种类与结构、风险分布、风险水平都存在着很大的差异,因此,农业保险产品的设计开发不能搞"一刀切"。随着以开放农产品市场为主要内容的农业和农村改革进程的深入,农户的专业化、规模化水平不断提高,交易范围不断扩大,交易品种不断增加,农户面临的市场风险不断增大。因此,因地制宜开发多种"保价格""保收入"的指数型保险势在必行。另外,农业保险产品创新要紧跟地方农业发展政策,协助促进农业结构调整,特别注意与农村金融、农业科技进行互动,通过建立"保险+银行+农户"互动机制,开发出一系列集风险保障、投资、信贷和担保综合功能于一体的多层次、综合性农业保险产品。农业保险产品创新是优化农业保险作用以及提高农户满意度的有效措施,而且也是可行的。

第二节 "联办共保"经营模式退出
与农业保险市场化经营模式机制创新

江苏省农业保险"联办共保"经营模式退出,转型升级为"政府指导下的保险机构自主经营"模式后,为了加快推进农业保险市场化改革,促进江苏省农业现代化,更好地服务乡村振兴战略,可以通过政策机制创新、市场机制创新和产品机制创新推进农业保险市场化经营模式的机制创新。

一、政策机制创新

1.保障机制创新

(1)组织方面

第一,建立健全协同分工机制。省财政厅会同省农业农村厅、江苏省银保监局、省地方金融监管局、省林业局等部门成立农业保险工作小组,各成员单位要按照涉及农业保险相关职责分工,保障人员配置,强化政策研究,优化工作协同,加大对省以下各条线对口部门的业务指导。在加快推进农业保险经营模式市场化工作中,农业保险领导小组相关成员单位应抓紧制定产业布局、资金结算、业务监管等方面配套具体政策措施。[①] 第二,落实地方政府责任。地方政府应承担组织、协调、保障、管理、监督的第一责任,建立责任落实和考核的机制;优化地方农业保险财政补贴政策,引入良性竞争机制;加强招投标全流程管理,在招标过程中进一步细化对承保机构权利、义务的约定;加大对承保机构服务成效的指导、评估和监督力度,鼓励开展政府部门与保险机构之间的数据共享和利用,进一步优化农业保险查勘与理赔流程,推动建立农业保险查勘定损工作协调机制;积极开展农业保险政策宣传,不断增强涉农主体保险意识。

(2)资金方面

增加政府财政投入,政府主导建立大灾风险准备金和再保险基金,以分散保险公司的风险。大灾风险准备金主要由政府筹集,保险公司可以在发生巨大灾难时按一定比例的保费收入支付部分资金作为资本积累。农业再保险适应了目前国际农业保险市场"高风险、高成本、高赔付"特点,转移了保险公司的经营风险,维护了农业保险业务的稳定性,解决了当前农业保

---

① 《关于加快农业保险高质量发展的实施意见》(苏财金〔2020〕51号)。

险市场中许多问题。政府应当建立农业再保险基金并参与国家再保险公司。在再保险业务的营业收入外,建立再保险基金。建立可持续发展的财政补贴制度,增加税收优惠,保护农民利益,提高农业保险公司的偿付能力。

(3)人员保障

培养专业的保险专业人员,并为现有的业务人员提供技能培训。政府可以通过教育部门或相关职业学校培养专业的农业保险人才,鼓励保险公司培训现有的业务人员。农业保险业务和技术培训的财政补贴符合 WTO框架下的"绿箱"政策,不会干扰农业市场。

(4)外部环境保障

将"政策性农业保险试点工作完成目标"纳入当年目标考核管理体系,以加强政府对保险工作的重视;对农村地区保险服务站点给予政策倾斜;承办集中商业保险业务,给予政策性农业保险承保公司承办集中商业保险业务的政策支持,实现以商业保险费用补贴农业保险,摊低农业保险收入,降低成本费用并增强偿付能力,创造"以商补农"条件,以保障农业保险经营稳定,保持和保护保险公司发展农业保险的积极性;构建信贷与保险相结合的农村金融服务体系,建立对"三农"金融服务需求、防疫防灾等风险管理状况、诚信履约与失信违约记录等信息共享、共同支持和风险共同防范的合作机制。

2.沟通协调机制创新

建立政府、农户、保险公司间的信息共享平台,加强沟通交流,在一定程度上可减少交易成本、逆向选择和道德风险。政策性农业保险的相关职能部门包括财政、农业、林业、保险监督管理和气象等公共部门。保险公司、村集体和农民都应当共享信息。江苏省《关于加快农业保险高质量发展的实施意见》中强调:"要搭建全省农业保险综合管理信息平台,充分发挥省综合金融服务平台作用,逐步整合财政、农业、林业、保险监督管理等部门以及保险机构的涉农数据和信息,动态掌握参保农民和农业生产经营组织相关情况,为农业保险有关主体和经办机构提供服务,并从源头上防止弄虚作假和骗取财政补贴资金等行为。"①

3.监督机制创新

江苏省《关于加快农业保险高质量发展的实施意见》要求:"深化农业保险领域'放管服'改革,完善常态化监督检查机制,运用'双随机一公开'方式

---

① 《关于加快农业保险高质量发展的实施意见》(苏财金〔2020〕51号)。

加大农业保险领域监管力度,确保保费补贴资金安全、政策落实有效、承保理赔规范。建立健全农业保险消费纠纷多元化解决机制,完善保险纠纷诉讼、仲裁与调解对接机制。将农业保险高质量发展工作推进情况纳入全省乡村振兴战略实施监测考核指标体系,进一步加大考核监督力度。"①加强农业保险市场监管,进一步完善保险监管规则,包括法律法规修订、修订机制以及相关的地方法律法规的制定。

4.信息反馈机制创新

建立农户信息反馈机制。调查与收集有关农民保险意愿和满意度的信息,并调整有针对性的农业保险政策。建立农户信息库,农户数据应包括保费补贴、补贴的比例等。

建立农业保险业务的数据反馈机制。及时了解保险公司基于政策的农业保险的运营效益信息,分析成本和收益,避免超额利润或严重亏损,以利于政策性农业保险的长期发展。

建立政府沟通反馈机制。及时了解操作过程各个流程的问题和漏洞,建立顺畅的反馈渠道,及时弥补政策漏洞或差距。

5.绩效评估机制创新

在市场竞争的背景下,完善的评价机制是不可或缺的因素。然而,目前的农业保险制度下缺乏有效的诉求表达机制。农户作为农业保险的消费者,对于农业保险的产品、服务等方面有着切身的感受,农户具有绝对发言权。但由于缺乏沟通渠道,农户的真实意愿无法很好地传达给政策制定者,这也是农业保险创新中遇到的主要问题和难处。有效的评价机制有助于引导和激励保险公司完善经营流程,提高服务质量,因此应在农业保险中建立有效的评价机制,打通农户和政策制定者、监管者、产品经营者之间的沟通渠道。

二、市场机制创新

1.完善农业保险市场适度竞争机制

加强农业保险市场适度竞争机制。根据 2020 年 6 月 1 日中国银保监会办公厅发布的《关于进一步明确农业保险业务经营条件的通知》第三条"农业保险坚持适度竞争原则"精神,要加快农业保险高质量发展,就需要落

---

① 《关于加快农业保险高质量发展的实施意见》(苏财金〔2020〕51 号)。

实好农业保险领域"放管服"改革要求,进一步深化农业保险供给侧结构性改革,建立健全农业保险业务经营条件管理机制。要放开农业保险市场,使更多有意愿和有能力的符合中国银保监会明确的农业保险业务经营条件的保险公司进入农业保险市场。利用适度竞争机制,保险公司愿意并且至少能够维持业务,并在政府政策基金的支持下逐步实现自我积累和自我发展。保险机构不仅包括专业的农业保险公司,还包括从事政策性农业保险的商业保险公司、外资保险公司和跨农业保险机构。应对这些保险机构之间的竞争进行规范和引导。确保农业保险市场有序竞争,建立健全农业保险适度竞争机制。市场竞争是我国农业保险体系不可或缺的一部分。在《农业保险条例》中,"市场运作"是其原则之一,该原则的部分含义包括:由包括商业性保险公司在内的各类保险机构对农业保险进行竞争性经营,这些机构独立运作,单独核算,并对自己的利润和损失负责。市场竞争可以增强保险公司的服务意识和创新意识,为消费者提供更好的保险服务。但是农业保险市场的竞争需要监管,应当适度竞争,避免依靠"寻租"手段进行竞争,从而导致保险市场紊乱。

"市场运作,要与农业保险发展内在规律相适应,充分发挥市场在资源配置中的决定性作用,坚持以需求为导向,强化创新引领,发挥好保险机构在农业保险经营中的自主性和创造性。"

保险公司业需要行业自律。一是保险公司必须认真履行保险义务,不应做出违反政策规定的虚假宣传和承诺。二是投保理赔程序和手续要规范完备。严格规定农民自缴保险费,及时交付保险凭证,不得超出规定的范围,私下减少或者不收取农民缴纳的保险费。如果发生意外责任保险事故,保险公司应认真履行义务,及时接收灾害事故报告,及时查处损害。合理确定损失,及时履行赔偿义务,不得用各种手段损害被保险人的利益。良好的外部监督机制和内部行业自律为农业保险的发展提供了良好的市场环境,增强了农民对农业保险的信任,使农业保险能够在法律和规范条件下可持续发展。

完善农业保险定价机制。农业保险的成功设计和运营需基于大量的数据,这些信息不仅包括风险区划和费率厘定信息,还包括与农业保险紧密相关的农地产权属性、种植者、粮食直补、农资综合补贴、良种补贴等信息。因此应当与政府、数据服务公司等进行密切合作,了解市场数据。有了完善的信息,保险公司才能完善现有的保险产品并开发新型保险产品。

2. 完善大灾风险分散机制

《农业保险条例》第八条明确指出："国家建立财政支持的农业保险大灾风险分散机制……国家鼓励地方人民政府建立地方财政支持的农业保险大灾风险分散机制。"原先江苏省的巨灾风险准备金来源是财政资金和部分政府保费，在"联办共保"模式下，政府巨灾准备金用于由政府承担赔付责任的保费收入发生的超赔支出。由保险经办机构承担赔付责任的保费收入部分。但在"联办共保"退出之后，政府将不再拥有保费收入，巨灾风险准备金的来源就需要重新确定，保险机构应当成为巨灾风险准备金的主要提供者。根据财政部印发的《农业保险大灾风险准备金管理办法》，保险机构需按照净保费收入计提巨灾风险保费准备金，并根据省份和农业险种大类划分计提比例。分地区、分险种建立差异化的巨灾风险保费准备金，既符合江苏省的实际经营需要，又可以有效防止保险公司恶意避税、调节利润的行为。

巨灾风险保险证券化。通过巨灾风险保险证券化，可以在资本市场的基础上，运用资本运作手段，分散保险公司的风险责任。同时，资产负债表中的证券化巨灾保险风险责任可以在资产负债表中进行调整，可以减轻保险公司的经营负担和自有资金负担。它在提高保险公司资产的整体安全性方面发挥着重要作用。同时，巨灾风险保险证券化实施后，一些巨灾保险风险将在资本市场上出售和转移，保险资产的流动性将得到加强。它可以有效地加快保险公司的资金周转和资本流动，并利用现有的保险资金实现规模经济。

"按照中央财政农业保险大灾风险分散机制的制度安排，落实农业保险大灾风险准备金制度，通过再保险方式分散经营风险，增强保险机构应对农业大灾风险能力。"[1]2020 年 9 月 28 日，中国农业再保险股份有限公司（以下简称中国农再）成立，第一次股东大会在京举行。中国农再由财政部、农业农村部、银保监会共同筹备，由财政部、中国再保险（集团）股份有限公司、中国农业发展银行、中华联合财产保险股份有限公司、中国人寿财产保险股份有限公司、北大荒投资控股有限公司、中国太平洋财产保险股份有限公司、中国平安财产保险股份有限公司、中国人民财产保险股份有限公司等 9 家机构发起，注册资本金规模为 161 亿元，其中，财政部持股比例为55.9%。目前，中国农再注册资本金已全部以货币形式实缴到位，达到了

---

[1]　《关于加快农业保险高质量发展的实施意见》（苏财金〔2020〕51 号）。

监管部门关于保险公司资本的要求。中国农再的成立具有重要的历史性意义。时任财政部党组成员、副部长邹加怡表示,"中国农业再保险公司定位国家财政支持的农业保险大灾风险分散机制的基础和核心,加强农业保险信息管理和农村金融服务的有力支柱,完善农业生产保障体系的重要抓手"。因此,江苏省可以利用中国农再这个平台来完善全省农业保险的再保险机制。

3. 加强期货市场与保险融合发展

加大期货市场的创新力度。一是应当适当增加期货产品种类。除了大豆、玉米这类由土地耕作生产的农产品之外,还可以考虑引入水产品、农副产品等,更加全面地满足农业需求。开发更多的农产品期货既有利于"保险+期货"政策的推广,也能更好发挥期货价格发现和风险管理的功能。江苏省拥有大连商品交易所174个交割库里逾25%的交割仓库,并在2018年成立了全国首家期货行业精准扶贫联盟。未来要更充分地发挥该联盟的作用,引导省内各家期货公司积极与大连商品交易所、上海期货交易所展开合作,完善和开发农产品期货。特别是可以结合江苏省地域性农业特色,开发大闸蟹、水蜜桃、茶叶等期货品种,更好地满足市场需求。

建立财政补贴机制。"联办共保"退出后,需要尽快把地方政府的对于农产品期货和"期货+保险"产品的财政补贴机制的建立提上议事日程。

三、产品机制创新

1. "扩面、增品、提标"目标

江苏省《关于加快农业保险高质量发展的实施意见》中提出了总要求:"聚焦支持农业发展和'扩面、增品、提标'的目标,到2022年,全省率先建成功能完善、运行规范、基础完备,与农业农村现代化发展阶段相适应、与农民和农业生产经营组织风险保障需求相契合的多层次农业保险体系。稻谷、小麦、玉米三大主粮作物农业保险覆盖率达到80%以上,收入保险成为农业保险的重要险种,农业保险深度(保费/第一产业增加值)达到1%,农业保险密度(保费/农业从业人口)达到550元/人以上。到2030年,农业保险持续提质增效,总体发展达到国际先进水平,建成覆盖广泛、保障有力、运转高效的农业风险管理体系,实现补贴有效率、产业有保障、农民得实惠、机构可持续的多赢格局。"这必须"着力增强农业保险产品内在吸引力,结合实施重要农产品保障战略,稳定关系粮食安全和重要民生的大宗农产品保险覆盖面。提高小农户农业保险投保率,实现愿保尽保。进一步优化财政奖补保险品种范围,着力提高地方特色优势农产品和高效设施农业保险覆盖面"。①

2.传统保险的改进创新

(1)保障方面

一是保障不足问题。传统政策性农业保险只对农药、种子、化肥、机耕、地膜成本进行保障,而人工、地租等成本不纳入保障,保障不足成本的30%,因此农业保险的保障内容应适当扩大,尽可能将全部成本纳入其中。二是赔偿差异问题。赔偿差异可能导致待遇不公及保障不足,主要原因在于理赔标准欠缺合理性,故需要设定合理的理赔标准,理赔标准不宜过高或过低,过高可能导致农业经营主体受灾后因达不到标准而无法得到赔偿,过低又可能导致农户太容易达到赔付标准而降低农业生产积极性,同时又不利于保险公司查勘,违背了保险初衷。

(2)产品设计方面

一是增加地方特色险种,扩大保险范围。承保并补贴对地区农业生产具有比较优势、对地方经济的促进作用较强的产品,发展农业保险要与地方政府发展战略紧密结合。实行因地制宜、因时制宜、因标的制宜、因参保主体制宜、分级分档的农业保险品种结构,促进保险险种多元化,使险种更加适应参保主体的需要。由地方保险机构根据当地特点设计地方特色农业险种,上报审批推广,扩大承保范围。二是推广集体险种。以村镇或合作组织为单位统一购买农业保险,可以减少基差风险,尤其是对于产量保险,可参考县域平均产量与受灾情况统一向农户集体进行赔偿。三是推广综合险。将那些费率、保额、服务步骤相同或相近的农产品划入统一的综合类种植(养殖)保险,可以降低保险成本和管理费用,在一定程度上也起到风险分散作用。

3.产品种类的创新

(1)综合类气象指数保险的设计与试点

虽然目前已有自然灾害相关的保险,但关于气象指数的保险目前尚缺乏且该类保险的需求巨大。目前,江苏省主要气象以及受灾情况主要包括干热风导致小麦早熟、暴雨内涝导致烂根病虫害、强风台风导致作物倒伏、高温冻灾等。因此,应结合实际气象情况设计综合的气温指数、风力指数、

---

① 《关于加快农业保险高质量发展的实施意见》(苏财金〔2020〕51号)。

降水指数等保险,且为应对不同地块受灾的差异性(如不同地区由于固定观测点位置不同导致的查勘定损差异),以及气象灾害可能是同时由多因素引起等问题,宜采用综合的气象指数,将气温、暴雨、大风等多种气象因素相结合进行保险产品的设计,并加快试点。

(2)价格、收入类保险的设计与试点

推进相关价格保险、产量保险、收入保险的产品设计,根据江苏省情况以及国外农业保险经验,主要种植业受气象灾害影响明显,产量有较大损失,且产量和气象之间具有较高相关性,种植业可推行产量保险,但产量保险应以区域产量保险设计,村镇、合作组织为保险单位推出为宜,原因是以3～5年县平均产量为标准,若针对个体农户会产生基差风险(农户的单产受技术、资金限制会有差异,数据较难获得且操作成本高),为缩小基差风险需要以集体形式承保。而且由于价格和产量之间有相对较好的对冲性(产量和价格之间呈反向关系),且种植作物连续性好,收入类保险更适合种植业。江苏省《关于加快农业保险高质量发展的实施意见》在关于提高农业保险保障水平方面,明确要求"建立农业保险保障水平动态调整机制,在覆盖农业生产直接物化成本的基础上,逐步提高保障水平。推动农业保险'保价格、保收入',防范自然灾害和市场变动双重风险。开展水稻、小麦、玉米等主要粮食作物完全成本保险和收入保险试点,对年产量10亿斤以上产粮大县全面试行水稻收入保险并推广到全省。提高生猪保险保额、扩大保险规模,鼓励开展并扩大生猪价格保险试点。各地应结合实际,逐步提高地方特色优势农产品和高效设施农业的保险保障水平"①。目前,水稻收入保险推进比较顺利。在认真总结常州市武进区水稻收入保险试点经验基础上,2020年6月江苏省财政厅等4部门联合印发了《关于开展水稻收入保险试点工作的通知》,要求"对年产量10亿斤以上产粮大县全面试行水稻收入保险并推广到全省。2020年全省计划将在33个县市区及所在的省属农场进行试点,并且已经纳入省财政补贴。补贴政策的具体安排,对试点地区省财政给予30%的保费补贴的,对省属农场补贴70%,投保人自缴保费原则上不高于30%,鼓励有条件的县区加大对贫困户的支持力度。试点县区应承保的农业保险政府巨灾风险准备金中安排"②。小麦、玉米等主粮作物的收入保险起步较晚,目前还是以产量保险为主。

养殖业由于对市场风险更为敏感,个体性质较强且农业生产交易受到

---

① 《关于加快农业保险高质量发展的实施意见》(苏财金〔2020〕51号)。
② 《关于开展水稻收入保险试点工作的通知》(苏财金〔2020〕49号)。

人为控制,因此选择价格保险或收益保险较为适宜。江苏省目前生猪价格指数保险虽然已试点多年,但还处在个别县(市、区)的试点中。

在保险设计过程中,保险公司在标准设定、指数选取上,需要有一个统一标准以及一定的理论基础,否则会因为标准设置不合理导致赔偿问题,设置过高会导致农户受灾无法得到赔付,使得农业保险未发挥其作用,设置过低则不利于农业保险的持续经营。同时,新型农业保险相对于传统农业保险将面临更大的逆向选择和道德风险问题。该类保险属于"保结果、保收入"类的保险,因此投保该类保险的农户会认为其收入有了保障,不会努力生产经营,甚至受灾后也不会努力保产,风险意识削弱,农业生产积极性降低,不利于农业发展。因此,如何尽量减少逆向选择和道德风险也是指数类保险创新与设计的主要问题。

目前江苏省正在"积极构建涵盖财政补贴基本险、商业险和附加险等的农业保险产品体系,满足差异化、多层次的风险保障需求。稳步推广价格指数保险、天气指数保险、区域产量保险,创新开展农村环境污染责任险、农产品质量保证险、农民短期意外伤害险、渔业保险、森林保险等涉农保险。开发满足新型农业生产经营主体和小农户需求的保险产品,探索开展一揽子综合险,逐步将农业机械、农机大棚、农房仓库等农业生产设施设备纳入保障范围"。积极推进开展"农业保险+","通过建立健全保险机构与灾害预报、农业农村、林业等部门的合作机制,通过灾害预警、人工干预天气、病虫害防治等方式防灾减损。探索'订单农业+保险+期货(权)'试点,推进农业保险与信贷、担保、期货(权)等金融工具联动。推动农村信用体系建设,发挥农业保险增信功能,扩大'农业保险贷'试点,缓解农户'贷款难、贷款贵'问题"。[①]

4. 保险技术创新

在承保技术方面,应根据风险一致性原则,制定科学合理的风险区划和费率分区。在风险评估技术方面,可以采用 GPS 定位测量、地理遥感技术、自动气象站等高科技方法与设备,从而简化风险评估程序并扩大可保障区域。在风险管控技术方面,可利用防雹炮技术、人工影响天气技术、防病防疫技术等进行防灾减灾。在理赔阶段,采取"一折通"的方式,即借助财政涉农补贴"一折通",委托农村合作银行或农村信用合作联社将农业保险理赔资金直接划入投保农户的专用存折。这样做提高了理赔款的

---

① 《关于加快农业保险高质量发展的实施意见》(苏财金〔2020〕51号)。

发放速度,同时减少了赔款发放的中间环节,杜绝了各代办机构的截留、挪用,还有利于减少骗保等恶意取得的发生,从源头上断绝了保险造假、骗保理赔等问题。在完善保险条款和费率拟订机制方面,积极开展农业保险风险区划研究,构建具有江苏特色的农业生产风险地图,发布农业保险纯风险损失费率,为保险机构产品开发、费率调整提供技术支持。建立健全科学的保险费率拟订和动态调整机制,坚持"保本微利",兼顾地区风险。"推动农业保险技术'绿色'集约化发展。加强承保、理赔领域新技术运用。加快探索全省农业保险综合信息平台建设,推动保险机构与国土资源、农业、气象等部门加强数据共享建设,形成对农业保险相关数据信息的积累,为农业保险业务监管、精算定价、风险管理、增值服务等提供数据支撑。大力推动智慧气象和农业遥感技术在农业保险的应用,加大无人机、卫星遥感、GPS定位仪、测亩仪等技术和设备推广运用,切实提高农业保险精准承保和快速理赔能力。积极推动互联网信息化建设,探索利用网络金融工具实现农业保险收费电子化,简化农业保险承保理赔服务流程。依托江苏农业保险网、'农乐宝'微信平台等移动互联新载体,提升农村金融保险信息化服务水平。"[1]

5.服务水平创新

统一和完善农业保险实务操作规程与服务规范。"联办共保"期间,江苏省根据当时的经营模式特征建立了全面的农业保险实务操作规程与服务规范,有效规制了"联办共保"期间农业保险承保理赔工作的开展,促进了农业保险服务质量的提升。"联办共保"模式退出后,农业保险工作面临的情势客观上发生了重大变更,相关工作规范需进行调整和修订,对农业保险网点建设、人员配置、科技投入、承保理赔服务标准、农业保险专家与协办人员工作规程等需重新做细化要求。相关修订工作可以与全省农业保险实施条例或相关制度文件同步讨论确定,这样有利于更好地实现文件与规范之间的呼应和统一。

经营政策性农业保险业务的保险机构应当在县级区域内设立分支机构,并实现乡镇、村居保险服务全覆盖,做到"机构到县区、网点到乡镇、网络到村组、服务到农户"。保险机构应根据业务量,在每个乡镇设立1~2名专职农业保险工作人员,并根据业务需求市场化聘用乡镇、村协办人员。为调动农业保险协办机构和人员的积极性,承保机构应当依法依规支付劳务报

---

① 《关于落实发展新理念推动农业保险迈上新台阶的指导意见》(苏政办发〔2017〕1号)。

酬。鼓励使用先进科学技术提升承保、查勘定损、防灾减损等服务能力。要聚焦新型农业经营主体,提供定向定制服务。探索建立适应新型农业经营主体的农业保险模式,积极提供风险管理、生产资料融资、农业设施融资、市场信息方面的保险增值服务。

参考文献

[1]Barro R J. Economic Growth in a Cross Section of Countries[J]. The Quarterly Journal of Economics, 1991(2):407-443.

[2]Buchanan J M. An Economic Theory of Clubs[J]. Economica, 1965 (125):1-14.

[3]Chichilnisky G. An Axiomatic Approach to Choice Under Uncertainty with Catastrophic Risks[J]. Resource and Energy Economics, 2000 (22):221-231.

[4]Clarke D J, Mahul O, Verma N. Improving Farmers' Access to Agricultural Insurance in India [M]. Social Science Electronic Publishing, 2012.

[5]Corbett C J, Kleindorfer P R. Environmental Managementand Operations Management: Introduction tothe Third Special Issue[J]. Production and Operations Management, 2010(3):287-289.

[6]Ermoliev Y M, Ermolieva T Y, Macdonald G J, et al. Insurability of Catastrophic Risks: the Stochastic Optimization Model [J]. Mathematische Operationsforschung Und Statistik, 2000 (3-4): 251-265.

[7]Garrido A, Zilberman D. Revisiting the Demand for Agricultural Insurance: the Case of Spain[J]. Agricultural Finance Review, 2008 (1):43-66.

[8]Ginder M, Spaulding A D, Tudor K W, et al. Factors Affecting Crop Insurance Purchase Decisions by Farmers in Northern Illinois [J]. Agricultural Finance Review,2009(5):113-125.

[9]Glauber J W , Collins K J , Barry P J. Crop Insurance, Disaster Assistance, and the Role of the Federal Government in Providing Catastrophic Risk Protection[J]. Agricultural Finance Review, 2002 (2):81-101.

[10]Grace M F, Klein R W. The Future of Insurance Regulation in the

United States[M]. Brookings Institution Press，2009.

[11]Hill R V, Hoddinott J, Kumar N. Adoption of Weather-index Insurance：Learning from Willingness to Pay among a Panel of Households in Rural Ethiopia[J]. Agricultural Economics，2013 (44)：385-398.

[12]Kahneman D, Tversky A. Prospect Theory：An Analysis of Decision under Risk[J]. Econometrica，1979(2)：263-292.

[13]Kunreuther H,Novemsky N, Kahneman D. Making Low Probability Useful[J]. The Journal of Risk and Uncertainty，2001(2)：103-120.

[14]Lefebvre M, Nikolov D, Gomez-Y-Paloma S, et al. Determinants of Insurance Adoption among Bulgarian Farmers[J]. Agricultural Finance Review，2014(3)：326-347.

[15]Linnerooth-Bayer J, Amendola A. Global Change, Natural Disasters and Loss-sharing：Issues of Efficiency and Equity[J]. Geneva Papers on Risk and Insurance Issues，2000(2)：203-219.

[16]Mahul O, Stutley C J. Government Support to Agricultural Insurance [M]. Word Bank Publications，2010.

[17]Miranda M J, Glauber J W. Intraseasonal Demand for Fall Potatoes under Rational Expectations[J]. American Journal of Agricultural Economics，1993(1)：104-112.

[18]Mishra P K. Agricultural Risk, Insurance and Income：A Study of the Impact and Design of India's Comprehensive Insurance Scheme [J]. Indian Journal of Agricultural Economics，1999(2)：240-242.

[19]Raju S S, Chand R. A Study on the Performance of National Agricultural Insurance Scheme and Suggestions to Make it More Effective[J]. Agricultural Economics Research Review，2008 (1)：11-19.

[20]Renn O. Risk Governance：Combining Facts and Values in Risk Management[J]. Risks in Modern Society，2008(13)：61-125.

[21]Serra T, Goodwin B K, Featherstone A M. Modeling Changes in the U. S. Demand for Crop Insurance during the 1990s[J]. Agricultural Finance Review，2003(2)：109-125.

[22]Sherrick B J, Barry P J, Ellinger P N, et al. Factors Influencing

Farmers' Crop Insurance Decisions [J]. American Journal of Agricultural Economics，2004(1)：103-114.

[23]Sinha S. Agriculture Insurance in India：Scope for Participation of Private Insurers[J]. Economic and Political Weekly，2004（25）：2605-2612.

[24]Skees J R. Innovations in Index Insurance for the Poor in Lower Income Countries[J]. Agricultural and Resource Economics Review，2008(1)：1-15.

[25]Smith V H，Glauber J W. Agricultural Insurance in Developed Countries：Where Have We Been and Where Are We Going? [J]. Applied Economic Perspectives and Policy，2012(3)：363-390.

[26]白玉培.以再保险为基础的我国农业保险巨灾风险分散机制构建研究[J].农业经济,2016（7）：96-98.

[27]卜振兴.我国涉农保险机构经营状况的评价研究——基于超效率DEAPCA的双重评价模型[J].中央财经大学学报,2014（11）：31-38.

[28]陈波,吴天忠. WTO 框架下我国农业保护政策[J].贵州财经学院学报,2008(2)：55-60.

[29]陈强.高级计量经济学及 Stata 应用[M].2 版.北京:高等教育出版社,2014.

[30]程国强.为什么要探索建立农产品目标价格制度[J].农经,2014(4)：10.

[31]丁少群,赵晨.农业保险逆选择行为的生成机理及规避策略研究[J].西北农林科技大学学报(社会科学版),2012(6)：55-60.

[32]丁学东.西班牙农业保险政策及对我们的启示[J].农业经济问题,2005(8)：75-80.

[33]方伶俐,李文芳.不同地区农作物保险购买影响因素的比较实证研究[J].生态经济,2008(7)：28-32.

[34]冯文丽.我国农业保险市场失灵与制度供给[J].金融研究,2004(4)：124-129.

[35]高海霞,姜惠平.巨灾损失补偿机制：基于市场配置与政府干预的整合性架构[J].保险研究,2011(9)：11-18.

[36]高子清,张金萍.政策性农业保险经营模式创新与保障——以返还保费基金分红型模式为例[J].学习与实践,2016(7)：37-43.

[37]何自力.比较制度经济学[M].北京:高等教育出版社,2007.

[38]赫维茨,瑞特.经济机制设计[M].田国强,等译.上海:上海人民出版社,2014.

[39]侯玲玲,曾玉珍,穆月英.我国农业保险补贴政策研究[J].农村金融研究,2010(7):68-73.

[40]黄有光.福利经济学[M].北京:中国友谊出版社,1991.

[41]黄正军.我国农业保险产品的创新与发展[J].金融与经济,2016(2):76-81.

[42]惠莉,陈林艳.农户对农业保险需求的影响因素研究——以江苏省为例[J].江西农业学报,2008(12):176-180.

[43]李汉文,王征.论农村公共品供给过程中的需求表述机制[J].当代财经,2005(10):30-35.

[44]李鸿敏.基于供给视角的农业保险覆盖率影响因素分析[J].江苏农业科学,2014(6):399-401.

[45]李军.农业保险的性质、立法原则及发展思路[J].中国农村经济,1996(1):55-80.

[46]李林,翟义刚,郭赞.我国农业巨灾基金制度政策试点、国际经验与制度设计[J].农村经济,2017(1):73-78.

[47]李强珍.浅析保险业中的信息不对称问题[J].山西财经大学学报,2010(2):122.

[48]李淑湘.论我国加入 WTO 后的农业保护[J].中央财经大学学报,2002(6):51-55.

[49]李婷,肖海峰.我国政策性农业保险实施效果评价[J].技术经济,2011(4):102-106.

[50]厉以宁,吴易风,李懿.西方福利经济学述评[M].北京:商务印书馆,1984.

[51]林光彬.建立有中国特色的巨灾保险制度初步研究[J].中央财经大学学报,2010(8):80-84.

[52]林乐芬,陈燕.农户对政策性农业保险理赔评价及影响因素分析——以江苏省养殖业为例[J].南京农业大学学报(社会科学版),2017(3):143-154.

[53]林毅夫.关于制度变迁的经济学理论:诱致性变迁与强制性变迁[M]//科斯,阿尔钦,诺斯.财产权利与制度变迁——产权学派与新制度学派

译文集.上海:上海三联书店,1994.

[54]刘从敏,张祖荣,李丹.农业保险财政补贴动因与补贴模式的创新[J].甘肃社会科学,2016(1):94-98.

[55]刘京生.中国农村保险制度论纲[M].北京:中国社会科学出版社,2000.

[56]刘璐,韩浩,马文杰.政府支农政策对农业保险需求的影响机制研究[J].农业经济问题,2016(10):31-40.

[57]吕建兴,曾寅初.我国大宗农产品进口价差变动与调控空间[J].农业现代化研究,2015(4):528-533.

[58]吕开宇,李春肖,张崇尚.基于主成分分析法和熵值法的地区农业保险发展水平分析——来自2008—2013年中国省级层面的数据[J].农业技术经济,2016(3):4-15.

[59]罗向明,张伟,谭莹.政策性农业保险的环境效应与绿色补贴模式[J].农村经济,2016(11):13-21.

[60]马改艳,徐学荣.我国农业指数保险试点存在的问题及对策[J].经济纵横,2015(2):40-44.

[61]孟德锋,李长越.政策性农业保险的农户需求与满足程度调查研究[J].经济纵横,2011(10):73-76.

[62]苗洁.推进农业供给侧结构性改革的探索与建议——以河南省为例[J].农村经济,2016(12):16-20.

[63]聂荣,闫宇光,王新兰.政策性农业保险福利绩效研究——基于辽宁省微观数据的证据[J].农业技术经济,2013(4):69-76.

[64]牛浩,陈盛伟.玉米风雨倒伏指数保险产品设计研究——以山东省宁阳县为例[J].农业技术经济,2015(12):99-108.

[65]齐皓天,徐雪高,朱满德,等.农业保险补贴如何规避WTO规则约束:美国做法及启示[J].农业经济问题,2017(7):101-109,112.

[66]邱波,郑龙龙.巨灾风险视角下的我国政策性农业保险效率研究[J].农业经济问题,2016(5):69-76.

[67]邱波,朱一鸿.政府干预与市场边界:澳大利亚农业保险制度实践及其启示[J].金融理论与实践,2019(3):79-85.

[68]萨缪尔森,诺德豪斯.经济学[M].萧琛,译.北京:华夏出版社,1999.

[69]申杰,张娴竹.农户保险知识100问[M].成都:西南财经大学出版社,2008.

[70]施红.财政补贴对我国农户农业保险参保决策影响的实证研究[J].技术经济,2008(9):88-93.

[71]孙蓉.保险资源配置中的政府与市场[J].保险研究,2008(5):17-20.

[72]谭偲风,陶建平,蔡勋,等.我国农业保险市场供给侧结构变动的门限效应分析[J].农业现代化研究,2017(5):834-842.

[73]谭中明,冯学峰.健全我国农业巨灾风险保险分散机制的探讨[J].金融与经济,2011(3):78-81,85.

[74]谭中明,徐勇谋.江苏省政策性农业保险规模测算、影响因素、模式改进及完善对策[J].保险研究,2010(10):18-25.

[75]仝爱华.财政金融推动农业供给侧结构性改革探讨[J].江苏农业科学,2017(19):68-72.

[76]庹国柱.从40年政策变化喜看我国农业保险蓬勃发展[J].保险研究,2018(12):84-87.

[77]庹国柱.略论农业保险的财政补贴[J].经济与管理研究,2011(4):80-85.

[78]庹国柱.论农业保险市场的有限竞争[J].保险研究,2017(2):13-18.

[79]庹国柱.论政府在农业保险制度中的责任和行为[J].中国保险,2020(1):8-15.

[80]庹国柱.农业保险试验四年回顾与展望[J].中国保险,2011(1):14-20.

[81]庹国柱,丁少群.论农作物保险区划及其理论依据:农作物保险区划研究之一[J].当代经济科学,1994(3):41,64-69.

[82]庹国柱,李慧.完善我国农业保险制度的一些思考[J].中国保险,2019(2):10-19.

[83]庹国柱,李军.农业保险[M].北京:中国人民大学出版社,2005.

[84]庹国柱,王德宝.我国农业巨灾风险损失补偿机制研究[J].农村金融研究,2010(6):13-18.

[85]庹国柱,王国军.中国农业保险与农村社会保障制度研究[M].北京:首都经济贸易大学出版社,2002.

[86]王步天,林乐芬.政策性农业保险供给评价及影响因素——基于江苏省2300户稻麦经营主体的问卷调查[J].财经科学,2016(10):121-132.

[87]王国军,王冬妮,陈璨.我国农业保险不对称信息实证研究[J].保险研究,2017(1):91-100.

[88]王洪波.我国不同经营主体农业保险需求差异性研究[J].价格理论与

实践,2016(6):133-136.

[89]王秀芬,李茂松,王春艳.不同类型农户农业保险需求志愿影响因素分析[J].吉林农业大学学报,2013(3):364-368.

[90]吴东立,谢凤杰.改革开放40年我国农业保险制度的演进轨迹及前路展望[J].农业经济问题,2018(10):24-32.

[91]肖卫东,张宝辉,贺畅,等.公共财政补贴农业保险:国际经验与中国实践[J].中国农村经济,2013(7):13-23.

[92]谢凤杰,宋宝辉,吴东立.WTO框架下粮食价格保险政策归属及其改进[J].农业现代化研究,2017(3):212-218.

[93]谢凤杰,吴东立,陈杰.美国2014年新农业法案中农业保险政策改革及其启示[J].农业经济问题,2016(5):102-109.

[94]谢家智.中国农业保险发展研究[M].北京:科学出版社,2009.

[95]徐婷婷,荣幸.改革开放四十年:中国农业保险制度的变迁与创新——历史进程、成就及经验[J].农业经济问题,2018(12):38-50.

[96]徐文荣.探析农业保险商业化之路[N].中国保险报,2018-12-14(6).

[97]许梦博,李新光,刘仲仪.应通过产品和技术创新促进农业保险业发展[J].经济纵横,2016(2):88-92.

[98]叶朝晖.关于完善我国农业保险制度的思考[J].金融研究,2018(12):174-188.

[99]叶明华.农业气象灾害的空间集聚与政策性农业保险的风险分散——以江、浙、沪、皖71个气象站点降水量的空间分析为例(1980—2014)[J].财贸研究,2016(4):32-41.

[100]袁祥州,程国强,黄琦.美国农业保险财政补贴机制及对我国的借鉴[J].保险研究,2016(1):76-86.

[101]张长利.设立中央农业巨灾风险基金的思考与建议[J].金融与经济,2013(2):37-40.

[102]张伟,郭颂平,罗向明.风险演变、收入调整与不同地理区域农业保险的差异化需求[J].保险研究,2013(10):32-41.

[103]张跃华,何文炯,施红.市场失灵、政策性农业保险与本土化模式——基于浙江、上海、苏州农业保险试点的比较研究[J].农业经济问题,2007(6):49-55,111.

[104]张跃华,庹国柱,符厚胜.市场失灵、政府干预与政策性农业保险理论——分歧与讨论[J].保险研究,2016(7):3-10.

[105]赵长保,李伟毅.美国农业保险政策新动向及其启示[J].2014(6): 103-109.

[106]郑军,朱甜甜.经济效率和社会效率:农业保险财政补贴综合评价[J]. 金融经济学研究,2014(3):88-97.

[107]植草益.微观规制经济学[M].朱绍文,胡欣欣,等译.北京:中国发展 出版社,1992.

[108]周帮扬,李攀.基于农业经营主体分化的指数型农业保险产品创新研 究[J].金融与经济, 2018(5):74-79.

[109]周桦.基于再保险补贴的农业保险制度模式探讨[J].保险研究,2008 (3):49-51.

[110]朱晶,徐亮,王学君.WTO框架下中国农业收入保险补贴的国际规则 适应性研究[J].中国农村经济,2020(9):2-20.

[111]朱俊生.农业保险经营模式的问题与改革建议[J].重庆理工大学学报 (社会科学版),2017(3):1-5.

[112]朱满德,程国强.中国农业的黄箱政策支持水平评估:源于WTO规则 一致性[J].改革,2015(5):58-66.

[113]诸宁.证券化与再保险——我国巨灾风险管理对策的比较研究[J].宏 观经济研究,2015(5):76-82.

本专著已公开发表的
相关学术论文与被采纳的咨询建议

[1] 林乐芬,陈燕,刘贺露. 水稻收入保险试验效果与复制推广的政策建议——基于江苏省常州市武进区国家农村改革试验区的调查[J]. 保险理论与实践,2019(6):13-34.

[2] 林乐芬,陈燕. 农户对政策性农业保险理赔评价及影响因素分析——以江苏省养殖业为例[J]. 南京农业大学学报(社会科学版),2017(3):143-160.

[3] 林乐芬,何婷. 乡村振兴背景下银保合作金融创新研究[J]. 学海,2019(1):178-187.

[4] 林乐芬,何婷. 银保合作下涉农贷款保证保险区域发展的需求差异研究——以江苏省农业保险贷为例[J]. 中央财经大学学报,2019(2):43-52.

[5] 林乐芬,李远孝. 风险因素、经营特征对规模农户水稻收入保险响应意愿的影响——基于江苏省 33 个县的经验证据[J]. 保险研究,2020(5):50-65.

[6] 林乐芬,李远孝. 高效种植农业保险绩效评价及影响因素分析——以江苏省为例[J]. 烟台大学学报(哲学社会科学版),2018(5):98-109.

[7] 林乐芬,刘贺露. 促进农作物收入保险试点与推广[N]. 中国社会科学报,2020-4-15(3).

[8] 林乐芬,刘贺露. 规模养殖户购买生猪价格指数保险的决策响应及影响因素分析[J]. 河北经贸大学学报,2018(4):87-94.

[9] 林乐芬,裴雪舒. 江苏省农业保险大灾补偿能力评价及影响因素分析[J]. 金融纵,2017(10):45-58.

[10] 林乐芬,裴雪舒. 农户分化对农业保险巨灾理赔政策效应及影响因素分析——基于种植业农户的田野调查[J]. 中央财经大学学报,2018(1):20-30.(中国人民大学期刊复印资料《金融与保险》2018 年第 5 期全文转载。)

[11] 林乐芬,王步天. 新型农业经营主体农业保险评价与完善——基于江苏

206 户新型农业经营主体的问卷调查[J].保险理论与实践,2016(6):
1-17.

[12]王步天,林乐芬.政策性农业保险供给评价及影响因素——基于江苏省
2300 户稻麦经营主体的问卷调查[J].财经科学,2016(10):121-132.

[13]咨询建议《农业保险发展现状、问题与建议》刊登在农业部内部资料《农
村经济文稿》2016 年第 6 期。

[14]咨询建议《现代农业保险理论、机制与实践研究》中提出的部分建议已
经被常州市武进区农办采纳。

[15]咨询建议《现代农业保险实践模式与体制机制创新研究》中提出的部分
建议已经被常州市武进区农业农村局以及江苏省保险学会采纳。

后　记

呈现在广大读者面前的这本专著创作历时 8 年。本书最早的创意来自 2014 年时任江苏省人民政府金融工作办公室主任查斌仪和时任中国人民财产保险股份有限公司江苏省分公司总经理华山,他们是 2004 年以来江苏省政策性农业保险"联办共保"模式最早的探索、制度设计与实践的领导者和亲历者。2014 年这一年,江苏省政策性农业保险开启了不仅服务于小农户而且为新诞生的家庭农场等新型农业经营主体量身定制多元化新险种的试点阶段,"联办共保"模式也进入了适应农业农村现代化新需求的转型升级发展阶段。在此背景下,查斌仪主任和华山总经理邀请我的团队一起开展江苏省政策性农业保险可持续发展的跟踪研究。研究团队在中国人保财险江苏省分公司农业保险部总经理许亚平团队的支持下,对全省 13 个市开展了广泛的问卷、座谈调查,获得了大量的第一手数据资料,为研究成果的真实性和政策建议的可行性奠定了基础。其阶段性的研究成果包括 2 篇博士论文、8 篇硕士论文、12 篇已经公开发表的论文、3 篇咨询建议、1 部专著。《现代农业保险实践模式与体制机制创新研究》作为最终的研究成果得到了国家社科基金后期资助。

本书着重研究江苏省"联办共保"模式下政策性农业保险的运行效果和农业保险经营模式市场化转型下农业保险的体制机制创新。本书具体的分析框架从制度供给,异质性农户需求响应,进一步发展问题、原因与外部环境,体制机制创新 4 个维度展开。首先,本书从制度供给的视角介绍我国农业保险制度变迁以及江苏省"联办共保"模式下政策性传统农业保险、新型农业保险和商业性农业保险的实际运行机制,并对需求、供给以及机制设计主体之间利益行为进行重点分析,探索不同现代农业保险产品的驱动机理。其次,本书从农户微观视角出发,重点分析异质性农户对政策性农业保险的满意度,以及对新型农业保险和商业性农业保险的决策响应意愿,并深入探究影响农户政策性农业保险满意度和新型以及商业性农业保险决策响应意愿的因素,得出现代农业保险进一步改革和发展必须具备的条件。最后,本书在对国内外农业保险实际运行机制比较分析的基础上,结合我国《关于加快农业保险高质量发展的指导意见》和江苏省《关于加快农业保险高质量发展的实施意见》的精神与现有实践,以及农业保险市场化改革所需要的制度环境和市场环境,对江苏省农业保险经营模式市场化改革后的体制和机制创新提出建议。

《关于加快农业保险高质量发展的指导意见》指出,"农业保险作为分散农业生产经营风险的重要手段,对推进现代农业发展、促进乡村产业振兴、改进农村社会治理、保障农民收益等具有重要作用",要求"紧紧围绕实施乡村振兴战略和打赢脱贫攻坚战,立足深化农业供给侧结构性改革,按照适应世贸组织规则、保护农民利益、支持农业发展和'扩面、增品、提标'的要求,进一步完善农业保险政策,提高农业保险服务能力,优化农业保险运行机制,推动农业保险高质量发展,更好地满足'三农'领域日益增长的风险保障需求"。按照"政府引导、市场运作、自主自愿、协同推进"基本原则,"到2022年,基本建成功能完善、运行规范、基础完备,与农业农村现代化发展阶段相适应、与农户风险保障需求相契合、中央与地方分工负责的多层次农业保险体系。到2030年,农业保险持续提质增效、转型升级,总体发展基本达到国际先进水平,实现补贴有效率、产业有保障、农民得实惠、机构可持续的多赢格局"。①《关于加快农业保险高质量发展的指导意见》为"十四五"和"十五五"政策性农业保险的发展指明了方向。

江苏省政策性农业保险一直走在全国的前列,20世纪90年代初,全国农业保险业务停办。10多年后,江苏省创设"联办共保"模式,推动农业保险在全国率先复办,得到财政部、保监会认可,为我国全面建立政策性农业保险制度发挥了开篇破题、模式探索、试水排雷的作用。为此,2007年,江苏省被财政部、保监会确定为首批全国开展农业保险试点的6个省份之一。此后,江苏省按照"联办共保"模式继续有效开展农业保险工作。江苏省农业保险全面推进,在提高农业防灾防损水平、促进灾后及时恢复生产、稳定农民收入、完善农村社会支持保护体系等方面发挥了积极作用。随着市场化改革的不断深入,根据农业农村现代化发展阶段对政策性农业保险的客观需要,江苏省"联办共保"模式完成使命。2019年,政府从农业保险经办份额中退出,不再参与农业保险的具体经营。农业保险全部改由保险公司全额经办。在充分尊重保险公司产品开发、精算定价、承保理赔等经营自主权的基础上,政府职能转变为通过给予必要的保费补贴、大灾赔付、提供信息数据等支持,调动市场主体积极性。2020年6月印发的《关于加快农业

---

① 《关于加快农业保险高质量发展的指导意见》(财金〔2019〕102号)。

保险高质量发展的实施意见》明确了江苏省农业保险"十四五"期间农业保险的发展目标和深化改革的基本任务。正如当年江苏省政策性农业保险开篇破题对全国建立政策性农业保险制度做出贡献那样,我们坚信,今天对江苏省农业保险实践模式运行及其转型的研究成果也将为全国农业保险高质量发展提供积极的借鉴作用。这也是本书作为国家社科基金后期资助项目成果,选择江苏省农业保险实践模式与体制机制创新作为研究课题的重要原因所在。

南京农业大学农业保险研究所所长

于南京农业大学第三实验楼 1325 室

2022 年 6 月 25 日